中世武士選書 52

織田信秀

信長飛躍の足がかりを築いた猛将

横山住雄 著

戎光祥出版

目次

附録

凡　例

編集部

一、本書は、著者の横山住雄氏が、二〇〇八年に刊行した『織田信長の系譜―信秀の生涯を追って　改訂版』（濃尾歴史研究所発行。初刊は一九九三年）を、弊社刊行のシリーズ「中世武士選書第52巻」として再刊するものである。

二、再刊にあたって書名を『織田信秀』と改めた。また、岩倉織田氏について論じた「岩倉織田氏の終焉と新史料」（『郷土文化』第二二〇号、名古屋郷土文化会、二〇一四年）を収録したほか、柴裕之氏による解題を付した。

三、編集にあたっては読者の便を考慮し、原本に左記のような訂正を加えた。
①章見出し・小見出しについて追加や訂正を行った。
②誤字・脱字の訂正並びに若干の文章の整理を行い、ふりがなを追加した。
③本文中に掲げた表・図版は、旧版を参考に新たに作成し直した。
④写真は旧版より追加・削除を行った。

四、本書刊行にあたり、著者の著作権継承者である横山晋治様からは再刊についての御協力を頂いた。また、写真掲載や被写体の特定等にあたっては、掲載の御協力を賜った博物館・市役所・関係機関の御協力なしには不可能であった。併せて感謝の意を捧げたい。

戦国期尾張国周辺図

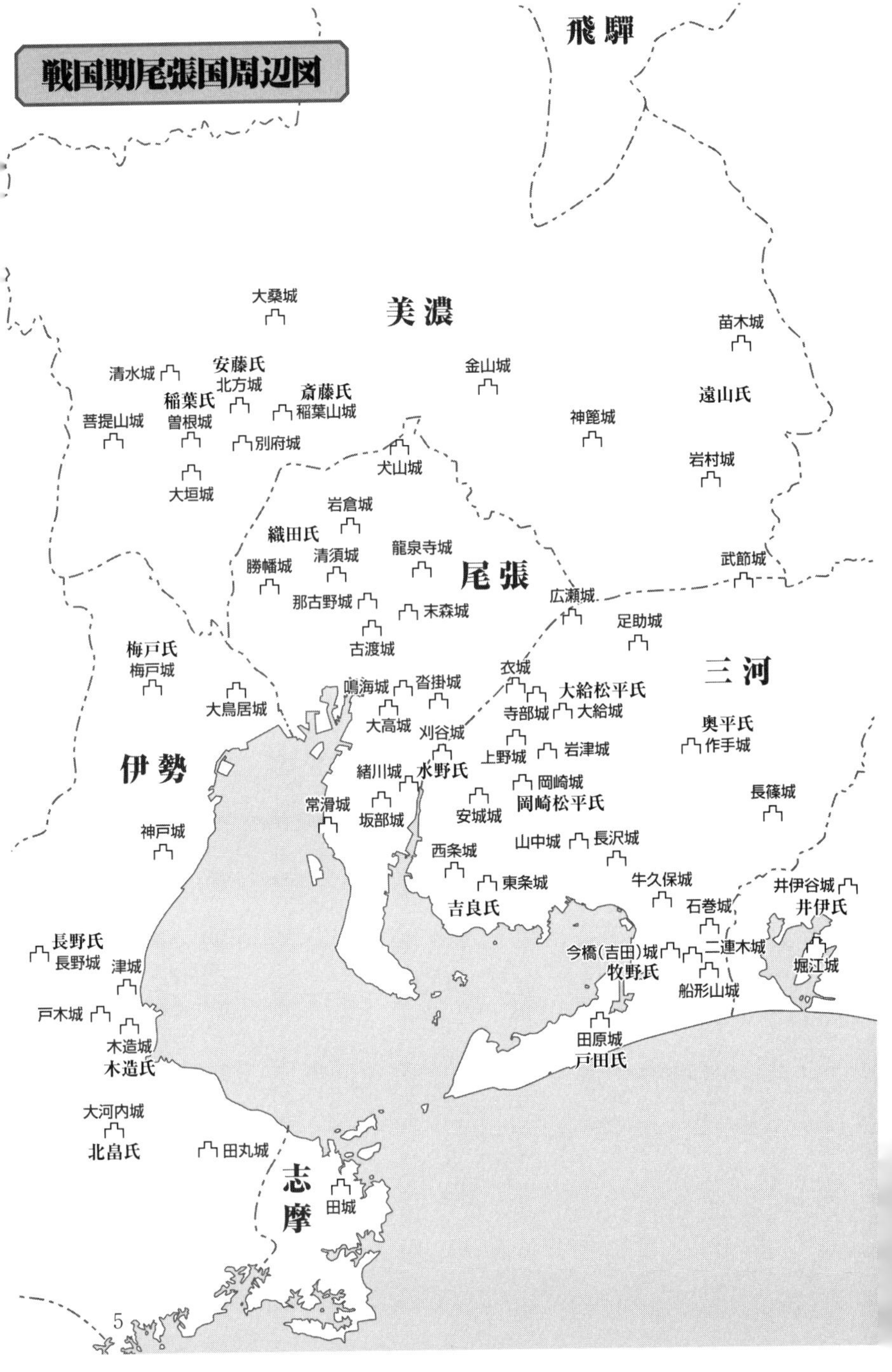
飛騨
美濃
大桑城
苗木城
清水城
安藤氏
北方城
斎藤氏
稲葉山城
金山城
稲葉氏
曽根城
菩提山城
遠山氏
神篦城
別府城
犬山城
岩村城
大垣城
岩倉城
織田氏
清須城
勝幡城
龍泉寺城
尾張
武節城
広瀬城
那古野城
末森城
足助城
古渡城
梅戸氏
梅戸城
衣城
三河
鳴海城
沓掛城
大給松平氏
大鳥居城
寺部城
大給城
大高城
刈谷城
奥平氏
上野城
岩津城
作手城
伊勢
緒川城
水野氏
岡崎城
岡崎松平氏
長篠城
常滑城
坂部城
安城城
神戸城
山中城
長沢城
西条城
東条城
牛久保城
井伊谷城
吉良氏
石巻城
井伊氏
長野氏
長野城
今橋(吉田)城
二連木城
津城
牧野氏
堀江城
船形山城
戸木城
木造城
木造氏
田原城
戸田氏
大河内城
北畠氏
田丸城
志摩
田城

序章　斯波・織田氏の発展

織田氏主流の系譜

応永六年（一三九九）に斯波《しば》義将《よしゆき》が尾張国守護職を拝領したとき、尾張守護代に織田《おだ》伊勢守《いせのかみ》入道《にゅうどう》常松《じょうしょう》、又代《まただい》（小守護代《こしゅごだい》）に織田出雲守《いずものかみ》入道常竹《じょうちく》の両名が指名されたことは、各自の発給文書が多数残っていることから裏付けができるので、史家の多くが認めている。ところがその後、応仁《おうにん》の乱《らん》で大和守《やまとのかみ》敏定《としさだ》らが活躍するまでの七十年間ほどの織田氏の系譜は、確実なものが残されておらず、正確なことはわからなかった。今日までに流布してきた「織田系図」と称するものは、信長《のぶなが》の代になってから以後に作られたとみられるものばかりで、古文書や当時の日記などと較べると、あまりにも矛盾が多くて、信用できないことがわかる。

最近の研究成果としては、新井喜久夫氏が、

常松――大和守某――大和守久長――大和守敏定

という系譜を組み立てておられる（『織田信長事典』新人物往来社、一九八九年）。筆者もかなり以前に織田氏系譜の組み立てに挑戦したことがあるが（横山一九六七）、新井説に較べればかなり未熟なものであった。そこで、この新井説に従って、さらにこれを発展的に考慮して系図を組み立ててみると、

系図1のような構成になると思われる。

織田信秀《のぶひで》の父祖と密接に関わったのは、家系的にも地理的にも清須《きよす》織田氏の大和守系である。常松は伊勢守に任官しており、後世の敏広《としひろ》ら岩倉《いわくら》織田氏のほうが伊勢守に任官した共通性からみて、これが直系の筋であることは確実である。敏定らの大和守系は傍系ということになるが、久長《ひさなが》・敏定らの活躍で伊勢守系と同等以上の勢力を持つに至り、尾張国を二分して下四郡（春日井西《かすがいにし》・海東《かいとう》・海西《かいさい》・山田《やまだ》）の守護代の地位を確保した。なお、愛知郡は天文六年（一五三七）頃まで今川《いまがわ》氏が確保しており、知多《ちた》郡も斯波・織田両氏の力が及んでいなかった。

織田大和守敏定とその後

萱津《かやづ》の実成寺《じつじょうじ》（愛知県あま市）に『犬追物記《いぬおうものき》』という和本《わほん》があり、その奥書《おくがき》によれば、文明十二年（一四八〇）十二月八日に、近江京極《きょうごく》氏の守護代多賀《たが》豊後守《ぶんごのかみ》（高忠《たかただ》）が筆写したものを織田敏定が借用し、翌年の十月二十九日に筆写したとあり、末尾に「生年

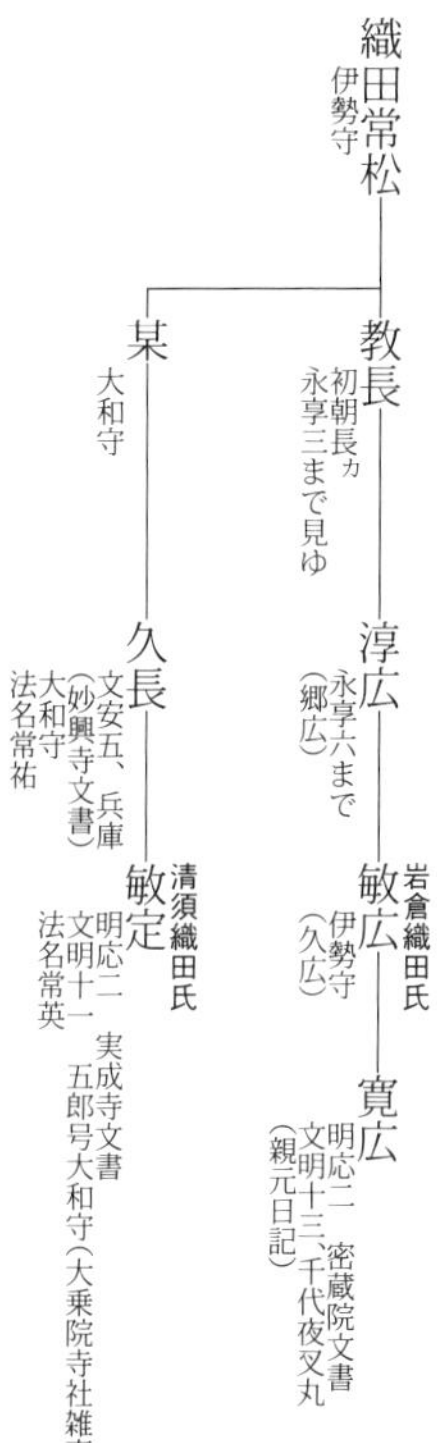

系図1　織田氏主流系図

卅二歳・大和守敏定」との署名がある。

敏定は、明応四年（一四九五）七月の美濃での舟田《ふなだ》合戦に、石丸利光《いしまるとしみつ》を支援・出兵している最中に病没した（『船田戦記《ふなだせんき》』）。先の『犬追物記』を筆写したときに三十二歳であったとすると、四十六歳で亡くなったことがわかる。

この頃の敏定をめぐる織田氏の様子を知るには、今のところ『船田戦記』が第一級の史料であろう。当時、舟田の乱（舟田合戦）を見聞していた正法寺《しょうほうじ》（岐阜市下川手）雲門庵主《うんもんあんしゅ》の春蘭寿崇《しゅんらんじゅそう》が、事の成り行きを日記調に漢文で書き留めたものである。その一節を紹介する。

（明応四年七月）九日の朝、尾の織田氏国《くに》に旋《かえ》る。織田大和前司《やまとぜんじ》、もとより光《みつ》と善《よ》し。同兵庫助《ひょうごのすけ》并びに紀伊州・与十郎并びに姪、また僧都《そうず》とかねての交り有り。大和なお同じく出師《しゅっし》し光《みつ》を救わんと欲して急ぐ。十郎の弟与三郎、兵庫助と相談、途でこれを遮《さえぎ》る。しかして大和前司病をもって卒す。子の近江前司は光の婿なり。先志を継いで与三郎と両陣対塁。次いで故《ことさら》速《はや》く国に旋《かえ》る也《なり》。しかして九月に至り近江前司大敗、兄弟二人師（軍営）に卒す。件《くだん》の弟六郎、其の家を承嗣《しょうし》すと云々《うんぬん》。

（『舟田戦記』）

原文は漢文で大変読みにくいので、読み下し文に改めて掲げた。要するに、織田大和前司敏定は陣没し、敏定の子近江守（石丸利光の娘婿）が家督を継いだ。ところが、わずか二ヶ月にして、明応四年（一四九五）九月に岩倉の織田兵庫助の弟らに大敗して、近江前司はその弟と共に戦死してしまった。

そこで、近江前司らの弟の六郎が大和守家を相続したというのである。

このことは、『大乗院寺社雑事記《だいじょういんじしゃぞうじき》』の明応四年十月七日条に「尾張国織田両人合戦、大和方打負《うちまけ》」とあるのと符合するので、近江守兄弟が戦死して、六郎が相続したのは事実であろう。また、明応五年九月二十三日付けで実成寺に寺領寄進状を出し、同年七月十一月三日付けで熱田《あつた》宮《ぐう》座《ざ》主《す》御坊《ごぼう》にも笠《かさ》寺別当職《でらべっとうしき》などについて沙汰状《さたじょう》を出している寛村《とおむら》という人物が、この尾張下半国《しもはんごく》守護代の六郎ということになる。特に実成寺宛ての判物《はんもつ》（寄進状）は「敏定寄進状の旨に任せて御知行《ごちぎょう》相違あるべからざるの上には」と言っているため、敏定の相続者であることは間違いない。

明応五年三月二十日には、近江から尾張を経て美濃へ再入国を目指す石丸利光に与力する織田六郎と、これを妨害しようとする岩倉の織田兵庫助との間で合戦があり、双方に相当数の戦死者を出したが、まもなく美濃の執権斎藤妙純《さいとうみょうじゅん》（初名利国《としくに》）が調停役となって講和することになった。

『大乗院寺社雑事記』の明応五年五月七日条に、

一、尾州織田合戦は三月廿日両方大死、持是院方より色々申すあいだ、西方は去月十日に和与、
無為《むい》引き退きおわる。

とあるのがそれである。

ところで、『大乗院寺社雑事記』明応四年十月二十八日条には、

尾張国守護代の白（伯）父故大和守の子息、斎藤丹波守の聟、先日合戦に打たれおわる、屋形《やかた》面目を失

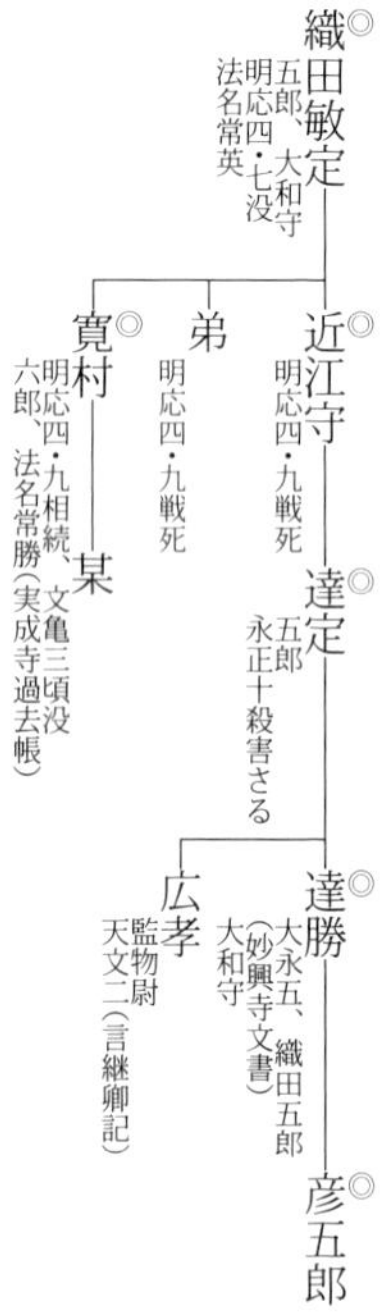

系図２　織田大和守家略系図　◎は守護代

いおわる。

ともあって、大和守敏定没後の現守護代織田六郎寛村は、敏定と伯父・甥の仲であるとも受け取れる記事があることを註記しておく。

それから十四年を経た永正七年（一五一〇）には、守護代は六郎寛村から五郎に代替わりしていることがわかる。すなわち、天文十九年（一五五〇）十二月十七日付けの『笠寺座主別当良寛覚書《りょうかんおぼえがき》』（『春日井市史』所収「密蔵院文書」）に、

永正七年に、観音御戸を別当へも届けず開き候て、五郎殿《御判形有也》御代御批判を給はり、理運の旨をもって仰せつけらる。

という箇所がある。「御判形有也」と註記がされているとおりに、密蔵院《みつぞういん》には織田達定《みちさだ》から出された無断開帳禁止の書状が現存するので、五郎殿が達定にあたることになる。つまり、五郎達定が尾張半国の守護代を相続していたとみてよいだろう。

この五郎は、永正七年から七年も前の文亀三年（一五〇三）十一月に「織田五郎」の名で妙興寺《みょうこうじ》（愛知県一宮市）へ制札を出しており、花押《かおう》の形状はかなり異なるが、同一人物の可能性が強い。そうす

ると、文亀三年頃に六郎が亡くなり、五郎が相続したとみるのが妥当ではなかろうか。

　五郎達定は、永正十年に殺害され、どうやら短命に終わったらしい。『定光寺年代記《じょうこうじねんだいき》』の永正十年の項に、「四月十日夜、尾州織田五郎殿所害《しょがい》、尾州尽乱《じんらん》、」とあることで知られるが、さらに『東寺過去帳《とうじかこちょう》』永正十年の部分に、「永正十年五月五日合戦也、武衛屋形《ぶえいやかた》、織田五郎と惣領《そうりょう》の取合也《とりあいなり》、然而五郎生涯天命也、」とも書かれていて、四月十日とする『定光寺年代記』と、五月五日とする『東寺過去帳』の誤差はあるが、双方の史料を総合すれば、五郎は守護斯波氏の惣領「取合」、つまり斯波氏の相続者をめぐっての合戦にまきこまれて敗死したことが明らかになってくる。

室町末期の斯波氏

　さらに、熱田龍珠庵《りゅうしゅあん》住持の南溟紹化《なんめいしょうか》の語録『南溟和尚語録』に収められている「正観院殿前左武衛笠渓仙公大禅定門三十三回忌香語」（天文十四年〈一五四五〉四月十七日）によって、この「前左武衛」つまり前守護斯波左兵衛佐《さひょうえのすけ》が、逆算によって永正十年（一五一三）四月十七日に亡くなったと判明するので、この後継者をめぐって織田五郎達定は敗死したことになる。したがって、五郎の敗死は、前守護の没後でないと矛盾が生ずるので、四月十日ではなくて五月五日のことではないだろうか。
　それでは、この前守護は誰であろうか。永正年間の『宗長手記《そうちょうしゅき》』（岩波文庫）に、
　其後、甲斐国武田次郎鉾楯《ほこたて》に付て、（今川）氏親合力の事あり、又此の刻をえて、大河内《おおこうち》・当国浪人等、

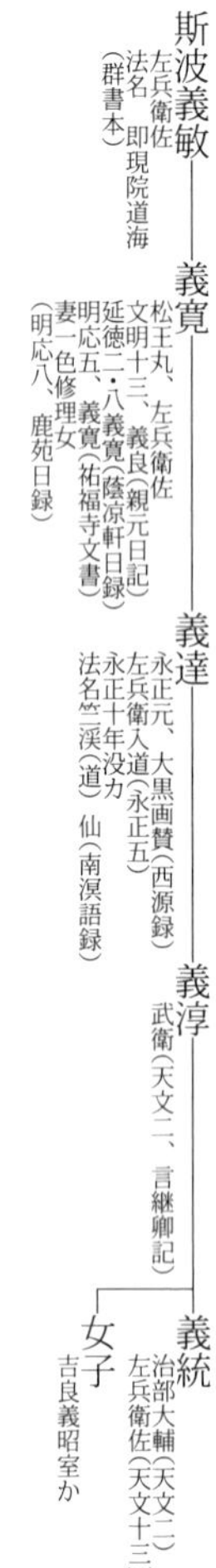

系図３　斯波氏略系図

　信濃の国人を催し、武衛をかたらひ申、天龍川前後左右在々所々押領す、

とあり、『群書類従《ぐんしょるいじゅう》』本では「武衛」のところに「義達《よしみち》改名義淳《よしあつ》、浜松荘川間《かわま》在陣」と註記してある。この註記が宗長自身によるものか、後世のものか問題となるが、そのあとの「ちかき普斎寺《ふさいじ》」というところに「駿河国府《こくふ》」との註記があり、これは引馬《ひくま》の普斎寺（浜松市中央区）のことであって、駿河国府などにある寺ではないから、明らかに誤りとわかる。万里集九《ばんりしゅうく》が『梅花無尽蔵《ばいかむじんぞう》』に入れた自らの註記と異なり、『宗長手記』の場合は後世に入れた註記の可能性が強い。

　某年八月十九日に引馬城落城で捕らえられて「ちかき普斎寺と云会下寺《いうえげじ》にして後《のち》出家、供の人数各出家、尾張へ送り申されき」と『宗長手記』にある「武衛」とは、落城が永正十四年のことなので、義達ではなく斯波義淳を指していることになる。引馬落城については『宣胤卿記《のぶたねきょうき》』永正十四年九月七日の条に、「道賀、使をもって言うに、遠江合戦落居《らっきょ》、大河内父子切腹、今川帰国のよし、これを聞き及ぶ。」とあることで確定できる。

　斯波義淳の先代義達は、永正元年（一五〇四）に出陣先の陣営で大黒《だいこく》の絵を描き、その画賛《がさん》を特芳《とくほう》禅傑《ぜんけつ》に求めたので、「義達公の征伐の凱旋慶祝を兼ねて」画賛を書いたと記しており（『西源録』）、その健在ぶりを確認できる。

京都を追われていた足利《あしかが》（今出川《いまでがわ》）義視《よしみ》の子の足利義尹《よしただ》が、永正五年に大内義興《おおうちよしおき》の支援で上洛をしようとしたとき、同年二月二十日付けで斯波義達に足利義澄《よしずみ》から御内書《ごないしょ》が出されていて、その宛名は「左兵衛入道殿」となっている（『後鑑《のちかがみ》』所収「御内書案」）。つまり、永正五年の時点で義達はすでに出家していたと判明し、永正十四年八月に浜松市の普斎寺で出家させられたのは義達ではありえないのである。某年九月二十一日付けで、「義達」の名で祈禱の配帙《はいちつ》の礼状を妙興寺へ出しているが、それも出家以前のことであるから、永正五年以前でなくてはならず、永正元年の出陣にあたっての戦勝祈禱ではなかったかと推定される。

大正時代の引馬（曳馬）城跡（絵葉書）

また、義達は『清須合戦記』を根拠として、大永元年（一五二一）十一月没とするのが定説になっているけれども、先掲の『南溟和尚語録』によって、永正十年四月十七日没と訂正する必要が出てきたといえる。

斯波義達の跡をうけたのは義淳であり、永正十四年八月の引馬での敗北で出家させられたが、『言《とき》継卿《つぐきょう》記《き》』天文二年（一五三三）七月の条に、「武衛義敦《よしあつ》」とし、またその子についても「武衛息《そく》治部大輔義統《よしむね》」ともあって、義敦が出家したり、あるいは隠居したような形跡がみられない。義淳は、引馬で頭を剃らされたものの、清須城（愛知県清須市）に帰ってすぐ髪を伸ばして旧に復したのだろう。

引馬城の攻防をめぐっては、斯波義達が関与したとする説が強く、義淳は義達の改名後の名で同一人物とする『宗長手記』の註記もある。しかしこのようにみてくると、義達・義淳は父子であるということを理解できると思う。したがって『信濃史料』第八巻に収録の『異本塔寺長帳《いほんとうでらながちょう》』永正十年の条に、

十年癸酉三月、（中略）今川上総守氏親、三月七日、引間城主大河内貞綱をせめ攻、時に斯波治部太輔義達、久綱に加勢す、陥城、

とある一節、すなわち第一次引馬落城時の大河内貞綱《さだつな》の支援者として斯波義達が登場しても、亡くなる一ヶ月前のことであるから、これは義淳でなくて義達でも矛盾しないことになるだろう。

第一章　織田信秀の家系

信秀の父祖をめぐって

太田和泉守牛一は、その著書『信長公記《しんちょうこうき》』の巻首「尾張国かみ下わかちの事」の中で、信長の先祖について次のように述べている。

弾正忠と申すは、尾張国端《くにはし》、勝幡《しょばた》と云ふ所に居城なり、西巌《さいがん》・月巌《げつがん》・今の備後守《びんごのかみ》舎弟与二郎殿・孫三郎殿・四郎二郎殿・右衛門尉とてこれあり、代々武篇の家なり、

つまり、弾正忠家というのは、西巌・月巌・備後守信秀と代を重ねたといい、この家系は西巌のときに分家したものと考えることもできるように思われる。このことは、『一宮市史』所収「妙興寺文書」五〇四号の某書状草案（折紙《おりがみ》）に、

妙興寺領の花井・朝宮・矢合・鈴置・吉松の五ヶ所は、材岩《ざいがん》のときに召し置かれました。一木村は月岩《げつがん》のときに召し置かれました。今の御代も二反・三反の所を拾い集め召し置かれようとのことでした。代々このようであり、これを取り上げるとは、妙興寺が即時に破滅すると言って、寺の者の歎きは大変であります。菩提寺建立だと思って、常英《じょうえい》様以来の御判形《ごはんぎょう》の旨《むね》（寄進状）によって、これらを据え置いてくだされば、月岩の位牌も立て、弔いいたします。寺の者が忝《かたじけな》なく

織田敏定画像　東京大学史料編纂所蔵模写

思いますから、このことを許容くだされば本望であります。（原文は漢文）

とあることで、さらに補強されるだろう。この書状草案はおそらく天文年間（一五三二〜五五）のものである。妙興寺から信秀に宛てた書状の草案で、いままで信秀の家が寄進した寺領をそのままにしてもらえれば、御礼として月岩、すなわち信秀の父の位牌を立てて弔うつもりであるという。文中で、妙興寺と信秀の家との昔からの関係を述べていて、材岩・月岩・信秀と三代に縁があるというのである。また「常英以来の御判形の旨に任せて」という常英は、実成寺が所蔵する織田敏定画像の画中題「前尾州太守蓮光院殿常英居士」等によって、敏定にあたることがわかるが、今日の妙興寺には、敏定の判物《はんもつ》として文明十六年（一四八四）十一月六日付けの尾張国中島《なかしま》郡内の迎接寺《げいせつじ》領没収について妙興寺の歎きで返還したときのもの一通がみられるのみである。

以上二点の史料をつき合わせてみれば、

西巌——月巌——備後守（『信長公記』）

材岩――月岩――今の御代（「妙興寺文書」）

となる。巌は岩と同じ意味で、同じ発音である。材と西はごく近似の発音であって、材の字を用いたとしても、「サイガン」と言ったものと思う。

弾正忠家に限らず、織田氏は越前在国時代から曹洞宗《そうとうしゅう》、しかもそのうちの峨山派《がさんは》に帰依していた。応永六年（一三九九）以後の尾張入部とともに、守護館下津城《おりづ》（愛知県稲沢市）近くに正眼寺《しょうげんじ》が創建され、現在の愛知県瀬戸市赤津に雲興寺《うんこうじ》が建立されたのは、織田氏の支援によるところが大きい。したがって、信秀家の歴代も、曹洞宗の僧によって法名《ほうみょう》が付されていて、臨済宗《りんざいしゅう》に転じた信長以後も、法名に「巌」、諱《いみな》に「道」を用いることが踏襲されているのである。信秀は桃巌道見《とうがんどうけん》、その弟信康《のぶやす》は白巌《はくがん》、信長は泰巌道安《たいがんどうあん》という。こうした伝統による限り、信秀の祖父についても、「岩」という略字ではなくて、正字の「巌」を法名に用いていたとみるのが正しいと思う。

次に、材岩（西巌）が史料に登場する人物のうちの誰に当てはまるのかであるが、文明十四年に日《にち》蓮宗《れんしゅう》の清須《きよす》宗論《しゅうろん》の際に登場する織田弾正忠良信《すけのぶ》という人がある。この宗論は、京都の本圀寺《ほんこくじ》と甲斐の身延山《みのぶさん》とによる日蓮宗総本寺をめぐる争いであった。清須城における法嫡《ほうちゃく》問答の判定者は、守護代の織田大和守敏定によって、織田左京亮・同弾正左衛門尉・那古屋《なごや》丹後守の三名が指名された（旧『愛知県史』別巻所収「本圀寺志」）。そして、法嫡問答後にその判決書ともいうべき連署判物が二通出されていて、その一通に織田弾正忠良信の署名がみえるのである。

斯波氏のもとでの織田良信の具体的な地位は不明であるが、寺社奉行的なこの宗論の判定者をつとめたことからみて、少なくとも中堅層にいたことは確かである。

また、万里集九の詩文集『梅花無尽蔵』の文明十七年九月八日条に、「尾の清須城、備後《びんご》敏信《としのぶ》第《だい》犬《いぬ》追物《おうもの》を見る」と題して一詩をのせ、

犬追物常に談ずるなり、織田敏信長き髯あり、この日余《よ》を挽《ひ》き留《とど》む、

とあって、備後守敏信の清須城の自邸に招かれた万里集九は、犬追物などを見物して遊び、一泊したらしい。敏信はほおひげがかなり目立つ人であった。

この敏信と、先述の良信とは、ほとんど同時代に生きた人物とみられるから、良信を敏信の子とみる説や、敏信を敏定の子とする説は成立しがたいと新井喜久夫氏は述べておられる（『織田信長事典』）。私もこれを支持したい。信秀もその父も弾正忠に任官したことから推定すれば、弾正忠良信が信秀の祖父にあたることは動かし難いと思われるが、信秀が備後守に進んだことを思うと、備後守敏信も何らかの関係があるとも思える。もし関係があるとすれば、弾正忠良信が文明十四年から十七年までの四ヶ年の間に備後守に進み、さらに長禄三年（一四五九）から寛正二年（一四六一）まで守護をつとめた斯波義良《よしすけ》から一字を拝領して良信と称していたのを、その親の義敏《よしとし》が再度守護になったとき（文明十七年までか）に一字拝領して敏信と改名したとみるのが最も自然ではないか。私は、良信と敏信が同一人物であるという説をここに提唱する。

龍潭寺《りょうたんじ》（愛知県岩倉市）には、岩倉城主とされる敏信の位牌がある。それには、

龍潭寺殿清巌常世大居士

　　永正十四年正月二十六日

とある（『岩倉市史』）。文明十七年に清須城にいた敏定系の敏信が、はたして敵方の本拠地たる岩倉城主になりえたかどうかはなはだ疑問であるが、法名のみを見た場合、「清巌《せいがん》」というのは、今まで見てきた「西巌」や「材岩」によく似ているということはできる。

洞雲寺（福井県大野市）所蔵の朝倉《あさくら》系図によると、系図4のようにある。

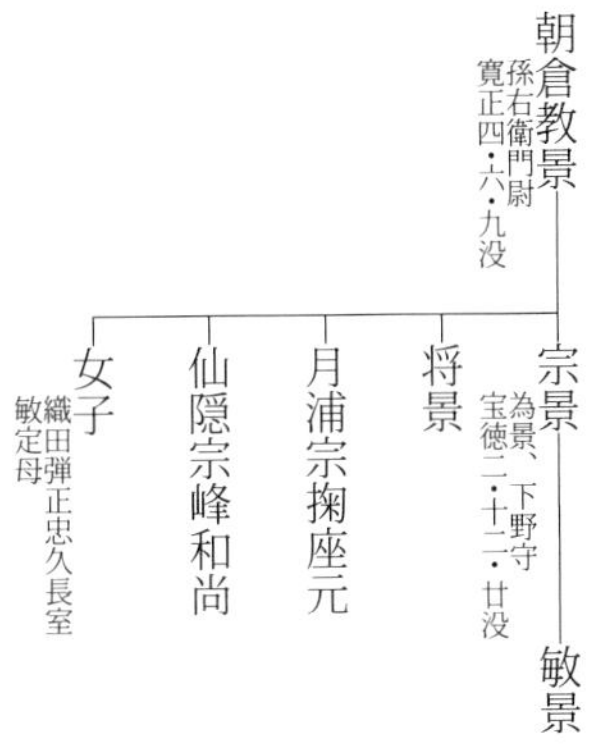

系図4　朝倉氏略系図

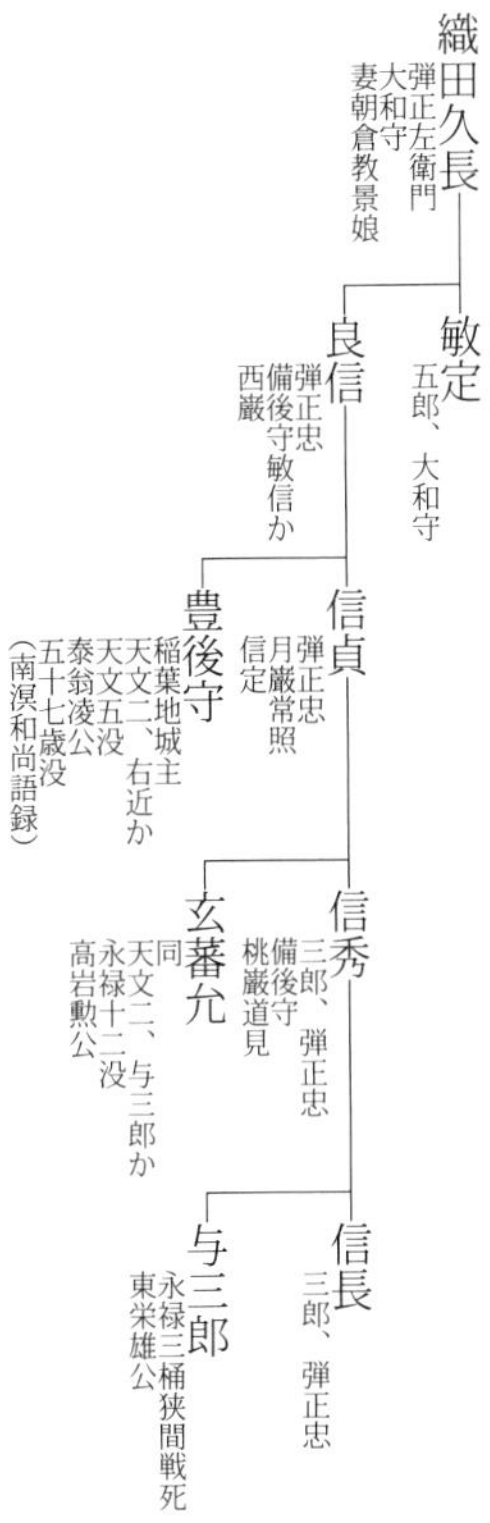

系図5　織田弾正忠家略系図

これによると、織田久長《ひさなが》の妻となった朝倉教景《のりかげ》の娘が見え、敏定の母であるという。この系図では、久長は弾正忠であるが、一般的には弾正左衛門久長として

知られる人物で、『梅花無尽蔵』の「尾州織田和州常祐居士賛」などによって、大和守に進み、法名を常祐《じょうゆう》といったと考えられる（『織田信長事典』）。

弾正忠良信の父親として、弾正左衛門や弾正忠に任官した久長をあてるのが妥当と考えられる。そうすると、良信は敏定の弟に位置づけられることになる。

津島神社と勝幡城

津島《つしま》神社（愛知県津島市）は、延長五年（九二七）の『延喜式神明帳《えんぎしきじんみょうちょう》』にその姿を見せず、長福寺《ちょうふくじ》（七寺《ななつでら》。名古屋市中区大須）所蔵の一切経奥書《いっさいきょうおくがき》（「大般若経《だいはんにゃきょう》」第二三一巻。国指定重要文化財）の印記《いんき》、承安五年（一一七五）正月十八日の勧請《かんじょう》文に、「鎮守三所、多度《たど》・津島・南宮《なんぐう》・千代」とあるのが初見とされている（『津島市史』）。この二五〇年間に、国史に名を留めないほどの小社から、多度神社や南宮（美濃一の宮）に比肩するほどの地方的大社に成長したとみられる。文治四年（一一八八）には、板垣冠者《いたがきかじゃ》という者が、荘園としての津島社の年貢を京都へ進貢しないという事件が起こっている（『吾妻鏡《あずまかがみ》』『津島市史』）。

次に、津島神社が牛頭天王《ごずてんのう》の名を打ち出すようになったのは、史料的には津島神社の鋳鉄製燈籠銘文に「天王御宝前、維時延□二年六月十五日」とあるのが最も古く（延応〈一二三九〉または延慶〈一三〇八〉といわれる）、ついで、康安元年（一三六一）五月吉日の鰐口《わにぐち》銘「牛頭天王御宝前、奉縣打金事（後略）」、さらに「尾張国海西郡津島牛頭天王鐘」の銘文（応永十年〈一四〇三〉）がこれに次ぐものである。

このように、津島神社は平安後期にその姿を見せ、鎌倉初期にはすでにかなりの参詣者を集め、社領などの寄進田畑を持つに至っていた。それが荘園化されて、その権益をめぐって、京都の修理大夫家（藤原《ふじわらの》親信《ちかのぶ》）と、その荘官らしい板垣冠者とのトラブルまで発生するようになっていた。

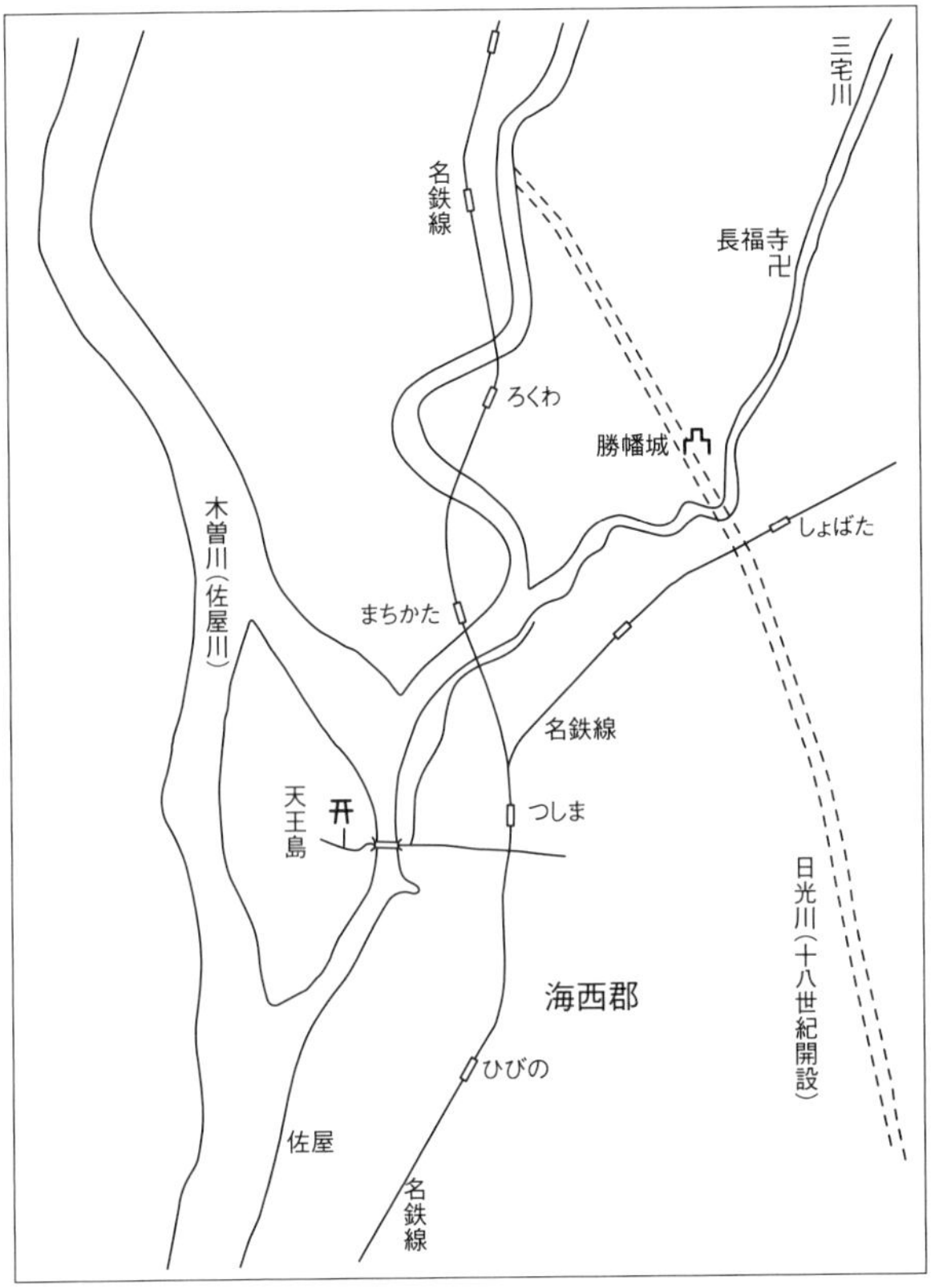

図１　中世の津島・勝幡推定図

これに前後して、津島神社では神格化した「牛頭天王」を前面に打ち出すようになった。牛頭天王は、仏教の「秘密心点《ひみつしんてん》如意《にょい》蔵王《ざおう》陀羅尼《だらに》経《きょう》」に

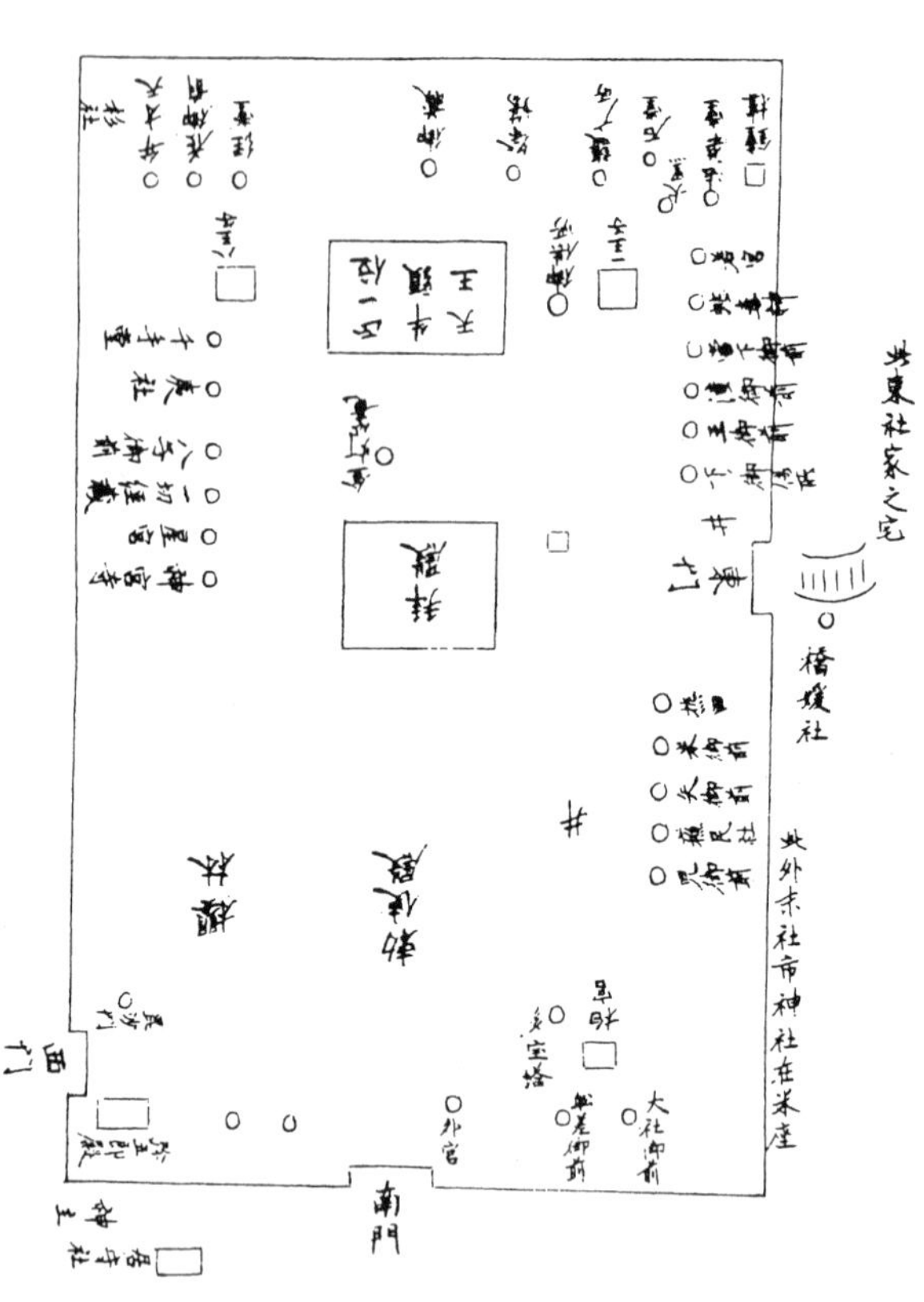

津島神社絵図（『塩尻』）

出てくる仏で、神霊の作用によって、十種の半身に呼び分けられるという。十種の半身の一つが牛頭天王である。

祇園精舎《ぎおんしょうじゃ》の守護神の一人としての牛頭天王は、薬師如来《やくしにょらい》の化身とみられて、やがて素戔嗚《すさのお》尊《みこと》と結びついて、祇園《ぎおん》大明神《だいみょうじん》と称されることにもなった。しかし、その根拠となる前掲経典を偽経だとする天野信景《あまのさだかげ》（江戸中期の尾張の学者）や国学者《こくがくしゃ》の平田篤胤《ひらたあつたね》の反論があり、真言密教《しんごんみっきょう》系のものと決めつけることはできない（『津島市史』）。

ところで、津島神社には古くから宝寿院《ほうじゅいん》（存）・実相院《じっそういん》（亡）および明星院《みょうじょういん》（明治維新で破却）の三つの神宮寺《じんぐうじ》がある。これらの本寺は、今日に至るも牛頭山長福寺（愛知県稲沢市）であることが注目される。つまり、長福寺が津島神社神宮寺の実権を把握しており、伝承として、元来下三宅《しもみやけ》にあった牛頭天王の出張所として津島神社の牛頭天王ができて、しだいに津島のほうが力を得て繁盛したことにより、相対的に下三宅のほうが衰微したといわれることもわかるような気がする（長福寺住職の談）。

いずれにしても、中世においては、信秀の父信貞が勝幡（愛知県愛西市・稲沢市）に築城し、その隣の下三宅の長福寺を支配したということは、津島牛頭天王もかなりの比重で支配しえたとみることができるだろう。

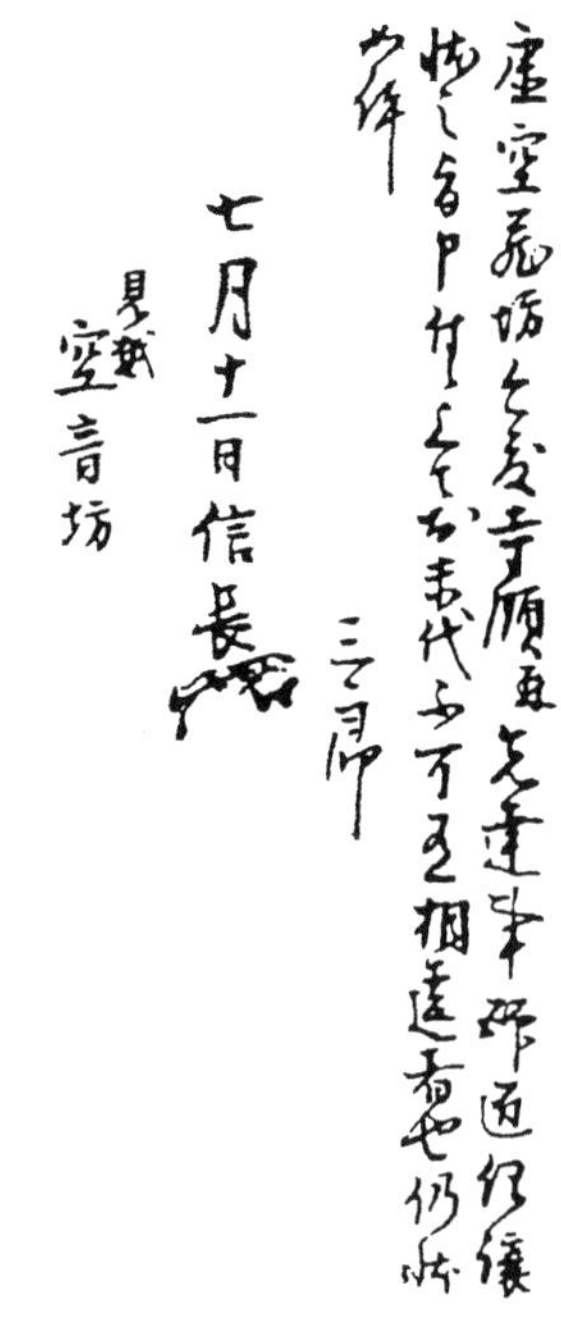

（天文21年）7月11日付け織田信長判物（「張州雑志」）

長福寺の寺地は、三宅廃寺と呼ばれる奈良時代の寺跡で、古瓦が出土する。同寺の由緒によれば、天長七年（八三〇）の創建といい、境内には南北朝～室町末期の宝《ほう》篋印塔《きょういんとう》（笠一、相輪一）、五輪塔《ごりんとう》数基があるので、中世にもかなり栄えた寺であったことを察知できる。当時は、境内に子院が十二坊あって、その学頭を成就院《じょうじゅいん》といったという。十二坊のうちの四坊（宝寿院・実相院・明星院および津島駅前の観音坊《かんのんぼう》）が津島へ移ったといわれている。

津島が旧木曽川《きそがわ》の下流の要港として繁栄するにつれて、津島の西対岸の天王島に津島神社（牛頭天王坊）が創建され、それとは相対的に三宅川添いの牛頭山長福寺周辺はしだいにさびれていった。元来は、津島を海の出入口として、三宅長福寺・国分寺《こくぶんじ》・尾張国府《こくふ》を結ぶ三宅川の船運が発達していたことは間違いないだろうが、木曽三川の運ぶ土砂の堆積により、海がしだいに南方へ遠のき、また尾張国府の衰退によって長福寺を通過する舟も減少した。

神仏習合の津島牛頭天王坊の中世における実権を長福寺が握っていたとあれば、その長福寺に隣接して勝幡城を構えた織田弾正忠信貞は、誠に地の理を得ていたとみることができる。商都津島は畿内における堺《さかい》（堺市）のような自由都市的な傾向にあり、強固な封建領主の支配を好まない。そこで、長福寺を通じて津島神社の神宮寺を間接的に支配し、坊主や神主の名において津島湊《みなと》の商業権を把握していったと私は考える。

織田弾正忠信貞

信秀の父は、一般的に弾正忠信定《のぶさだ》の名で知られているが（『武功夜話《ぶこうやわ》』ほか）、その初見とみられる永正十三年（一五一六）十二月一日付けで妙興寺へ出した三奉行連署状では、信貞と判読することができる。

妙興寺領諸末寺・温泉寺・称名寺諸散在以下共《とも》、代々の判形《はんぎょう》の旨《むね》に任《まか》せ、相違なく永《なが》く知行《ちぎょう》あるべきなり、よって執達件《しったつくだん》の如し、

永正十三　　　　信貞（花押）

十二月一日　　良頼（花押）

広延（花押）

これには案文《あんもん》（写）が残っており、この三奉行にはそれぞれ次のような官途名等が付されている。

織田弾正忠□□在判

織田筑前守良頼在判

織田九郎　広延在判

『一宮市史』の「妙興寺文書編」によれば、この案文はほぼ原本が出された当時のものとされているので、官途名などは当時本人たちが用いていたものとみて支障ないだろう。

この弾正忠信貞が勝幡に城を構えて、津島を支配域に組み込んでいったことは、前項で少し触れた。その津島の商都としての繁栄を裏付ける史料に、次のような信秀の判物がある（『張州雑志《ちょうしゅうざっし》』）。

白山先達《はくさんせんだつ》の儀について、最前折紙《さいぜんおりがみ》の旨、今もって相違あるべからず候、殊《こと》に下野一札《げやいっさつ》ならびに

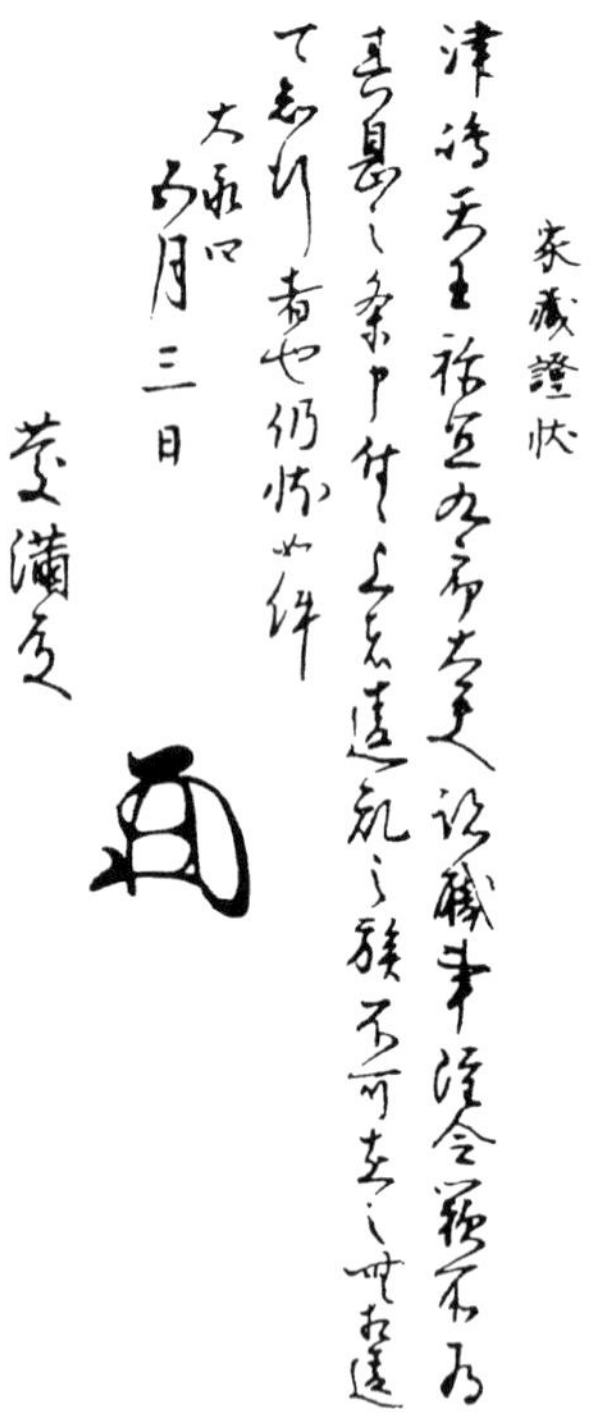

大永４年５月３日付け織田信貞判物（「張州雑志」）

津《つ》内《ない》年寄《としより》共書状これある条、服部党《はっとりとう》・おく屋・べに屋のこととこれを相い除き、五ヶ村中先達の儀、末代において其方進退たるべく者なり、仍《よ》って状如件、

天文拾壱（一五四二）　弾正忠

五月十七日　信秀（花押）

御輿　虚空蔵坊

これによって、津内つまり津島のうちにおける重要事項は、「年寄」と呼ばれる有力長老たちの集団で意志決定がなされていたことがわかり、また、「おく屋」・「べに屋」などの有力町人の存在が確認される。

このような津島を信貞が支配する過程で起こったのが、大永年間（一五二一～二八）の騒乱であった。前掲の天文十一年の信秀判物にも出てくる「服部党」など、津島の土豪七家を津島七党と呼んでいるが、これら七党が団結して信貞の介入に抵抗したため、信貞は津島の寺社や民家を焼き払ったのである。

その和睦にあたっては、信貞は娘のおくら（御蔵）を津島七党のうちの大橋《おおはし》家へ嫁がせて縁戚を結んだ。このことは、『張州雑志』の大橋家譜のところに、

大永年中、織田と諍論幾度に及ぶ、同四年の事、織田兵津島を焼払い早尾塁《はやおるい》に退《の》く、又戦、此時津島中幷寺社什物官符等焼失す云々、時に織田家和睦有って、同年十一月、信長公息女御蔵御方（実は備後守信秀女）入輿、嫡大橋清兵衛重長（後入道して慶仁と号す）母は林佐渡守通村女、自是津島一輩信長公麾下に属す、

とあることでわかる。ただ、御蔵を信長の娘と混同している点では信憑性に問題がないわけではない。それでもこの年、織田信貞が川村慶満《かわむらよしみつ》に判物を与えている事実があり、津島七党を支配し、さらに被官に組み入れてゆく姿がうかがえる。津島の支配はこうして信貞から信秀へと引きつがれ、そこから得られる多大な税収は、信秀の活動の源泉ともなるのである。

第二章　織田信秀の登場

信秀と母

信秀は、大永六年（一五二六）四月の『宗長手記《そうちょうしゅき》』にはじめてその名がみえる。同記に、

同じ国津島へ立ち侍《はべ》る、旅館は此所の正覚院、領主織田霜台息《そうだいそく》の三郎、礼とて来臨、折紙などあり、

宿所興行、

とあり、連歌師《れんがし》の宗長は、津島の正覚院で、織田霜台すなわち織田弾正忠信貞の子息三郎信秀に面会した。正覚院という寺は現在の津島にはなく、慶長十五年（一六一〇）の清須越《きよすごし》で名古屋に移った七寺《ななつでら》正覚院のこととする見方もできるかもしれないが、大永六年頃の寺地は現在の愛知県稲沢市七ッ寺町にあったから、津島の正覚院をこれに当てるというわけにはいかないだろう。『尾張徇行記《おわりじゅんこうき》』「津島の条」に米《こめ》の座《ざ》の不動院棟札《ふどういんむなふだ》写が掲載されており、

永正十五戊寅年、当時中興開山政長《せいちょう》上人《しょうにん》棟札写、

一、奉建立尾張国海西郡津島、門真庄《かどまのしょう》正覚院客殿《きゃくでん》云々、

と書かれていたという。そうすると、真言宗の不動院は松尾山《まつおさん》昌泰寺《しょうたいじ》といい、寺中に不動院と共に正覚院があったか、または正覚院がのちに不動院と改称されたのかのいずれかである。永正十五年

（一五一八）ごろには不動院のあたりに正覚院があったことは確実であって、宗長が宿をとった大永六年は、永正十五年からわずか八年後のことである。棟札の写が江戸後期までも伝えられていたということは、大永四年の兵乱でも焼失しなかったとみてもよいだろう。不動院は、津島市米之座町の東隣の良王町《りょうおうちょう》に現存しており、天王川《てんのうがわ》公園のところにあった津島湊の北東五〇〇メートルほどのところに位置する。中世の津島を推定しても、中心部（本町筋）から横道を一〇〇メートルほど東へ入った、準市街に当たると思われるところで、新築まもない正覚院客殿で宗長は信秀と対面したのである。

信秀の没年（天文二十一年〈一五五二〉）から逆算すると、信秀の生年は永正九年（一五一二）で、このときの信秀は十五歳であった。十三歳で元服して一人前になったとしても、満年齢では中学校二年生ほどの青年である。信秀はかなり緊張して宗長と会ったことだろうが、宗長にしても、この青年がのちに全国にその名を知られるほどの武将に成長するとは思いもよらなかっただろう。

なお、不動院のすぐ西側に曹洞宗《そうとうしゅう》雲居寺《うんごじ》がある。ここの墓地に、「正長元年六月六□、行阿弥陀仏《ぎょうあみだぶつ》位」とか「永正九年七月十□□、□阿禅□」などの宝篋印塔が残る。いずれの塔も、時宗《じしゅう》に帰依した人物の墓石であり、津島の有力商人層の墓石でもあろう。中世にはこのあたりに時宗の寺があったらしく、あるいは正覚院も時宗系の寺であったかもしれない。連歌は時宗の信者に広く普及していたので、宗長による正覚院での連歌興行には、おそらく多数の時衆《じしゅう》たちが参集したことであろう。

七年後の天文二年（一五三三）には、今度は京都から蹴鞠《けまり》の教授のために公卿《くぎょう》の飛鳥井雅綱《あすかいまさつな》が勝幡城へ下向してきた。同道してきた公卿の山科言継《やましなときつぐ》は、このときの様子を自分の日記『言継卿記』にこと細かに書いていて、当時の信秀をとりまく状況を詳しく知ることができる。信秀は、このとき二十二歳であり、すでに父を失って、遺領をついで内政と対外政策に当たらなければならない重責を担っていた。

信秀を生み育てた母は、「いぬい」という人であった。「いぬい」の手紙が妙興寺（愛知県一宮市）に所蔵されているので紹介する（現代語訳）。

親しみのある手紙をいただき、うれしく思います。まず公式行事（夫の信貞の法事か）を済ませてくださいまして、感謝申します。手紙のとおり三郎に伝えたところ、了解するとのことで、その旨お伝え致します。

お手紙実に恐縮に存じます。いずれお会いしてお礼を申したいと思います。

（切封うわ書き）
「　せうはた（勝幡）

めうこうじ　御返事　より

御とうたう（塔頭）へ参　いぬい

申させ給へ　」

（『一宮市史』所収「妙興寺文書」）

文面からすると、信貞が亡くなり、今後のことなどを妙興寺住職から示諭されたことに対する礼状のようで、「いぬい」から三郎信秀に文面のとおり申し聞かせるつもりであると言っている。先に掲げた『宗長手記』によって、大永六年には織田霜台（弾正忠）が健在であったことがわかるが、大永七年に駿河への下向途中に宗長が津島へ立ち寄ったときには、信貞と信秀についての記載がない。それから天文二年までの七年間に信貞が亡くなり、未亡人「いぬい」が信秀の後見役をつとめた時期があったのである。

ところでこの信秀の母は、法名を含笑院殿《がんしょういんでん》茂《も》嶽涼繁大禅定《がくりょうはんだいぜんじょう》尼《に》といい、曹洞宗の鷲嶺山含笑寺《がんしょうじ》（名古屋市東区）にその五輪塔が残されている。『名古屋市史』によれば、含笑院殿は大永七年六月二十四日に亡くなって、翌年の享禄元年（一五二八）六月三日に信秀が清須の土田《つちだ》村に含笑寺を建立したという。慶長十五年の清須越で名古屋へ移ったが、寺跡は江戸初期の寛永年間まで「含笑寺屋敷」と呼んで、その根跡があったとされる。

しかしながら、『言継卿記』天文二年七月

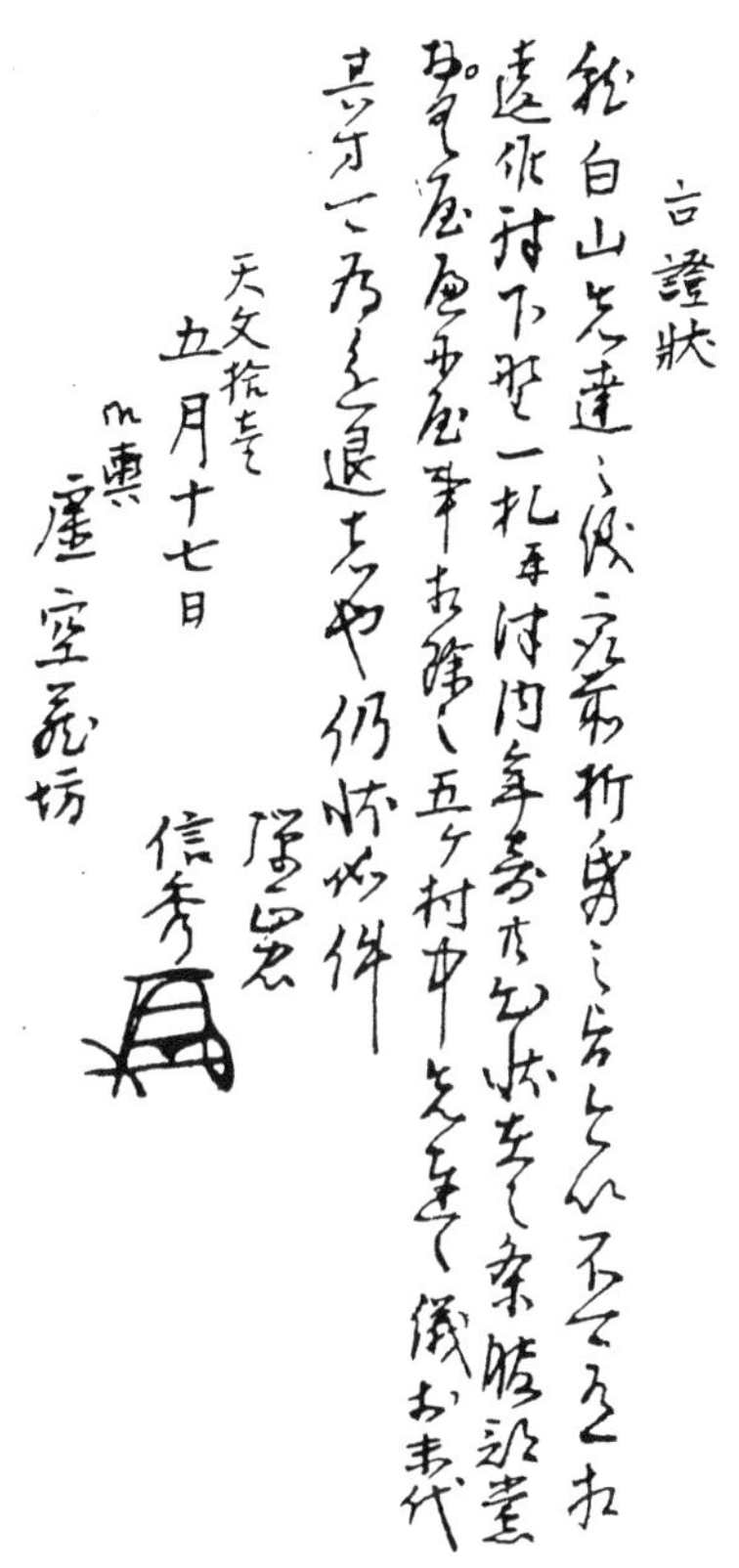

天文11年5月17日付け織田信秀判物（「張州雑志」）

十一日の条に、

三郎は、去年和談以後、初めて織田大和守方へ同名与二郎出頭云々、仍《よ》って罷《まか》り向かう、

とあるように、大永末から享禄・天文元年にかけての一時期、清須の守護代織田大和守方と不和であった。それが弾正忠信貞の死と無関係であったとは思えないように感じられるので、土田村がたとえ信秀の母「いぬい」の出身地であるとしても、勝幡城下を遠く離れた清須城下の土田村に母の菩提寺を建てるとすれば、享禄元年ではなくて、それから四年を経た天文元年の和談以後のことではなかろうか。

先に述べたように、信秀の出生を永正九年（一五一二）とみると、元服は十三歳ごろ、すなわち大永四年（一五二四）ごろである。先の「いぬい」の手紙では、文中に「三郎」と書いていて、すでに信秀は元服していることがわかるので、手紙は大永四年以後とみてよいだろう。「いぬい」の死去が大永七年六月二十四日に間違いなければ、信貞が大永六年か七年に亡くなり、その直後にこの手紙が書かれたということになる。

含笑寺の宝物としては、鉄製茶釜一つ（八升入、寒雉作）と陶製水差（藤四郎作）とが信秀寄付のものとされる。また、山号木額は含笑院筆といい、享禄の銘記が裏面にあるという（『名古屋市史』）。これは、「いぬい」が出家して含笑院と称し、享禄元年に筆をと執ったとも考えられないだろうか。

なお、含松院末の梅屋寺《ばいおくじ》は、やはり清須越で移転し現在の名古屋市東区にあるが、同寺は天文

二十一年三月二十四日に亡くなった梅屋慶香大姉（信長のおば）のために、永禄四年（一五六一）に信長が建立した寺だという（『名古屋市史』）。

天文二年の勝幡城と『言継卿記』

天文二年（一五三三）四月一日に、清須の守護代織田大和守の使者として、織田兵部丞《ひょうぶのじょう》が上洛していて、兵部丞は公卿の山科言継にも面会しており（『言継卿記』）、兵部丞は、信秀から蹴鞠の指導のために飛鳥井雅綱下向の交渉を依頼されていたらしい。

この意向を受けた雅綱は、友人の言継と共に、家人の蔵人《くろうど》・速水《はやみ》兵部を伴って、七月二日に京都を後にした。七日目の八日には桑名《くわな》（三重県桑名市）を経て津島へ到着する。以後、言継が書き留めた日記『言継卿記』によって詳しくその様子を再現することにする。

七月八日、晴、五ッ時（午前八時頃）に舟で桑名を発ち、五里余をへだてた津島へ八ッ時（午後二時頃）に着いた。雅綱は織田三郎方へ速水兵部を遣わした。「在所名勝幡《ざいしょめいしょばた》」と註記しているので、明らかに勝幡城主の織田三郎信秀のことであり、下向のときには信秀を訪ねるように連絡がついていたらしい。やがて織田大膳が使者として津島に来て、さらに七ッ過ぎ（午後五時頃）に三郎が迎えに来たらしい。

そこで三郎の館（勝幡）へ馬に乗って案内されたが、三郎は徒歩で後から追った。

館では、夜半時分にやっと落ちつき、夏のことだからと冷麺《れいめん》と吸物《すいもの》が出て、皆で酒を酌み交わした。

雅綱は三郎に馬と太刀を贈り、ついで城内の新造建物へ移ったが、その立派さに言継らは驚目した。

九日、晴、朝飯中に三郎・織田右近《うこん》があいさつに来たので、しばらく雑談した。聞くところによると、言継らが寝た新造建物は、信秀の居館ではなくて、別棟の客殿のようである。午後、初めての蹴鞠をすることになり、雅綱・言継・蔵人（以上は烏帽子《えぼし》姿の正装で）・三郎・右近・速水兵部丞とで、八ッ過ぎ（午後二時過ぎ）から七ッ時まで三時間ほど行ったが、物珍しさのため近郷から数百人の見物人が参集した。汗をかいたので、一同は帰宅するとまず行水をした。晩飯は三郎の館に用意され、夜に入って汁六点と菜《さい》十点で酒をほどほどに飲んで風呂に入り、雅綱らは（客殿へ）帰宅した。

十日、晴、朝飯前から織田右近が来て、九ッ（正午）過ぎまで雑談していたところ、三郎も来て談笑。伴《ばん》の九郎が礼を言いに来て、信秀の招きを伝えたものか、雅綱は八ッ時（午後二時）ごろに三郎の城（館）へ出向き、やがて織田十郎左衛門が使に来て、言継・蔵人も来るようにと言うので、共に行って、三郎の館で冷麵で盃を交わした。そのあと雑具を客殿から召し寄せて蹴鞠をした。参加者は雅綱・言継・蔵人・三郎・右近・速水・成田《なりた》・伴の九郎兵衛であった。成田は美濃の人という。こうして、信秀は尾張人《おわりびと》では最も早く蹴鞠を覚え、雑談の中で京都の様子や上流貴人の風習・考え方を学んだのである。

織田十郎左衛門という人物は、のちに出てくる信秀の弟与二郎とも違う人で、与二郎の弟か、あるいは信秀らの伯父にあたるかと思われる人である。昨日来の蹴鞠指導の礼として、雅綱・言継は信秀から太刀をもらって帰宅、行水のあと、夜になって晩飯を食べた。

十一日、晴、夜夕立、八ッ時（午後二時）に織田右近が来て、共に冷麵を食べたが、そのときの話では、三郎は去年、織田大和守方と和談以後、初めて織田与二郎を出頭させたという。織田兵部丞の娘が病気ということで、朝飯ののち、蔵人は見舞に清洲（清須）へ向かった。兵部丞には先代天皇の勅筆、女房へは薫物《かおりもの》（三具《みつぐ》勅作）を渡すように、言継から蔵人へあつらえた。

十二日、晴、三郎と織田右近尉が来て、七ッ時（午後四時）に蹴鞠を始めたところ、守護代の織田大和守が兵部丞の娘への見舞に対する返礼に来て、ついでに蹴鞠の仲間に入り、雅綱・言継・大和守・速水兵部丞・三郎・織田右近・成田らで行った。暮になって大和守から礼の使が来て、糸巻の太刀を持参し、言継にも太刀を贈った。そこで雅綱は速水をその返礼に遣わしたので、言継も礼をことづけた。

十三日、晴、夜雨、蔵人が四ッ過ぎ（午前十一時）に清洲から帰り、また同道して織田大膳亮《だいぜんのすけ》が来て雅綱の門弟になりたいということで、礼として糸巻きの太刀と銭二百疋を持参した。三郎も尋ねて来て、八ッ過ぎ（午後三時）ごろに風呂へと誘ったので、雅綱以下三人が行ってきた。織田右近は虫気《ちゅうき》（脳溢血か）とかいう。

十四日、晴、朝飯ごろに三郎が来て、今日は盆ということで、「盆の料」として雅綱へ百疋、言継と蔵人へ五十疋、速水へ三十疋を贈呈した。また、信秀が近所の浄土宗《じょうどしゅう》の寺で僧十余人を頼んでせ施餓鬼《がき》をするというので、三人も同行して焼香した。夜は「柱松《はしらまつ》」という行事を興味深く見物した。

十五日、晴、夕立晩晴、九ッ時（正午）ごろ蓮飯《はすめし》の祝いがあった。滝川彦九郎勝景《たきがわひこくろうかつかげ》が雅綱の門弟となり、礼に糸巻の太刀と銭二百疋を持ってきた。満月なので、夜に入って構《かまえ》（城の外堀か）の橋の上で月見をした。三郎も同道し、酒を酌み交わしたが、楽器の演奏もあり、すばらしい一夜を送った。その興奮が冷めやらぬうちに、言継は京都の家へ手紙を出して、今までの様子を知らせた。

十六日、晴、夕立、花井又次郎元信《はないまたじろうもとのぶ》および矢野《やの》石見守寛倫《とおとも》が雅綱の門弟になり、おのおの糸巻の太刀と銭二百疋を持参した。三郎が来て雅綱と城へ同道し、言継と蔵人にも来るように使が来たので、出向いて切麵《せつめん》で盃を交わした。言継はこの席で三郎に勅筆二枚と青門（青蓮院門跡《しょうれんいんもんぜき》か）の御筆一枚、詩歌（短冊か）を贈った。

十七日、晴、三郎が様子伺いに来てすぐ帰り、七ッ時（午後四時頃）に雅綱と言継が近所を散歩していたところ、路上で織田右近に出会った。やがて右近が瓜と食籠《じきろう》とトックリを持って訪ねてきて、酒盃を交わした。そのあと三郎の館の庭で「一足鞠」を雅綱・言継・蔵人・三郎・速水・右近・成田・花井又次郎とで行った。

十八日、晴、青門御筆の詩歌二枚を、三郎の舎弟で十一歳になる織田虎千代《とらちよ》に贈ったところ礼に来た。また武衛（守護斯波氏）の直臣で、三郎の与力《よりき》となっている矢野石見守が、言継と蔵人に礼といって糸巻の太刀を持ってきた。三郎・右近・大膳らも来て、晩かたに蹴鞠を行った。参加者は雅綱・言継・蔵人・三郎・速水兵部丞・矢野石見守・織田右近尉・同大膳亮・滝川彦九郎・花井又次郎・成田・伴九郎兵衛・滝川彦九郎らであった。夜に風流な催しをするというので、雅綱以下三人が出向いたところ、四・五番の出し物があり、三郎の弟虎千代は太鼓を打ち、数人で舞を披露した。七ッ時（午後四時）に終わってから、言継は少し碁を打った。

二十日、晴、夜雨、朝方に平手《ひらて》中務丞《なかつかさのじょう》邸へ雅綱ら三人が出向いたところ、中務丞政秀《まさひで》は造作のすばらしい太刀をくれたので驚目した。数寄《すき》の座敷で酒を酌み交わし、八ッ時（午後二時）ごろまで音曲も鑑賞した。中務の次男（七歳）は太鼓を打ち、牟《む》藤掃部助《とうかもんのすけ》の息（七歳）は大つづみを打ったが、愛くるしい限りであった。笛は津島の若者で、十一、二歳の者たちであった。

二十一日、晴、三郎と右近が来て、そのあと織田右衛門尉達順が蹴鞠の門弟になるといって雅綱に太刀と三百疋を持参した。同じく織田孫左衛門尉信吉《のぶよし》も、太刀と銭二百疋を持参したが、両名とも沓の作法まで伝授を受けて帰った。右衛門尉は言継と蔵人にも太刀をくれた。のち虎千代が蔵人に食籠とトックリを持参したので盃を重ねた。晩に蹴鞠をやったが、参加者は雅綱・言継・蔵人・三郎・速水兵部・織田右衛門尉・成田左京亮・織田右近尉・同孫左衛門尉・花井又次郎・伴九郎兵衛尉・滝川彦九郎であった。

二十二日、晴、成田左京亮（土岐《とき》被官長井《ながい》藤左衛門与力）が明日美濃へ帰るといって挨拶にきたので、雅綱が対面した。織田右近・同大膳亮・同孫左衛門らが来て晩に蹴鞠をやった。烏帽子姿で、言継は雅綱の黒烏帽子を借り、参加者は言継・蔵人・三郎・兵部・織田右衛門尉・同右近・同孫左衛門・花井又次郎・伴九郎兵衛・滝川彦九郎であった。

二十三日、晴、三郎の亭で和歌会があり、言継は雅綱と相談して二首を懐紙にしたためた。参加者は、雅綱・言継・蔵人・三郎・同右衛門尉達順・釈安心《あんしん》（日蓮《にちれん》衆）・矢野石見守三善《みよし》寛倫・さいが右京進三善定直《さだなお》・省方・速水兵部丞平親忠《ちかただ》・沙弥《しゃみ》周徳《しゅうとく》・斎藤《さいとう》加賀守勝秀《かつひで》・織田十郎左衛門尉頼秀《よりひで》・同右近尉光清《みつきよ》・小勢《こせ》修理橘秀実《ひでざね》・伴九郎兵衛尉伴兼久《かねひさ》・牟藤掃部助平任貞らであった。講頌《こうじゅ》があって、読師《どくし》は雅綱（発声を兼ねる）・講師は兵部丞親忠で、雅綱の歌は言継が発声した。会後に冷麺と吸物が出て、酒盃を重ねて歓談した。

　この日、今川竹王丸《たけおうまる》（在なごや《（那古屋）》）が蹴鞠の門弟となり、太刀と銭三百疋を持参し、沓までを伝授した。同じく織田与三郎達種《みちたね》（右近息）と平手助次郎勝秀《かつひで》も門弟となり、おのおの太刀と銭二百疋を持参した。そこで、晩に雅綱・言継・蔵人・今川竹王丸（那古屋、十二歳）・三郎・兵部丞・織田右衛門尉・同右近尉・同孫左衛門尉・花井又次郎・滝川彦九郎・伴九郎兵衛尉が参加して蹴鞠を行った。

　なお和歌会に先立っては、安心（日蓮衆）・周徳は扇代各二十疋、さいか右京・斎藤加賀守・織田十郎左衛門尉・小勢修理・牟藤掃部はおのおの太刀を礼として雅綱に持参した。

　二十四日、曇のち晴、四ッ過ぎ（十一時）に信秀が鷹野《たかの》（雲雀《ひばり》狩り）へ行くというので、雅綱・言継・蔵人の三人が同道した。へきの八幡（津島の南一キロ）で「津島の鱈《たら》」を食べ、右近は湯漬を皆に振る舞った。帰りに津島の天王社を見物して暮に帰宅したが、獲物は雲雀四十余羽であった。

　二十五日、曇のち晴、織田兵部丞の息女が煩《わずら》い（病気）ということで、見舞に蔵人が清洲へ向かった。蹴鞠をするために今川竹王丸・織田与三郎・平手助次郎が来た。また、矢野石見守の子善十郎勝《かつ》倫《とも》が門弟になるといって太刀と銭二百疋を持参した。同時に歌道の門弟にもなるといい、太刀を献じた。右近が来て招いたので皆で城へ行き、しばらくいて帰途に信秀が言継らと一緒に来て、また二時間ほど談笑した。晩に蔵人が清洲から戻った。暇をみて言継が八境図を十一枚描いて、雅綱に見てもらった。晩になって涼しくなったので蹴鞠を始めたが、参加者は雅綱・言継・竹王丸・三郎・速水兵部・矢野善十郎・織田大膳亮・同右近尉・同与三郎・花井又次郎・平手助次郎であった。

二十六日、晴、晩に蹴鞠。参加者は雅綱・言継・蔵人・竹王丸・三郎・速水兵部丞・織田右衛門尉・同右近・同大膳亮・矢野善十郎・織田孫左衛門・花井又次郎・伴九郎兵衛・滝川彦九郎であった。今川竹王丸は信秀の館に宿泊しているらしい。渡辺玄蕃助《わたなべげんばのすけ》が和歌と蹴鞠の門弟となり、太刀・馬一疋・銭五百疋を持参した。沓と葛袴《くずばかま》まで伝授。

二十七日、竹王丸が来たので、雅綱は蹴鞠の作法等を教え、つづいて渡辺玄蕃助・織田右衛門尉・同右近・花井又次郎で、平手中務の邸の庭を使った。林新五郎秀貞《はやししんごろうひでさだ》が蹴鞠の門弟となり、太刀と銭二百疋を持参したが、言継は「父八郎左衛門の代理か」と記している。何のお金かは記していないが、三郎が来て雅綱に三千疋、言継と蔵人に二百疋ずつ、速水にも二百疋を贈り、折紙を渡した。また、安田弥七《やすだやしち》・石千代・伊藤行事官には白帷《しろかたびら》を与えたとある。切麵で一盞《いっさん》のあと、雅綱以下三人は、信秀と今川竹王丸のところへ暇乞《いとまご》いに行った。帰りに三郎・竹王丸・虎千代が宿所へ同道し歓談、七ッ

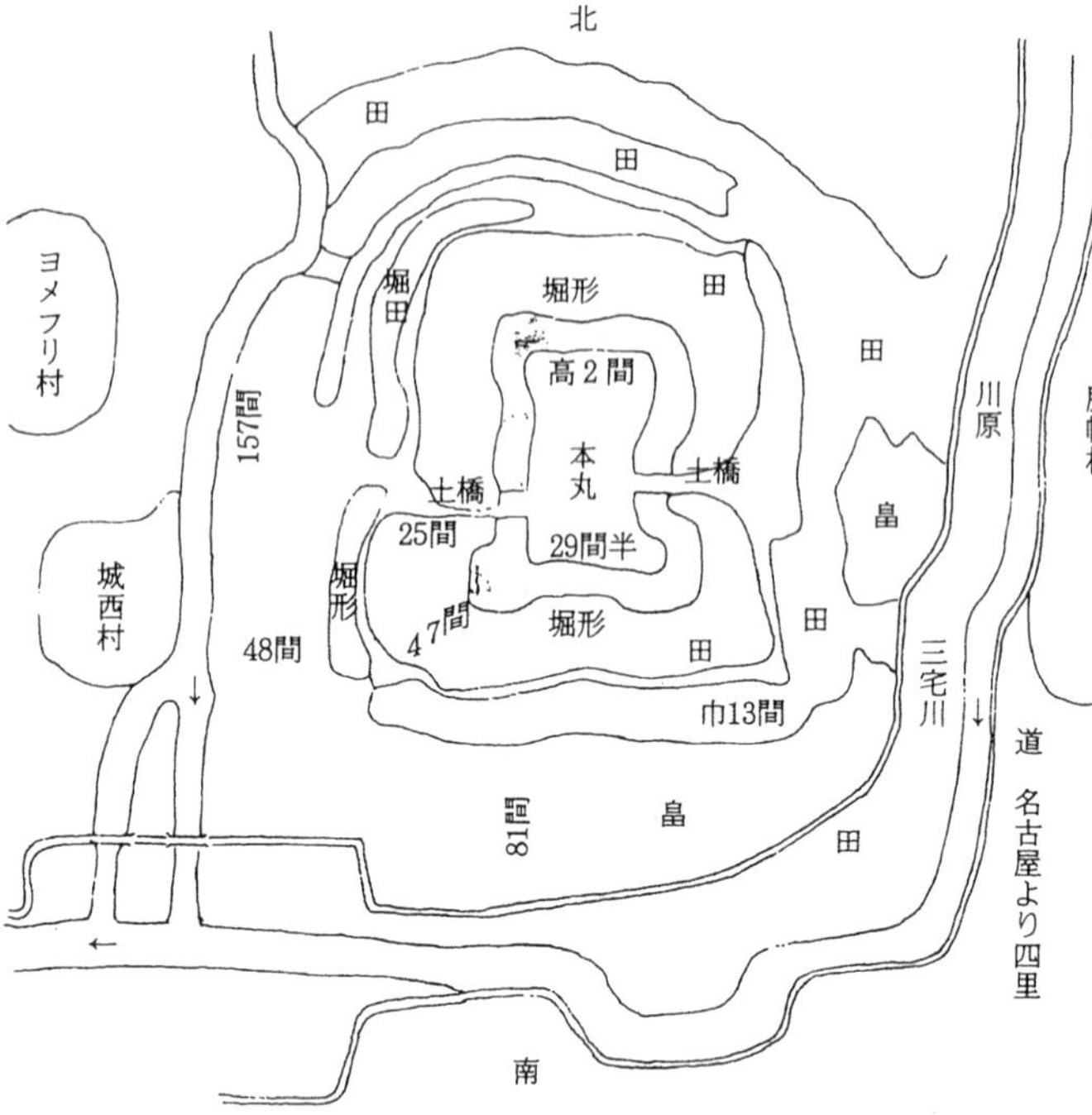

勝幡城跡図（蓬左文庫蔵）トレース

時（午後四時）ごろ雅綱らは清洲へ向かった。先はどのお金は、これまでのお礼にと信秀が差し出しものとわかる。

三里の道を馬で行き、暮に清洲へ到着した。馬上の一行は、雅綱・言継・蔵人・速水兵部・安田弥七・三郎・織田右近・同大膳・矢野善十郎・小原左京進・穴孫右京亮らで、織田大和守の城の近くの法華《ほっけ》堂《どう》に宿をとったところ、大和守が訪ねてきて、晩飯は織田丹波守が馳走した。その後、大和守や三郎らは皆帰宅した。

二十八日、晴のち小雨、大和守が来て、入れ違いに信秀が来たので、しばらく雑談した。九ッ時分（正午）に朝飯。この当時では朝・晩の二食制であって、昼飯の風習は日本になかった。千秋《せんしゅう》左近《さこんしょうげん》将監季通《すえみち》〔「奉公千秋庶子熱田神人」かと註がある。室町幕府奉公衆の千秋氏の庶子で熱田《あつた》神宮の神官であるらしい）が鞠道《きくどう》の門弟となり、太刀と銭二百疋を持参した。二十六日に入門した渡辺玄蕃助の弟の林光院《りんこういん》という僧も歌道の門弟になるといって百疋を持参した。千賀又四郎（内の物とある）も同じく入門した。大和守から織田丹波守が使者として来て、三人を明日の朝飯に招待するという。切麵を食べたあとの六ッ時（午後六時）ごろ、雅綱の雑色《ぞうしき》（召使い）の四郎右衛門が死去したという知らせがあった。二十四日より病床の身となり、勝幡に残して来たもので、後事は平手中務丞に頼んであった。同じくこの日、織田兵部の娘（七歳）も亡くなった。

二十九日、晴、信秀が来て、大和守のところへ八ッ時（午後二時）に皆も同道、朝飯のあとで蹴鞠を行った。参加者は雅綱・言継・織田大和守・同三郎・同右近・同大膳・速水兵部・毛利十郎・千秋将監・伴九郎兵衛・矢野善十郎であった。帰宅後、暮に冷麵を食べた。そのあと渡辺玄蕃助からは鹿毛《かげ》の馬を贈呈された。

八月一日、晴、一時雨、十二時から午後二時ごろ日蝕が見られた。その頃、織田大和守が礼に来て、雅綱以下三名に太刀、毛利彦九郎も雅綱へ太刀を持参した。昼には冷麵を食べた。暮になって、坂井《さかい》摂津守・矢野石見守・赤林《あかばやし》対馬守が礼に来たし、妙心寺《みょうしんじ》の学首座《がくしゅそ》も帰国中だといって言継を訪ねて来たのでしばらく雑談した。七ッ時（午後四時）に雅綱は速水を大和守のところへ礼に太刀を持たせたので、言継・蔵人も太刀を持たせた。

二日、晴、大和守から朝飯の招待をうけたので、八ッ時（午後二時）に出向いたが、相伴の人々は雅綱・言継・大和守・速水兵部・織田右衛門尉・矢野石見守で、蔵人は病気で欠席した。晩の蹴鞠は雅綱・言継・大和守・速水・織田右衛門尉・毛利十郎・矢野石見守であった。一汗かいたので行水をして、冷麵・吸物で一盞ののち、六ッ時（午後六時）帰宅した。

三日、晴、篠田《しのだ》入道安盛《あんせい》が歌道の門弟になるといって百疋を持参、矢野石見守が同道してきた。また、織田丹波守・坂井摂津守・毛利十郎らも訪ねて来た。帷布と鞠上の布（越後とある）を購入する代金八十疋を織田兵部へ渡した。

四日、晴、晩に雨、大和守の弟の織田監物《けんもつの》尉《じょう》とその子、同勘解由《かげゆ》右衛門《えもんの》尉《じょう》らが雅綱へ太刀を持参して礼を言った。勧進舞《かんじんまい》（大夫は女房の夕霧《ゆうぎり》）をするというので雅綱以下が出かけ、その後、大和守のところで蹴鞠をした。参加者は雅綱・言継・蔵人・大和守・速水・矢野石見守・織田右衛門尉・毛利十郎。織田右近も来たが疲れたといって早く帰った。行水のあと、切麵で一盞した。

五日、晴、先に頼んだ惟布が届いた。那古野又七が蹴鞠の門弟になり太刀と銭二百疋を持参、坂井摂津守も同じく太刀と銭百疋を持参した。蔵人は武衛（斯波氏）一家の又次郎に朝飯に招かれ、七ッ時（午後四時）に帰宅した。大和守は百ばかり入った饅頭一鉢を持参、織田右衛門尉や矢野石見守も来て、切麵を食べたが、右衛門尉・石見守・摂津守・那古野又七が相伴した。夕方風呂に入ったあと、毛利十郎・矢野石見守・同善十郎が訪ねて来て夜まで談笑した。

六日、晴、歌道の門弟になるといって出家した人が三人来て百疋ずつ持参した。坂井弥助が礼として雅綱へ糸巻の太刀を持って来たし、信秀と共に織田与三郎・同大膳亮・坂井摂津守・矢野石見守・毛利十郎・那古野又七らが来た。赤林対馬守のところから鈴物一対と食籠が届いたので、皆で一盞した。今朝の小漬けは矢野の振舞いということであった。晩に蹴鞠。参加者は、雅綱・言継・蔵人・織田大和守・信秀・速水兵部・毛利十郎・織田右衛門尉・同大膳亮・同与三郎であった。晩飯のあと音曲があったが、食事中から雅綱と速水が疲れを訴えた。

七日、晴、信秀が織田井《(小)》の織田藤右衛門のもとへ向かったが、清洲から一里あり、「去年の取合」以後初めてのことだという。信秀には伯父にあたる。信秀が帰途八ッ時（午後二時）過ぎに立ち寄り、その後、毛利十郎・矢野石見守も来た。また、かねて頼んであった言継の帷《かたびら》ができて届けられた。

八日、曇、夜に小雨、信秀が雅綱らの見舞いに来た。矢野石見守も来たし、毛利十郎は白粥を届けてくれた。八ッ時に矢野石見守・同善十郎・赤林対馬守・那古野又七・坂井摂津守が見舞いに来たが、雅綱の熱がひどく、赤林は脈を診てくれた。五ッ時（午後八時）に矢野石見守を呼び、医師を頼んだところ、医師と法花《ほっけ》衆とが来て薬を飲ませてくれた。毛利十郎も心配して来て、しばらく様子を見てくれた。

九日、細雨、今朝も医師乗円坊《じょうえんぼう》が来て雅綱に薬を与えたが、病名を「時気」と言った。信秀は三度見舞った。織田大和守・同監物・同右近・同大膳亮・矢野石見守・坂井摂津守が見舞いに来た。晩は麺の夕食であった。

十日、晴、夜大雨、信秀・織田右近・同大膳亮・同丹波守・同与三郎・赤林対馬守が見舞いに来て、対馬守が薬を持参した。蔵人は病気見舞いといって熱田へ向かった。渡辺玄蕃助から貝鮑《かいあわび》五十個と鯨の荒巻《あらまき》および酒樽（代金五十疋）を雅綱宛てに届けてくれたので、礼状は言継が代筆した。

十一日、曇、晩から雨、織田右近尉が来て、そのあと信秀・織田丹波守・同孫左衛門らが来た。医師は南都興福寺の内の越中《えっちゅう》という人が来て脈を取り、薬をくれたが、雅綱の病状はだいぶ良くなったようだ。織田監物・赤林対馬守も来た。昨日の見舞品二種の一部を織田丹波守におすそ分けをした。織田大和守・坂井摂津守・矢野善十郎・毛利十郎が見舞いに来たし、晩に蔵人が熱田から帰ってきた。丹波守は粥を用意して持参した。

十二日、晴、晩に雨、雅綱の熱は昨夜から再び上昇した。信秀に代わって平手が来たし、頼んでおいた下帯が届いた。雅綱は馬を大和守に贈った。右近と丹波守は一日中こちらの雑事に当たってくれた。毛利十郎・織田監物・坂井摂津守が見舞い、また医師越中も三度脈を診に来たうえに、夜に入って近所の寺で眼朝《げんちょう》という僧が祈禱を行ってくれたので、太刀を贈った。言継の鞠の上染《うわぞめ》を頼んでおいたところ、できあがって届けられた。

十三日、曇、晩から雨、信秀から内藤という使者があり、また織田右近が来た。織田丹波守は赤粥を持参したので、皆で食べた。大和守も見舞いに来てしばらく雑談し、言継・蔵人・大和守とで朝飯をいただくことにした。坂井・赤林が来て、はん蔵主《ぞうす》という僧も来た。夕方、祈禱のためにこれらの人は近所の庵へ出向いたが、言継・蔵人は看病のために残った。

十四日、雨、織田右近・赤林対馬守らが来て、今朝からは蔵人が薬を調合することになった。鞠の上染代金二十疋と三十文を言継は支払った。織田大和守・坂井摂津守・毛利十郎が見舞いに来て、八ッ時（午後二時）に餅（ぜんざい）が出たので、言継・雅綱・坂井・毛利とでいただいた。信秀と平手中務丞が来て、雅綱の帰京について相談。信秀は近所の庵で雅綱の祈禱をするように命じたので、暮にその大般若経転読《だいはんにゃきょうてんどく》のため皆で出向くことになった。

十五日、晴、信秀・織田右近はこの日、数度顔をのぞかせ、織田大和守・同監物・同丹波守・同勘解由左衛門・滝川彦九郎・毛利十郎らが来た。丹波守から言継と蔵人に晩飯の招待があったが、看病を大事として断ったところ、戌の刻（午後八時）に丹波守は赤粥を持参した。言継は蔵人に借りた二八〇文を返し、弥七からは六十疋を借用することにした。雅綱の鑓《やり》（鎗）を信秀に渡したとある。

十六日、晴、暮に細雨、今まで滞在中の清洲の本養寺《ほんようじ》の住職が白粥を振舞ってくれた。織田右近が来て、同大和守・同丹波守・同勘解由左衛門・赤林対馬守・矢野善十郎・坂井摂津守らが見舞いに来た。武衛（斯波氏）の使者山本大隅守が来た。言継が蔵人のために注文した木綿袴《ばかま》ができて、代金を払ったが染色まで一切であった。雅綱は今日になってようやく元気になり、織田与三郎に葛袴を贈った。

十七日、雨、織田右近・同丹波守・毛利十郎・矢野善十郎・那古野又七・坂井摂津守・平手中務丞が来た。今日上洛するつもりだったが、雨天のために二十日に延期した。大和守が暇乞に来て、雅綱へ太刀と馬一疋（栗毛印雀目結）と五千疋を贈り、言継には太刀と馬一疋（代三百疋）、蔵人にも同様であった。毛利は花向《はなむけ》といって雅綱に二百疋、木綿袴代二十疋を支払った。雑用係の与三郎には二十疋渡し、弥七に借用した八十疋を返却した。

十八日、晴、平手中務丞が来たが、この旅での配慮に感謝して、子息の助次郎へ葛袴を贈った。すると政秀はその返礼にと二百疋を雅綱らに渡したのであった。織田右近尉は、雅綱に花向といって三百疋を贈り、その子息与三郎は百疋を贈った。同丹波守の子息で七歳になる竹満丸《たけみつまる》には、雅綱らは八境図と共に鴨沓《かもくつ》の免状を渡すことにした。蔵人と毛利十郎の両名へは鞠扇を贈り、武衛（斯波氏）の子息治部大輔義統《よしむね》へは鴨沓・葛袴・八境図・鴨沓の免状を贈ることにして、速水兵部丞に持たせた。毛利十郎大江敦元《あつもと》は、言継にも毛抜六ヶを贈ってくれた。勘解由小路治部大輔（斯波義統）が返礼に来て、鞠道の門弟になるといい、太刀と銭千疋を持参したので、言継と蔵人とが対応し、礼を申し述べた。織田丹波守の子竹満丸も礼に来て、雅綱と言継に太刀を持参、蔵人には太刀代といって銭三十疋を渡した。赤林・坂井・矢野善十郎らが来て、織田監物も鞠道の門弟になりたいといい、太刀と馬代三百疋・沓・葛袴代五百疋を持参、速水兵部には百疋を渡したが、入門のことは明日詳しくという約束にした。

十九日、晴、矢野善十郎勝倫が早朝来て、父の石見守が病気との知らせを受けたので清洲から在所まで至急帰る、とのことで、言継らは後花園院《ごはなぞの》の勅書一通を贈った。織田大和守が来て、扇のさし方を聞き、毛利十郎・織田右近も来た。織田監物丞広孝《ひろたか》・那古野又七教久《のりひさ》が来て鞠道に入門した。坂井摂津守へは折紙で礼を言うことにした。蔵人の京への荷物二包が来た。矢野善十郎の所望していた制詞和歌・小点詞・天徳和歌等の書写本を毛利に預けることとし、右近には青門が書かれた三社託宣の書を贈ったが、右近は餞別といって三十疋を届けてきた。武衛義敦より京都の四辻《よつつじ》宛て返書に添えて鍬一縣《しりがいひとかけ》も届けられた。紙を一帖二十六銭で購入した。

二十日、曇、晩に雨、蔵人が早朝来た。織田兵部丞の女房からは毛抜を十送ってきた。織田大和守が別れのあいさつに来て、京へ向かう言継らを二十町ばかり見送り、丹波守は一里ほど同行した。右近は墨俣《すのまた》（岐阜県大垣市）までついて来た。墨俣の渡し場へ四ッ時（午後十時）に着いたが、舟が遅れて夜半時分に墨俣の光明寺《こうみょうじ》へ到着した。朝は毛利十郎・那古野又七・大和守（本人ではなく家臣か）・信秀・織田大膳・滝川彦九郎が出発を見送り、平手中務丞は言継に美濃紙一束と毛抜五ヶを贈った。蔵人は清須に残った。

二十一日、雨、午後晴、昨夕からの雨のため洲俣（墨俣）に逗留。朝夕の食事は、守護代の斎藤《さいとう》勘解由左衛門が他所にいるため、子息の毘沙徳《びしゃとく》の世話をうけ、昼はうどんをいただいた。速水右京進が礼として太刀を毘沙徳に渡し、また肩衣《かたぎぬ》・袴も進呈した。この夜、織田右近光清《みつきよ》と雅綱・言継は別れを惜しんで和歌を詠み合った。

二十二日、晴、朝飯のあと出発し、六里ほどのたるい（垂井〈岐阜県垂井町〉）に着いたが、和田弥《わだや》九郎《くろう》が墨俣からついて来たし、織田右近もさらに同行した。

二十三日、晴、織田右近尉・速水左京亮・和田弥九郎が垂井から朝方に清須へ帰り、長井《ながい》某が見送りに垂井へやって来た。言継らはこの日、垂井から琵琶湖畔の朝妻《あさづま》（滋賀県米原市）へ着いた。

二十四日、晴、暁八ッ時（午前二時）に乗船し、勝幡からの輿《こし》かきは帰途についた。七時分（午後四時）に坂本《さかもと》（大津市）へ着き、京へと向かった。

言継尾張下向の成果

天文二年（一五三三）秋の言継・雅綱（雅世）の勝幡・清須下向については、まだ二十歳そこそこの信秀一人の発意による招待であったとはとうてい考えられない。母「いぬい」がこのときすでに故人であったとされているから、家老の平手政秀の進言によった一件であったと考える必要がある。

雅綱は蹴鞠、言継は和歌を教えるということで尾張に下向したが、信秀にとってみれば、両名の身なり、言葉、立居ふるまいのすべてに、京の文化というものを強烈に感じとったにちがいない。また、言継らの滞在一ヶ月半のうちに、足利将軍のこと、天皇のこと、京の街の様子、武士・町人らの考え方などさまざまなことを、信秀はかなり詳しく聞き取ることができた。百聞は一見にしかずであるが、簡単には上洛も叶わない時代のことであるから、ひらすら聞くことによって、中央のことを詳しく知ろうとした。それは雅綱・言継らの目を通して感じたことの又聞きであるから、雅綱・言継色を強く帯びた京都のイメージになったであろうが、多少の修正を加えれば充分に間に合うものであった。

以後の信秀の戦略に、この成果が大きく反映されていったことは間違いないといえるだろう。

つぎに、前年に清須の守護代織田大和守と講和したものの、ほとんど交流らしい交流が行われていなかったが、この蹴鞠を教えてもらうために、清須から続々と勝幡城へ有力武将が訪ねて来て、ついには大和守自身までもがやって来るというありさまとなった。本来ならば大和守よりも下位にあたる信秀が清須へ行って修交を願うというのが筋であるが、蹴鞠の持つ魅力に吸い寄せられて武将が自ら勝幡城へ集まり、さらに蹴鞠を通じて信秀と友人関係を構築したのである。これまた、のちに尾張国内に広く頼み勢（出兵の協力）をかけるときに、誰もが「気心の知れた」信秀に協力した。こうした無形の財産を入手した点でも、言継らの下向ははかり知れないほどの成果があったといえる。

なお、飛鳥井雅綱が帰京後しばらくして、清洲の織田達勝《みちかつ》宛てに出した手紙があるので次に掲げる。

其の後、寸儀なきにより、久しく申さず候、本位に背き候、そもそも御歌□の由、承り及び候、千万心元《せんばんこころもと》なく候、早々本復《ほんぷく》、大慶《たいぎょう》たるべく候、すなわち御元□中に候といえども、知行《ちぎょう》の事、懈怠《けたい》なきよう仰せつけられ候はば、別して等息《とうそく》たるべく候、返すがえす御尊咸《そんかん》の子細、早々承りたく候、謹言、

（天文三年か）五月十六日　　　　　　雅世（花押）

織田大和守殿

（「熱田・浅井又太郎所蔵文書」東大史料編纂所影写本）

信長の誕生地は勝幡

信秀は天文二年（一五三三）には勝幡城におり、いまだ弾正忠に任官する前で、三郎と称して無位無官の一城主にすぎなかったことは、『言継卿記』で見てきたとおりである。信秀の弟の与二郎も、元服は済ませているものの、いまだ分家するには至らず、勝幡城で兄信秀の手伝いをしている姿がみられる。また、「三郎舎弟」として十一歳の虎千代もいた。まだ元服前の童名《わらわな》であるが、虎千代はのちの守山《もりやま》城主孫三郎信光《まごさぶろうのぶみつ》にあたる人だろう。『言継卿記』には以上三名以外に信秀の兄弟は登場しないが、さらに虎千代の弟として、四郎三郎信実《しろうさぶろうのぶざね》・孫十郎《まごじゅうろう》（右衛門尉）信次《のぶつぐ》という男子二人と、女子二人（松平清定《まつだいらきよさだ》の妻、遠山《とおやま》内匠助の妻）がある。

信長は、こうした状況のなかで天文三年五月二十八日に誕生したとされる。出生地は那古野城（名古屋市中区）とするのが定説になっているが、天文二年八月の段階では那古野城に今川竹王丸がおり、山科言継が「那古屋、十二歳」と書いているため否定しようがない。後述するが、信秀が那古野城を占領するのはもう少し後のことであって、『池田家履歴略記《いけだけりれきりゃっき》』（『大日本史料《だいにほんしりょう》』一〇―一六）の勝幡城誕生の記事や、『名城古事録《めいじょうこじろく》』（鶴舞図書館写本）に、「天文二（三）甲子（午）年五月廿八日、於勝幡、信長誕生、」

とあるのを採用したい。この点について、元佐織町教育委員会の石田泰弘氏が「織田信長出生考」（石田一九九二）を書かれ、私と同説を主張されたのは心強い限りである。

信長の生母は、土田《つちだ》下総守政久《まさひさ》の娘といわれる。土田政久は、尾張国海東《かいとう》郡土田郷（愛知県清須市清洲町土田）の人で、同郷は清須城の至近に位置している。したがって、土田政久は清須の織田大和守の影響下にあって、信秀がその娘を妻に迎えることができたのは、天文元年の大和守との講和直後ということになるだろう。結婚後まもなくの同三年五月に嫡男信長が誕生した。

なお信秀には、その前に愛人との間にもうけた庶子がある。三郎五郎《さぶろうごろう》信広《のぶひろ》はよく知られているが、もう一人安房守秀俊《ひでとし》も庶子で、信長の兄とみられる（信秀の子の条参照）。

信長の乳母は、池田《いけだ》勝《しょう》

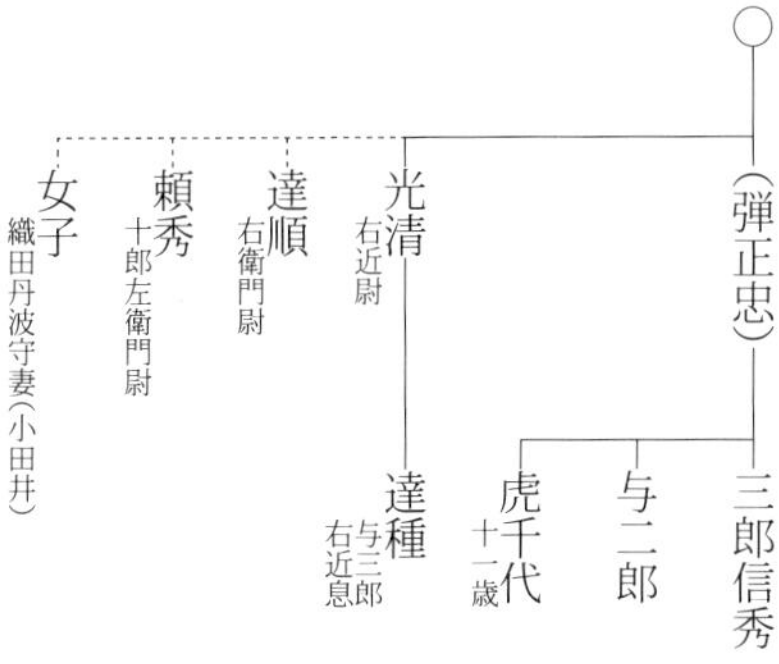

系図６『言継卿記』による信秀家系図

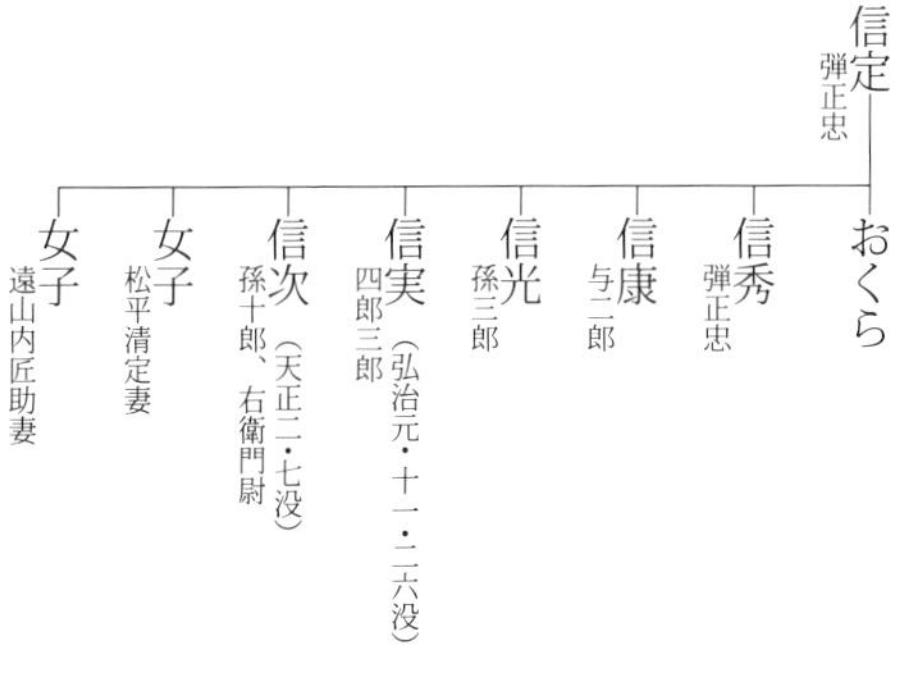

系図７　織田系図（『織田信長事典』ほか）

三郎恒興《ざぶろうつねおき》の母、のちに姫路《ひめじ》城主となった池田輝政《てるまさ》の祖母にあたる人であった。この女性は、現在の愛知県犬山市五郎丸の宮田《みやた》家から池田家へ嫁していたといわれる。信秀の弟の与二郎信康《のぶやす》が、天文初年に犬山の木ノ下《きのした》城主となったといわれており（横山一九八五）、その領内にある五郎丸の女性ということになる。与二郎が木ノ下城主となったのは、少なくとも天文二年八月の言継来訪以後のことで、宮田氏の娘の池田家への入輿《じゅよ》もそれより後のことかと思われるが、天文三年の信長誕生後まもなく恒興を生み、信秀に気に入られたものか、信長の乳母の指名をうけたのである。

五郎丸方《かた》与八分、百五拾貫文の事まいらせ候、なをきうめい候て申し付らるべく候、かしく、

元亀四（一五七三）

六月十八日　（朱印）

大御《おおち》ちへ

この信長朱印状は、『池田光政公伝』に収められている「池田家文書」の一通で、信長が大御乳《おおちち》すなわち自分の乳母をつとめた池田氏（養徳院《ようとくいん》）のために、五郎丸の与八分の一五〇貫文の所領を与えたものである。この与八という人が宮田与八ということになるだろうし、養徳院の父か兄弟にあたる人とみてよいだろう。与八の所有する一五〇貫文の田畑の年貢徴収権（知行）を養徳院に与えて、信長は自身を養育してくれた恩に報いたのである。

天正十年（一五八二）六月の本能寺《ほんのうじ》の変《へん》後も、養徳院は信長の子の信雄《のぶかつ》に大切に扱われ、天正十一

年には現在の愛知県小牧市下末《しもすえ》で知行を与えられている。天正十二年三月に小牧・長久手戦争が起き、池田恒興が秀吉方に味方したため、養徳院も下末の所領を失った。そのため、同年八月に秀吉は御堪《かん》忍分《にんぶん》として美濃国山県郡《やまがた》の深瀬《ふかせ》で五二〇貫、同高富《たかとみ》で二八〇貫の都合八〇〇貫を養徳院に与えている（『岐阜県史』史料編所収「岡山大学所蔵文書」）。さらに天正十七年の太閤検地《たいこうけんち》で秀吉は、これに代えて長良《ながら》（岐阜市）で八〇〇石の朱印状を出している（『岐阜県史』史料編所収「岡山大学所蔵文書」）。なお養徳院は天正十年代、天正十八年に池田輝政が三河吉田城《よしだ》（愛知県豊橋市）へ国替えになるまで、龍《りょう》徳寺《とくじ》（岐阜県池田町）のかたわらにある子院養徳院に隠棲し、のちに上洛した。

那古野城攻略戦

那古野城の地は、現在の名古屋城二の丸にあたり、天文初年当時も名古屋城と称されたともいい（『張州府志』）、あるいは『言継卿記』に「那古屋」とあるなど、「ナゴヤ」と発音されていたらしいので、名古屋城と書いてもよいのであるが、後世の名古屋城と区別するために本書でも那古野城と表記することにしたい。

那古野城の地には、平安時代の延喜十一年（九一一）創建と伝える真言宗安養寺《あんようじ》と天王社があった。同地は、十二世紀の保元《ほうげん》・平治《へいじ》の乱《らん》の頃になって、権中納言《ごんのちゅうなごん》兼民部卿《みんぶきょう》藤原顕頼《ふじわらのあきより》の子で、出家して小野法師《おのほっし》と呼ばれていた顕恵《けんけい》という僧が初めてこの地を開発して荘園としたといわれる。顕恵は、のちに東大寺《とうだいじ》別当《べっとう》ともなり、後白河法皇《ごしらかわほうおう》の戒師《かいし》にもなったほどの高僧で、安元元年（一一七五）二月に亡くなった。生前、この那古野荘を後白河法皇の女御《にょうご》で高倉《たかくら》天皇の生母にあたる建春門院《けんしゅんもんいん》（平滋子《たいらのしげこ》）に寄進してその御領となり、建春門院が安元二年七月に亡くなると、御領はその葬所建春門院法華堂（京都蓮華王院《れんげおういん》〈三十三間堂《さんじゅうさんげんどう》〉の東に所在した）領となった（『名古屋城史』所収「建春門院法花堂領尾張国那古野庄領家職相伝系図」等による）。

こうして、法華堂を本所《ほんじょ》とする皇室御領として、以後、南北朝時代まで確実に伝承されており、南北朝末期に至って、開発者顕恵の七代目の嫡統《ちゃくとう》という女子が訴人となって、那古野荘領家職《りょうけしき》を横領した京都東光寺《とうこうじ》の僧を幕府に告訴する事件が起きている（『名古屋城史』）。裁定の結果は明確でないが、この頃まで領家職は開発者ゆかりの者によって維持され、法華堂へ年貢が送進されていたことがわかる。

那古屋荘内の小高い段丘端に、天王社（天王坊）とその神宮寺たる安養寺が建てられていたのであるが、周辺低地の水田地帯とは異なって、その付近一帯の台地上は水田開発ができず、幾分かの畑のほかは、未開発であったとみられる。

このような那古野荘にも、鎌倉時代以来、地頭《じとう》が補任されていた可能性があり、室町時代になってからの地頭は、駿河今川氏の分家であったらしい。『後鑑《のちかがみ》』永享三年（一四三一）の条に収録された「永享年中文書」をみると（『室町幕府引付史料集成』にも収録）、「那古野・今川左京亮殿代」とあり、那古野荘の地頭（知行者）は今川左京亮であることがはっきりする。
『姓氏家系大辞典』にみえる「尊卑分脈《そんぴぶんみゃく》系図」中の今川系図を確認すると、左京亮《さきょうのすけ》を称した人に唯一、今川貞世《さだよ》（了俊《りょうしゅん》）がある。貞世は本家の範氏《のりうじ》の次弟である。範氏は正和五年（一三一六）生まれで、貞治四年（一三六五）四月晦日に五十歳で没したとされる。貞世が範氏より二年後に生まれたとすれば、文保二年（一三一八）の出生で、永享三年には百十五歳ほどになるから、永享三年にはとても生きていない。貞世の四人の男子のうちで、末子の貞兼《さだかね》が左京助を称しているから、貞兼が那古野荘の知行を相続したとみたい。しかし、その貞兼でさえも、貞世が二十五歳のときの子としても九十八歳になるから、これまた永享三年に生きていることはないだろう。永享年中の左京亮は貞兼の子か孫にあたることになる。

いずれにしても、今川左京亮が永享年中に那古野を支配し、おそらくは居館を構えるに至っていたと考えられ、それが那古野城の前身ということになる。永享三年から数えて五十六年目の文明十九年（一四八七）八月二十五日には、「尾州名護屋殿」が上洛したことを『蔭凉軒日録《いんりょうけんにちろく》』が書き留めている。この「名護屋殿」がいかなる人物かははっきりしないものの、今川左京亮の子孫である可能性は高い。今川左京亮の家は、室町幕府奉公衆として守護斯波氏の統制外にあり、京都の幕府へ出仕していたのである。

降って明応四年・五年（一四九五・九六）の二年にわたる美濃国の舟田《ふなだ》の乱《らん》では、美濃の石丸利光《いしまるとしみつ》の娘を嫡子近江守の妻に迎えていた織田大和守敏定《としさだ》方に味方して、明応五年五月二十三日に美濃の市場（革手《かわて》〈岐阜市〉の東の境川堤防《さかいがわ》、つまり当時の木曽川《きそがわ》堤の上）へ出陣した武将中に「尾《び》の今河氏《いまがわ》」があり、この今河氏は、織田敏定に隷属する形で存在したのではなく、敏定の呼びかけに応じて、自身の意志で石丸利光を支援したように感じられる。

那古野城は、大永の初め（一五二一〜）に今川氏豊《うじとよ》が尾張へ来て、初めて築城したとするのが今までの定説で、それ以前の尾張今川氏の存在に言及した論文・書籍はまったくないと言ってもよいほどであるが、ようやく『地方別日本の名族6 東海編』（新人物往来社、一九八九年）において、小和田哲男氏が「今川氏」の項で言及されるに至った。それを紹介する。

なお、ついでなので、ここで氏豊、すなわち尾張の今川氏についても付言しておこう。これまでの解釈だと、『名古屋合戦記』を典拠に、斯波氏を圧倒した氏親が、その監視役として自分の子の一人氏豊を那古野に送りこんだとされてきた。しかし、これはよく考えてみればおかしなことで、氏親段階で尾張を征服できたわけではなく、自分の子を送りこむなど考えられない。むしろ、応永初期に尾張守護となっていた今川仲秋の系譜をひくものが、そのまま尾張今川氏として残存していたと考える方が自然であろう（秋本太二「遠江に於ける守護領国支配の推移――とくに遠江今川氏の没落を中心として――『地方史静岡』第二号）。要するに、氏豊は、尾張今川氏の養子として送りこまれたと考えることができる。

小和田氏らによる尾張今川氏についての存在の推定は、従前から考えている私の推論とも矛盾しないので（横山一九六九）、問題は、永正年間に尾張斯波氏と駿河今川氏との間で起こった遠江国争奪戦で、尾張今川氏がどうなったかということである。

永正十五年（一五一八）に斯波氏が敗退したということで、斯波氏が遠江から完全に撤退したことは従前からわかっているが、それのみに止まらず、尾張における尾張今川氏領の復元、拡大が行われ

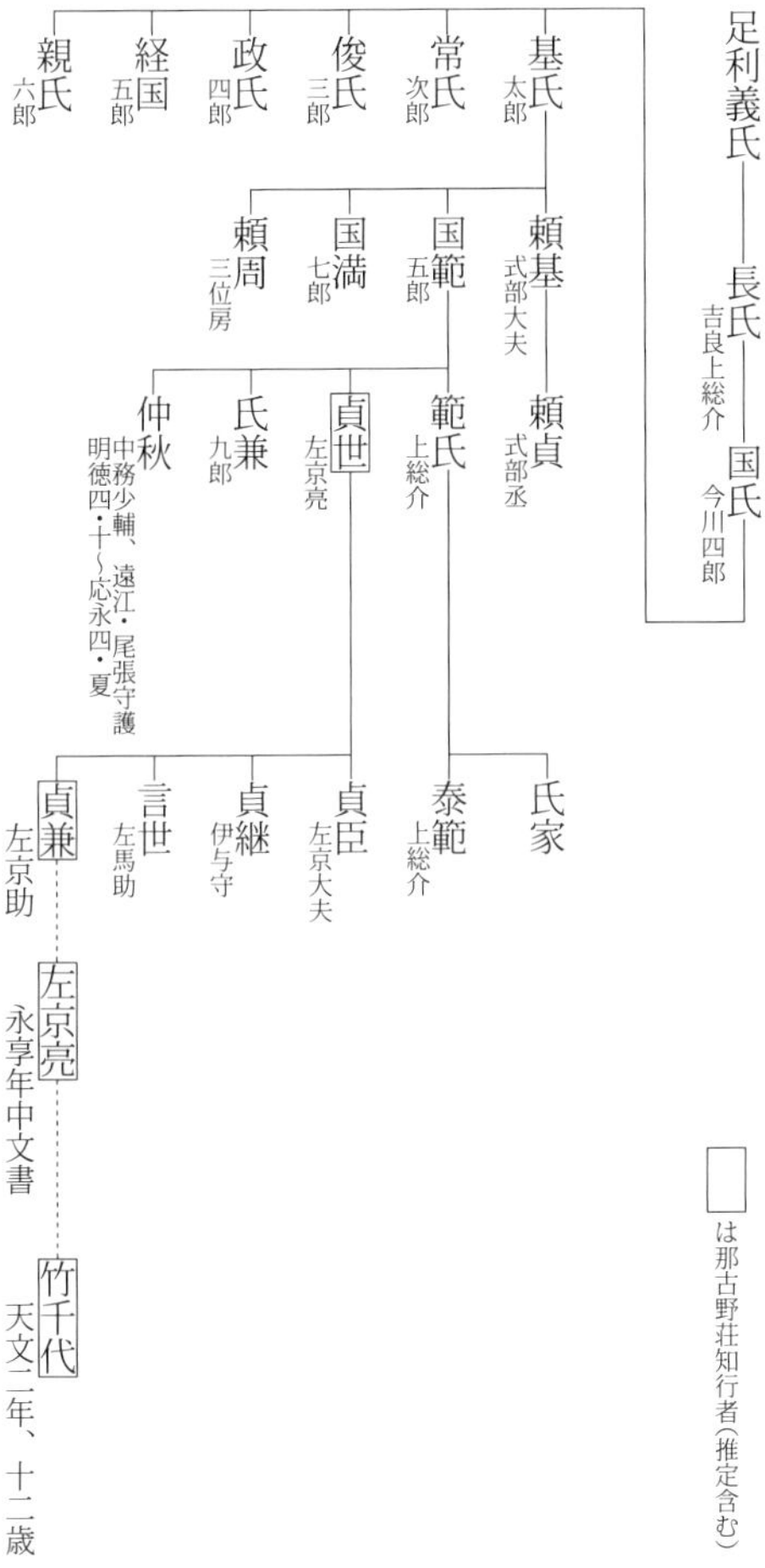

系図８　今川氏略系図

た可能性を指摘したい。永正の乱で、尾張今川氏が中立の立場をとってまったく無関係であったとは考えにくく、斯波氏によっていったんは尾張を追放された可能性が強いだろう。戦乱の終結とともに、断絶したかあるいは尾張を追われた今川氏の名称を継ぐ形で、今川本家から男子が那古野城へ送り込まれてきた。それが今川竹王丸（大永二年〈一五二二〉生まれ、後述）の先代にあたる人物である。

何度も言うように、天文二年に那古野城に十二歳の今川竹王丸がいたことは確実で（『言継卿記』）、関口宏行氏が「今川彦五郎を追って（今川彦四郎を正す）」（関口一九七七）において、天文五年三月十七日に、今川氏輝《うじてる》と同時に亡くなった今川彦五郎《ひこごろう》（定源寺殿寂庵性阿弥陀仏）を、今川氏親《うじちか》四男の竹王丸（氏豊）と同一人物ではないかとした。

この竹王丸は、天文二年に十二歳であったことから逆算すると大永二年（一五二二）生まれであることは動かない。また、今川義元《よしもと》は永禄三年（一五六〇）に四十一歳で戦死したので、永正十七年（一五二〇）出生となるから、竹王丸は義元よりも二歳下で、義元の弟とみる従来からの説に矛盾はない。義元の兄竜王丸が永正十年生まれで（没年よりの逆算）、大永五年十一月二十日に十四歳で元服したことがわかっているので、竹王丸が元服するとすれば十三・四歳、つまり天文三・四年であろう。さらに、元服して斯波義統の妹と結婚したとする『名古屋城史』説を信じると、少なくとも天文四・五年までは在城していたことになる。

『名古屋城史』によれば、今川氏豊は信秀に那古野城を占領されたとき、駿河へは帰れず、京へ上って隠遁生活を送ったとしていて、少なくとも尾張における伝承に駿河へ赴いたという記録はみられない。これは関口論文と矛盾するところであるが、前述のように竹王丸は永正十五年から四年後に出生していて、駿河今川氏が那古野城を再び手に入れた永正十五年に那古野城主に帰り咲いたのは、尾張今川氏の末裔ではなかったか。その後、尾張支配の強化とあいまって、竹王丸がその後に跡継ぎとして送り込まれてきた可能性が高い。そうすると、京へ逃れたのは尾張今川氏末裔の某氏で、天文五年三月十七日に駿河で亡くなったのが竹王丸すなわち彦五郎という見解も成り立つだろう。その場合は、竹王丸が何らかの都合で駿河へ帰国して不在であったのに乗じて、信秀が那古野城を占領して、尾張今川氏を追放したという新説へと発展してゆく。

なお、那古野城に接して天王社と安養寺があったことは前述のとおりで、尾張藩士天野信景は随筆『塩尻《しおじり》』に、天王社等が「享禄五年壬辰二月十一日、軍兵入林、悉皆焼亡云々」となったと書いている。享禄五年（一五三二）は天文元年にあたる。江戸時代に広く流布した天文元年那古野落城説の典拠になった記事かどうかわからないが、今まで述べてきたように、那古野をめぐる戦いが、天文四・五年以前に起こったとはどうしても考えられない。したがって、『塩尻』の享禄五年炎上説もそのまま認めるわけにはいかないのである。

『塩尻』はまた、那古野落城にまつわる逸話をのせているので紹介する。

○今川左馬助氏豊といひし人、尾州名古屋の城に住せし。織田備後守は同国庄《（ママ）》幡にありけるが、連歌の友にて常にいひかはしける。互ひに扇子箱やうの物に、付句を入れて使して贈りあひけるに、左馬助いはく、道のほども遥か也、人して毎々申すも便なき事なれば、我城の中に居給ふべき処をつくりまいらせん。おはして心静かに連歌したまへと有しかば、織田も、さる事こそうれしかるべけれとて、やがて来り、久しく留まりけり。人の城中にすまひながら、本丸にむかひて私に矢狭間《やばさま》をひらきけるを、家臣怪しみけれども、左馬助は事とも思はず等閑に過し程に、織田氏士卒をかたらひ、不意に内外より襲ひければ、左馬助詮方なく命計り請たすかりて、上方へ上りけるとぞ。其後名古屋も織田氏が有となりて、代々しるよしなりける。応仁文明の乱より近頃迄、かかる事のみありて人心豺狼《さいろう》（山犬や狼）の如くなん有ける。

（『塩尻』第三巻）

今川氏の尾張半国支配と守山崩れ

大永六年（一五二六）二月に、駿河から上洛する連歌師の宗長は、三河の刈屋水野《かりやみずの》和泉守の宿所（刈谷城〈愛知県刈谷市〉）に泊まったついでに守山城《もりやま》（名古屋市守山区）へも立ち寄り、その手記『宗長手記』に、

廿七日、尾張国守山松平与一《よいち》館千句、清須より織田の筑前守・伊賀守同名衆に、守護代坂井摂津守、皆はじめて人数、興ありしなり、

あつさ弓は　なにとりそへ　はる野かな

新地の知行、彼是《かれこれ》祝言にや、

と書いている。守山城は、松平与一（信定）の居城であり、「新地の知行」つまり守山を領有して城主となったのはごく最近のことで、ここに清須から集ってきた織田筑前守・同伊賀守・小守護代坂井摂津守（『宗長手記』大永六年十一月の条に尾州小守護代坂井摂津守とある）らは、新知行の祝賀を兼ねて千句をしにやってきたのであった。

そうすると、松平信定の守山領有は、斯波・織田両氏にも承認された一件であって、武力で切り取った所領ではなさそうである。那古野城主の今川竹王丸は、この年いまだ満四歳にすぎず、とうてい単独で城主となり得る力量はなく、この時点では那古野城へ来ていなかった可能性すらある。

宗長が、『宗長手記』大永二年五月条のなかで、

そもそもと当国（遠江）尾張半国当方分、中比上意《なかごろ》かむ、しばらく武衛御領国として後あづかりの事にや、

と書いているように、今川氏歴代の意識として、遠江一国と尾張半国の守護は今川氏のものなのに、武衛（斯波氏）に横領されているのだという考え方があり、中頃に上意、すなわち足利将軍家の意向によりこれらが没収されて斯波氏に与えられたとの被害意識が強かった。斯波氏の永正十五年（一五一八）の遠江での敗退により、愛知・知多《ちた》および山田《やまだ》郡の三郡が今川領に編入され、そこへ今川配下の武将が続々と入部してきたのである。

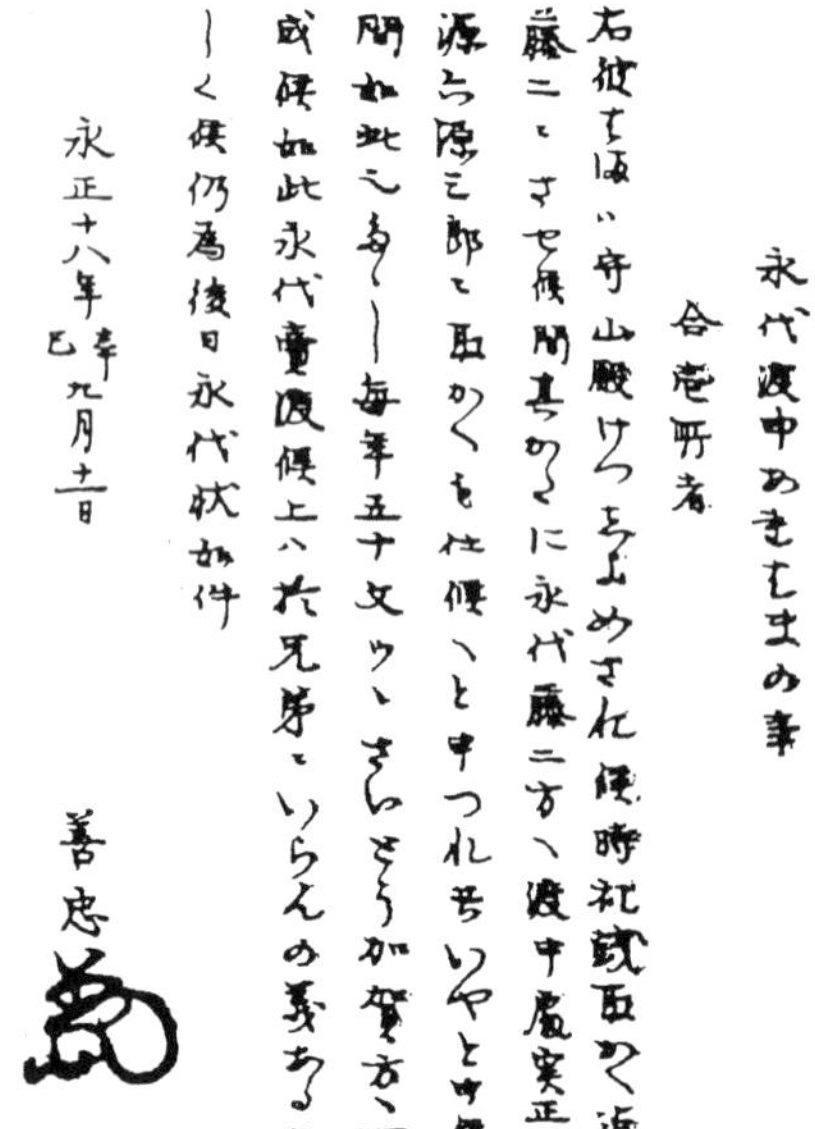

永正18年9月11日付け善忠判物（鶴舞中央図書館本『いつまで草』）

永代渡《わたし》申《もうす》あれはまの事
　合壱所は
右彼《かの》はま（浜）は守山殿けっしょ（欠所）めされ
候時、礼銭取かへ迄、藤二にさせ候
間、其かたに永代藤二方へ渡申処実
正也、源六、源三郎に取かへ仕《つかまつ》ら
れ候へと申つれ共、いやと申候間、
此《かく》の如くなり、ただし五十文ずつ、
斎藤加賀方へ成《な》るべく候、此の如く
永代売渡候上は、兄弟において違乱
の義あるまじく候、仍て後日の為永代状件《くだん》の如し、
　永正十八年辛巳九月十一日
　　善忠《ぜんちゅう》（花押）
（鶴舞図書館本、随筆『いつまで草』）

ここに掲げた文書に見える善忠という人は、すでに入道して法名を名乗る人であるが、永正十八年（大永元年、一五二一）に、この荒れ浜を藤二（浅井氏だろう）へ借銭のかたに引き渡した。文中で、「この浜の年貢五十文ずつ、斎藤加賀方へ納入するように」と言っている。この斎藤加賀守は、永正七年の「駿河宝樹院文書」に見える斎藤加賀守安元《やすもと》にあたるだろうし（『静岡県史料』三）、『宗長手記』大

永三年十一月の条に、「加賀守安元、予旧交《きゅうこう》のあまり、芳恩又いくばくぞや、」とあり、某人の註記「今川被官《ひかん》・斎藤加賀守」がある（『群書類従』本）。

そうすると、永正十五年の浜松での斯波氏の敗戦と講和条件により、それまで守山殿が支配していた熱田は今川領となり、その重臣の斎藤加賀守安元が知行人となり支配したといえるだろう。のち天文二年（一五三三）、勝幡城で飛鳥井雅綱から蹴鞠の教授をうけた人のなかに斎藤加賀守勝秀があり（『言継卿記』）、この人物は天文十九年十一月に斎藤加賀入道定訓の名で、次の文書に痕跡を残している。

其方御両人御引得《おひかえ》・鵜（鵜殿）雲松《うんしょう》分荒浜年貢の事、合《あわせて》百文は、熱田大明神帰真（寄進）申候、毎年又四郎大夫殿へ御納所《ごなっしょ》有るべく候、其のため此《かく》の如く申し候、委細は此の者申すべく候、恐々謹言、

天文十九　　斎藤加賀入道

十一月九日　　定訓（花押）

浅井藤次殿

同　源七郎殿

御宿所参る

（「熱田浅井文書」東大史料編纂所影写本）

なお、この文書に「斎藤加賀入道定訓、駿州宇都山郷士」との付札がある。宇都山城主あるいは丸子城主とされる斎藤加賀守家は、大塚勲編「戦国大名今川氏上層家臣名簿（試表）」（大塚一九七九）

によると、天文五年の花倉の乱で斎藤四郎右衛門が没落し、以後、駿河の史料には登場しないとあるが、天文末年でもその本家筋は健在であったことが裏付けられる。

天文前期には、駿河の本貫地を離れて尾張の知行地へ勝秀が来ており、勝幡城で信秀にも会うなど旧敵方の織田氏との交流も進んでいた。平穏な尾張に対して、天文四年十二月三日、岡崎《おかざき》城主の松平清康《きよやす》が尾張へ侵入し、翌四日には守山に布陣して各所に火を放った。この出陣では、信秀の弟の信光の誘導で清康は岡崎を発ったといい、また清康の叔父の松平信定は、娘を信秀の弟の信光に嫁し、また嫡子清定の妻に信秀の妹をもらっていたために、病気と称して尾張国碧海《へきかい》郡の上野《うえの》城（愛知県豊田市上野町・上郷護国神社）に籠もって、守山へは参陣しなかったという。

しかし、これらはどれも考えてみればおかしな話である。松平与一信定は大永五年頃から守山城主であって、この信定の協力がなくては清康は守山へ入城できないのである。これらの俗説はひとまず棚上げしなければ前へ進めそうにない。

松平信定は守山城主で、那古野城の後詰めの城として今川竹王丸を背面で支えていたのであるが、天文二年に十一歳であった虎千代は、信秀のもとで天文四年ごろに十三歳で元服し、孫三郎信光と名乗ったあと、松平信定の娘を妻に迎えたという図式が考えられる。要するに信秀は、那古野城攻略にあたって、松平信定の娘と信光の婚約という条件で、松平信定と密約していたのかもしれない。天文四年の十一月ごろに信秀が那古野城を占領すると、怒った駿河今川氏は、とりあえず岡崎の松平清康に那古野城奪回を命じ、それをうけて清康が松平信定の守る守山城へ出陣したという一連の因果関係があるのではないか。

守山の陣中では、清康の老臣阿部《あべ》大蔵少輔が松平信定と通じているとの噂がしきりに流れていた。そうした陣中で馬が放たれて騒然としたとき、清康が先に立ってこの騒動を静めようとした。阿部大蔵少輔の子の弥七郎は、父が殺されたと勘違いをして、清康を背後から一刀のもとに切り伏せてしまったという。清康の近くにいた植村《うえむら》新六郎が直ちに弥七郎を討ち取ったが、時すでに遅く、清康の息は絶えた。家臣一同は悄然として、清康の遺骸を奉じ岡崎目指して陣を払った。『三河物語《みかわものがたり》』では、この守山崩れを評して、

清康三十の御年までも御命ながらえさせ給ふならば、天下はたやすく治めさせ給はんに、二十五を超えさせられ給はで、御遠行《ごえんぎょう》あるこそ無念なれ、三河にて守山くずれと申すは此の事なり、

と言っている。

信秀は、守山崩れを知って、すぐに出陣の準備を整え、十日後には岡崎へと軍を進めた。『三河物語』に、

お千代様（広忠《ひろただ》）十三にして清康におくれさせ給えば、守山くずれて十日も過ぎざるに、小田の弾正之中（忠）、三河へ打出で大樹寺《だいじゅじ》に旗を立てる。其時、森山にて追腹切らんと申す衆、我人の追腹はここなり。若君様は城にて御復をなされて、城に火を縣させ給え。然れども、聯爾《れんじ》に御腹を切

らせ給ふな。

各々岡崎を半道程出て伊田《井》之郷にて敵を待懸けて居たりといへども、雑兵ようよう八百有り。弾正之中これを見て、大樹寺を押出して二つに分けてかかる。伊田之郷と申すは、上は野なり。野方へ四千、田方へ四千押寄する。岡崎より出る衆も八百を二つに分けて、野方へ四百、田方へ四百にて打むかう。（後略）

（中略）

とあって、誰が見ても松平広忠方が大敗という予想を裏切って、十倍の兵力の信秀が大敗して追い返されてしまった。信秀にとってこの敗戦は痛かったが、それでも尾張から今川の勢力を一掃し、さらには三河の矢作川《やはぎがわ》以西の現在の豊田市一帯を占領することに成功したのである。

信秀は、豊田市上野を本拠とする松平信定に新領土の支配を任せ、守山城を信定の娘婿で信秀の弟の孫三郎信光に与えて、広大な領地の支配を確定してゆく。

守山城と織田信光

守山城は、現在の名古屋市守山区の守山区役所西方に所在し、東から延びた丘陵が矢田川《やだがわ》北岸で途切れるその尖端に位置する。守山区市場の曹洞宗宝勝寺《ほうしょうじ》境内全域が城跡にあたる。南側は矢田川、西北面は崖、西背面から東へ廻り込むように巨大な空堀がある。今日では、東側は民家や道路のために旧状を推定することが困難になっているが、東側にも空堀が巡らされていたのは間違いないだろう。さらに主郭の東北に、空堀を隔てて一小丘がある。頂部は百平方メートルほどの円形をした小規模な平地を持つが、主郭よりも一段と高く、そこに城趾碑がある。碑面に、

守山城趾　愛知県

天文年間、松平清康尾州を略せんと欲し、此地に陣し、偶臣下の為に弑せられ、後織田信秀に属し、その支族は数世これに居る、

大正五年四月建之

と刻まれている。

この縄張りと地形を見ると、明らかに矢田川対岸（南）と西方の敵を意識したものと判断される。つまり、南や西の織田・斯波氏に対処するために築かれた城という見方ができる。松平信定が大永年間に入城する以前に、「守山殿」が存在したことが知られるが（前掲『いつまで草』収録永正十八年文書）、この守山殿は斯波・織田氏一族とすれば、東方の侵入に備えるべく、もっと別の場所に城を構えたはずである。前任の守山殿がこの城に拠ったとすれば、それは今川方の武将で、何らかの都合で「欠所」つまり、この付近の所領を失ったとみることができる。いずれにしても、守山城は今川方が斯波氏を監視し、さらに那古野城を支援することを目的として築かれたとみてよいだろう。

ところが、これを信秀が占領し、さらにその所領が三河にまで拡大されたと同時に、守山城の従前

の戦略的価値は消滅した。信秀の側からみれば、東方から丘続きの部分を攻められたらひとたまりもないということになるのである。しかし、愛知郡・山田郡（名古屋市守山区や瀬戸市方面）の支配という行政目的には、何ら不都合のない拠点なので、信秀はここに弟の信光を入れることにしたのである。

『信長公記』の「織田喜六郎御生害の事」（天文二十四年〈一五五五〉）の部分に、「守山の織田孫三郎殿」とあって、信光の守山在城を知ることができるが、この年五月、信光は信長から那古野城を与えられて移ったので、そのあとに信光の弟の孫十郎信次が入城した。同年六月二十六日、信次の家臣が誤って信長の弟喜六郎《きろくろう》を殺害した責任を感じて、信次は逃走した。ついで信長の弟の信時《のぶとき》（実は兄の安房守秀俊）が城主となったが、これも翌年（弘治二年）に自分の家臣の角田新五郎に殺害された。そこで信長は、流浪の身となっていた孫十郎信次を呼び寄せて再び守山城主とした。ところが、天正二年（一五七四）七月の長島《ながしま》（三重県桑名市）の一向宗門徒攻めに加わって戦死した。遺領は子の孫十郎が継いだらしく、天正十三年頃の「織田信雄分限帳《ぶげんちょう》」に「九百貫文、モリ山津田孫十郎」とある。織田氏の分家筋は津田《つだ》姓を名乗る例があるから、織田＝津田と考えてもよい。しかし同じ分限帳で、信光の孫にあたる小幡《おばた》赤千代が一万貫以上を領して隣接する小幡を領していることがわかるので、わずか九〇〇貫の津田孫十郎は城持ちではなくなって、信雄のいる長島城下に住んでいた可能性がある。

与二郎信康の分家

前述したように、天文二年（一五三三）には与二郎はまだ勝幡城で兄信秀と同居の身であった（『言継卿記』）。一方では、小口《おおぐち》城（愛知県大口町）主に織田与十郎寛近《とおちか》という人がいて、天文年間にはかなりの高齢に達していた。それは四十年も前の延徳三年（一四九一）に、現在の岐阜県各務原市鵜沼古市場町にあった承国寺《じょうこくじ》春沢軒《しゅんたくけん》の軒主の梅心瑞庸《ばいしんずいよう》が、織田広近《ひろちか》（珍嶽常宝庵主）の画像賛文を書いており（悟渓宗頓《ごけいそうとん》の語録『虎穴録』）、それによれば広近の子が寛近で、寛近が広近の画像をつくったとあって、少なくともこのとき寛近は成人していたと思われるからである。またその画像賛によれば、広近は織田郷広《さとひろ》の仲子《なかち》（二男）で、兄を補佐して活躍したとある。寛近はその遺領を継ぎ、織田家のなかでは長老としての発言権を有するに至っていた。たとえば天文十三年九月の信秀による稲葉山《いなばやま》（岐阜市）攻めのときも、立政寺《りゅうしょうじ》（岐阜市西之荘）に禁制《きんぜい》を掲げ、信秀と斎藤道三《どうさん》和睦後の天文二十年ごろに道三が起こしたごたごたに対して、寛近は土岐小次郎に宛てて手紙を書き、病中の信秀の代理としての役目をつとめたことなどを述べており（後述）、このことを証明できる。

このような実力者寛近がいるにもかかわらず、信秀の弟の与二郎信康が、小口城の支城として築かれていた木ノ下城（愛知県犬山市）へ入ったということになる。信康が木ノ下城から一・五キロほど北に犬山城を築いて移ったのが天文六年といわれているので（『犬山里語記《いぬやまりごき》』など）、言継が勝幡城を訪れた天文二年から、四年後の同六年までに、信康が犬山の地に入部したのだろうか。

天文二年の頃は元服してまもない年齢であった信康は、天文十三年には三十歳前後の壮年に達していたはずであるが、同年九月二十二日に岐阜市の上加納《かみかのう》で斎藤道三に逆襲されて敗死してしまった。法名は雲林院殿白岩仍叟居士である（『犬山里語記』）。その菩提寺は雲林院と称する寺であったと思われるし、かつまた織田氏の帰依する曹洞宗峨山《がざんは》派の寺として犬山城下の一角に建てられていたことになろう。そのように考えて調査しても、今のところ犬山城下の廃寺等にもその名がみられない。ただし、『犬山里語記』第五巻には、犬山下大本町《しもだいほんちょう》東側に曹洞宗の天岳寺《てんがくじ》があったが、江戸初期に日蓮宗妙《みょう》感寺《かんじ》と改称し、さらに寛文年間（一六六一〜七三）に丸山新田へ移転したとあるので、この天岳寺の子院（塔頭《たっちゅう》）としてその境内に雲林院が建てられていた可能性はある。また、大本町の南西三〇〇メートルほどのところにある日比野光伸家墓地に、「慶岳貞幸禅定門、明応三年六月廿八日」という在銘の宝篋印塔がある。銘文の法諱《ほうき》からみて、禅宗の寺がこの付近にもあったことが推定される。

信康の家系図については、どの織田系図も大同小異で、信用できないものが多い。その中で、信康以後についてのみ比較的信用できそうなものに、兵庫県明石市の織田豊子氏所蔵系図がある。信康の直系子孫とされるだけあって、古文書も十点ほど所蔵されていたが、戦災で焼失し、その影写本が東京大学史料編纂所に残っている。ただし、犬山在城時代のものは一点もなく、その面からの考察はできないので、系図を掲げて参考に供することにする。

系図には八名の子が掲げられている。そのすべてが信康が戦死した天文十三年九月以前の出生とみてよいだろう。仮に嫡子の信清《のぶきよ》が天文初年の犬山入部と同時に生まれたとしても、信康戦死のとき、わずか八歳（満七歳）であり、元服前の少年にすぎない。そのあと満七年間に七人の子ということは、一人の母親のみでなくて、妾腹の子や養子も含まれているのではないか。

『姓氏家系大辞典』の織田系図によると、信清の弟の久意は、実は信秀の六男安房守信時で、信康の養子になったとされている。これが事実ならば、天文十三年の信康戦死のとき、信清が元服前の幼子であったために、信秀は信清が自立するまでの間、信康の所領保全のために自分の子を犬山へ送り込んだことが考えられる。

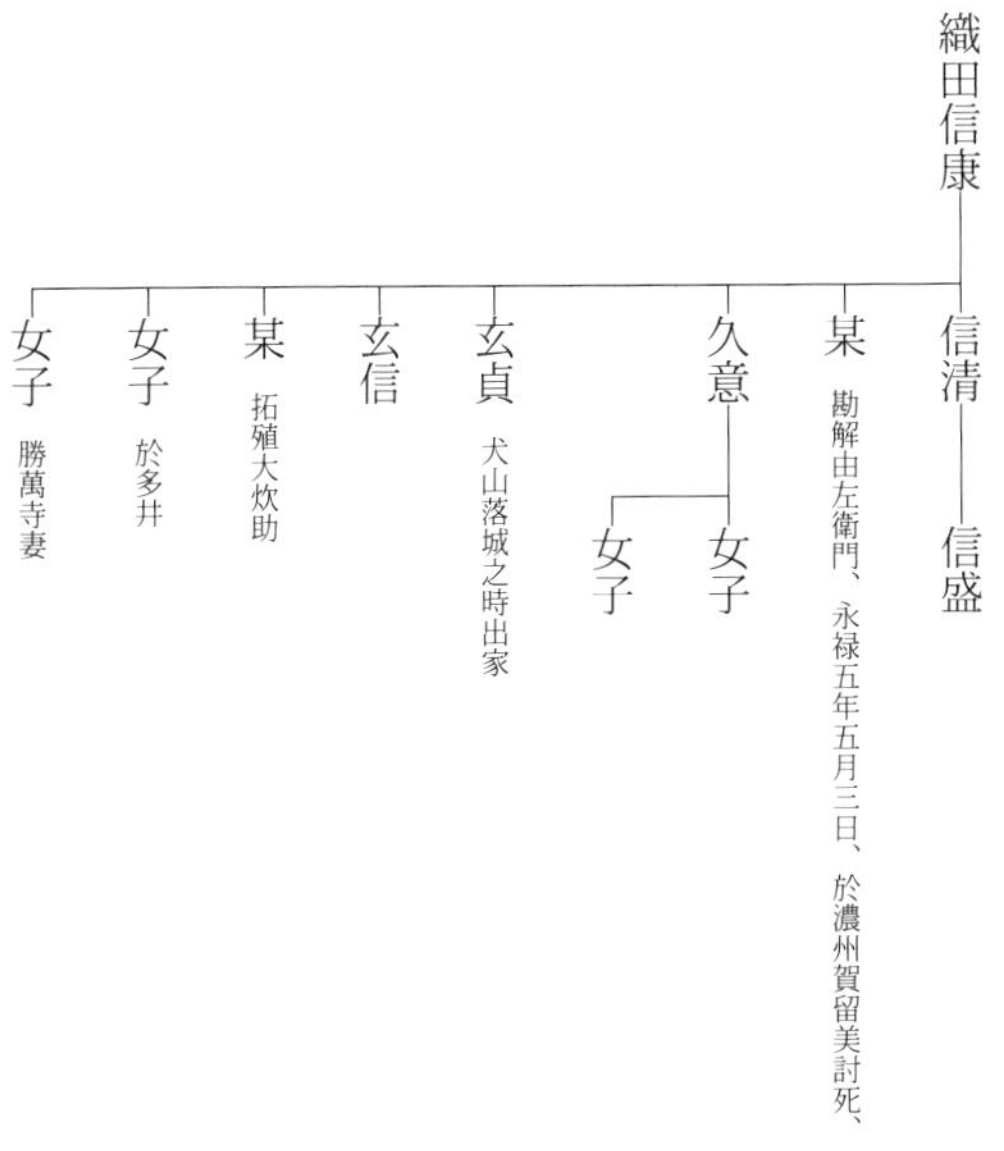

系図９　織田信康の子女（明石市・織田信康子孫の織田豊子氏所蔵系図）

それにしても、安房守信時を信秀の六男とすると、天文三年生まれの信長よりもはるかに幼く、天文十三年にはまだ生まれたか生まれていないかの年齢にすぎない。これは安房守秀俊の条を参考願いたいが、安房守は信長よりも年長であり、天文十三年には元服の年齢を迎えていただろうから、信康の養子説も成り立たないわけではないと思う。

そうすると、安房守（信時でなく秀俊）は天文十三年から弘治元年（一五五五）六月の守山城入城までの十一年間、信清を補佐して犬山城に留まっていた可能性が出てくる。また、その間の天文十九年に起こった犬山謀叛事件にも深く係わっていたことが想定される（後述）。

なお、この安房守秀俊は、織田豊子氏系図では女子二人を育てた久意に該当する（系図参照）。

第三章　織田信秀の内外政策

那古野城の修築と熱田の支配

那古野城に接する天王坊（天王社と安養寺の総称）に対して、信秀は天文七年（一五三八）九月二十四日に境内と寺領の安堵状を与えている。この原本は、おそらく明治維新の廃仏《はいぶつ》毀釈《きしゃく》による混乱で亡失したらしく、現存していないが、『尾張徇行記』のうちの「名古屋《なごや》府城志《ふじょうし》」は、天野信景の随筆『塩尻』の記事を引用して、この判物《はんもつ》の内容を紹介している。それによると、

塩尻に、天王坊領証印年暦、
天文七年九月廿四日、織田弾正忠証文、買得田畠免許状なり、あて名天王坊民部卿

とあり、この『塩尻』には、天文八年八月二十一日に権大僧都《ごんのだいそうず》堯瑜《ぎょうゆ》が書いた「亀尾山安養寺弥勒院《みろくいん》再興縁起」が抄写《しょうしゃ》してあり、その末尾近くのところに、「天文七年再興、八年八月廿一日入仏開眼供養云々」と書かれているので、信秀の支援による天王坊再建は天文七年のことで、そのとき、寺領等安堵の措置をとったものとわかる。

旧『名古屋市史』社寺編「天王坊」の条によれば、天文七年九月二十一日の信秀の証状には、

相伝の坊跡、并《ならびに》永代買得田畠の事、闕所《けっしょ》の内たるといえども、免許せしむるの上は、自余を混

ぜず、相違あるべからざるものなり、よって状くだんの如し。
とあったという。これで信秀判物の復元は可能である。
信秀は、この天王坊再建と同時に那古野城の拡張整備を進めたと私はみている（後述）。したがって、天王坊はまったくの復旧再建ではなくて、城郭に支障をきたす分について若干の寺地移動をともなう再建ではなかったかと思う。
那古野城は、もちろん堀と土塁のみの中世城郭の時代であるから、石垣の使用は皆無といってよく、今日の名古屋城の規模とは比較にならないほどの小規模な城である。それでも、この那古野城修築については、守護代織田大和守達勝の布告でもって、国中からかなりの人夫丸すなわち人夫徴発を行った史料がある（現代語訳）。
急ぎ申し渡す。すなわち性海寺《しょうかいじ》の寺内は、前々から諸税免除の定めがあるので、このたびの那古野人夫丸についても、特別免除をいたします。
天文七
十月九日　（花押）（織田達勝）
豊島隼人佐殿
鎌田隼人佐殿
林九郎左衛門尉殿

林丹後守殿

（「性海寺文書」）

この文書の宛て先の豊島隼人佐ら四名は、守護代織田達勝の奉行をつとめる者であろう。岩倉城主織田氏が支配する地域にも、このときに那古野人夫丸が課役されたのかどうかははっきりしないが、信秀の号令ではなく守護代が那古野城修築のために指示を与えているということは、今川氏を駆逐して得た領域について、守護の斯波義統が信秀の領有を承認していたことを示すものといえる。

形式的なことであるが、守護の名において、信秀に勝幡から那古野城への移転が下命されたのも間違いだろう。

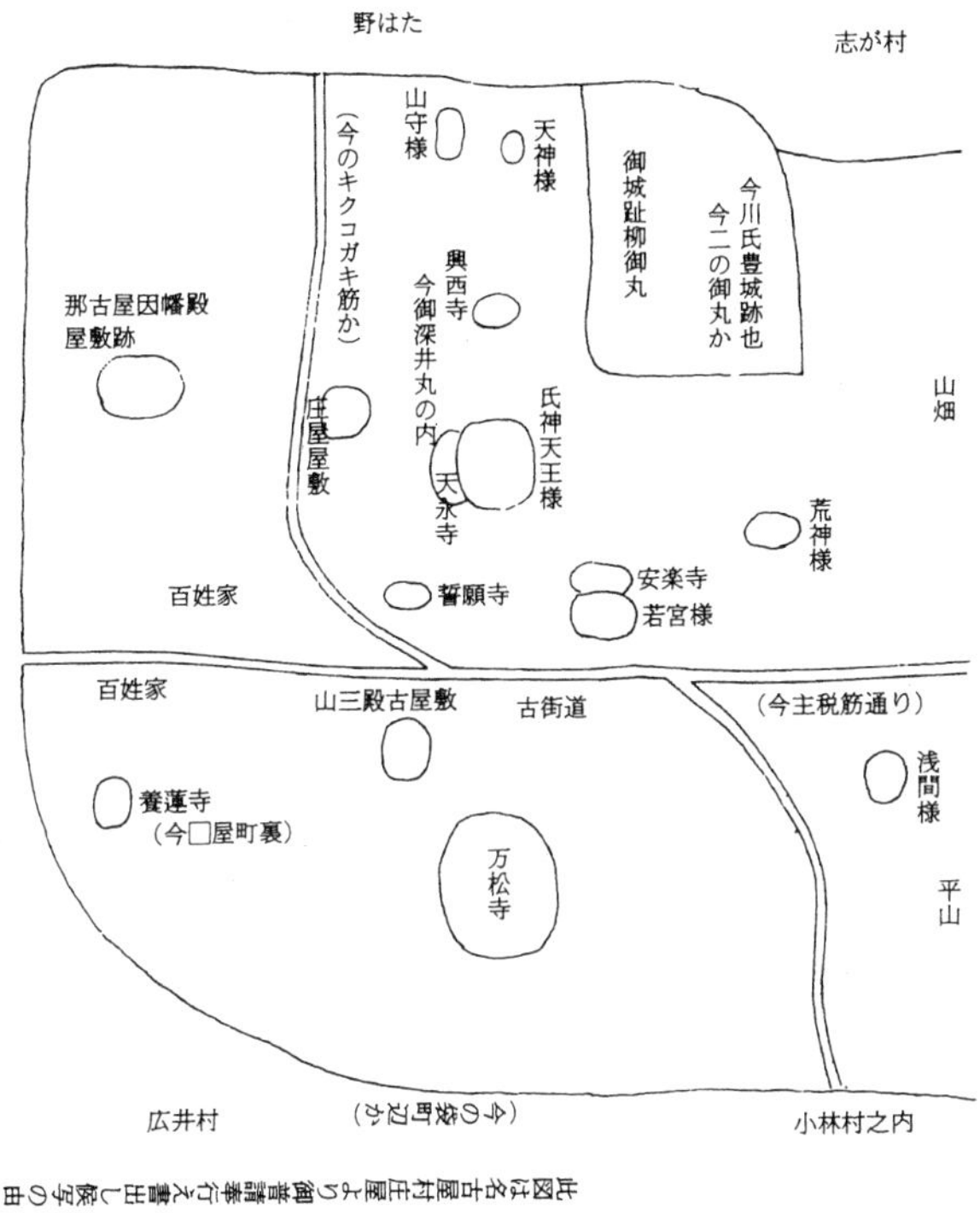

慶長年間名古屋村の図（蓬左文庫蔵）トレース

那古野城の完成とあいまって、城下には民家・商家が建ちはじめただろう。これは少し降って、天文末年から永禄年間（一五五五〜七〇）にかけてのことであるが、希庵玄密《きあんげんみつ》（臨済宗妙心寺《みょうしんじ》派の僧）が拠点の一つとしていた伊勢国桑名の隣松院《りんしょういん》（廃寺）と美濃国岩村《いわむら》城下の大円寺《だいえんじ》（岐阜県恵那市。廃寺）との往来の途次に、那古野の宿屋へ泊まった記録があるので紹介する（現代語訳）。

謹んで申し上げます。海国寺《かいこくじ》和尚の妙心寺出世は、吾が門派の光華《こうか》です。何と表現してよいか。入寺開堂式の席末に座して、式典の栄誉を祝賀したいのですが、山長水遠のために出席できません。よって坐具（一帳の段子《どんす》）を贈り、慶賀の一端とします。あなたからの手紙と牛黄円《ごおうえん》一具、那古野旅店において拝受しました。夜深到着なので返礼に行けません。使の者に伝言しておきますが、私の真意が伝わりますかどうか。いつかはあなたの床下《しょうげ》に行って、尊顔を拝したいと思い手紙に書きました。恐惶敬白。

小春十九日　　玄密　判

進上海国堂上侍衣《じえ》閣下《かっか》
（『葛藤集《かっとうしゅう》』旧三河天恩寺《てんおんじ》本〈東京大学史料編纂所影写本による〉）

海国寺は名古屋市熱田区にあり、熱田の豪商加藤図書助順盛が、天文八年にその一族で妙心寺派の僧になっていた叔栄宗茂《しゅくえいそうも》を開山に招いて建立した寺である（『名古屋市史』社寺編）。二世は順盛の三男の仁峯永善《にんぽうえいぜん》である。叔栄は天文二十年代に妙心寺へ出世（瑞世）し、希庵は天文二十三年頃から永禄五年（一五六二）春までに五度の住山を果たしている（横山二〇〇八）。叔栄の妙心寺出世の折のものか、あるいはその法嗣の仁峯の出世のときのものであろうか、今のところ確定できない。
熱田は、熱田神宮を中心とする門前町が発達し、しかも東海道筋にもあたって人の往来が多く、商業が盛んなことは、津島神社の門前町たる津島と同様であった。
前述したように、信秀は天文四年ごろに那古野城の今川氏豊を追って占領し、その旧支配域を手中に収めたが、その旧今川領に熱田の地が含まれていた。信秀が熱田を含む愛知郡域の大部分を領有したことは間違いないだろうが、この段階で信秀が戦国大名化していたわけではないから、どうしても守護もしくは守護代の追認を得る必要があった。そうした手続きの一コマを示す文書があるので紹介する（現代語訳）。

商売のことについて、徳政令《とくせいれい》や諸税金の免除はもちろん、買い集めた田畠・浜野も、売主が断絶したり行方不明になっても、今回達勝の証文がある以上は、末代にわたって問題が生じないことをお伝えする。

天文八　　弾正忠

三月廿日　　信秀（花押）

賀藤隼人殿　進候

（『名古屋市史』所収「熱田加藤文書」）

つまり、加藤図書助（本家、東加藤家）の分家の隼人佐延隆《のぶたか》（西加藤家）に対し、買い求めた田畠や浜野について、相手が欠所や退転により行方不明で買ったことを証明できなくても、また商売に課せられる徳政令や諸税についても、守護代織田達勝の証文さえあれば、信秀は末代までも手出ししないと約束したものである。信秀は自ら切り取った領土でありながらも、あくまでも守護代の支配を受ける一領主にすぎないと言っているのであり、この点は北条早雲《ほうじょうそううん》（伊勢宗瑞《いせそうずい》）のような上位の支配者を排除してゆく下克上方式とまったく異なるところである。なお熱田加藤氏については、下村信博氏が「戦国・織豊期尾張熱田加藤氏研究序説」という論文を発表している（下村一九九一）。

伊勢神宮の式年遷宮と津島神官退出事件

伊勢神宮は、天武《てんむ》天皇以来二十一年ごとに新造し遷宮《せんぐう》するというしきたりがあって、これを式年遷《しきねんせん》宮《ぐう》と呼んでいるが、戦国の世に入ると、朝廷の力がますます衰微して、円滑に行うことが困難になってきた。社殿が旧例によって掘立柱であるために、二十年も経過すると建て直さなければ朽ち損じて倒壊に至るのである。伊勢神宮側では、天文七年（一五三八）に朝廷に対して造営の奏請をしたが、一向に実現しそうになかった。天文八年に入って、祭礼のときに戸鎖などが落下するという騒ぎが起きたため、外宮《げくう》の神主をつとめる度会《わたらい》備彦は、天文九年三月に外宮造営の早期実現を朝廷に上奏した。

また、それと平行して、伊勢神宮側では諸大名に直接書を送って、費用寄進のことを要請したところ、近江の六角《ろっかく》氏が内宮《ないくう》の遷宮費用を引き受けると回答してきた。こうして六角定頼《さだより》の協力により内宮仮殿の建立を見るに至った。ところが、朝廷からは院宣《いんぜん》、幕府からは御教書《みぎょうしょ》をもって、旧例によって遷宮は外宮から先に行うべしとの厳命が沙汰されたのであった（「外宮引付」・五月十一日付平手政秀宛て度会備彦書状）。

ことここに至って工事中断となった。困り果てた度会備彦は、尾張にあって日の出の勢いの織田信秀に外宮造営の費用提供を頼むことにした。備彦は二度目と三度目の使者に桧垣左馬允《ひがきさまのじょう》を選び、信秀には白鳥という酒を十荷、平手政秀には同五荷を添え、手紙と共に出発させ、良い返事を待ちわびたのである。

これに対して信秀は、六月六日付で手紙を桧垣左馬允にあつらえ、さらに黄金十三枚をも持たせ、外宮造営のことを確約した。

大神宮御造替のこと、重ねて御連絡くださり大変うれしく思います。すなわち万度の御祓《おはらい》・大麻ならびに白鳥の御樽十荷、お届けくだされ、神様の思し召しと目出たく存じます。桧垣左馬允を派遣くださったので、進物として金子十三枚を渡しました。約束の残り分は後日届けます。恐々謹言。

六月六日　　織田弾正忠

信秀　判

一神主殿　貴報

お手紙拝見しました。よって先日お申し越しの外宮御造替のこと、重ねて桧垣殿が尽力しておられるので、ここに用意して渡しました。残り分はのちに進上という信秀の意向です。また御祓と白鳥五荷拝領しました。過分の至りで御礼申します。いずれ近日参上し御礼申す所存です。委《くわ》しくは桧垣左馬允殿に申し上げたので省略します、恐惶謹言。

六月六日　　平手

政秀　判

一神主　貴報

（「外宮引付」・天文）

ちょうどこの日は、信秀が三河の安祥城《あんじょう》（愛知県安城市）を攻略中で、信秀らは陣中にあってこの返書を書いたのだろう。攻城戦で信秀方が大勝した日でもあった。信秀が手配した造営用材は、半年後の十二月二十一日に外宮へ到着した。この時点で美濃・尾張間は敵対していないので、おそらくは信秀が木曽谷からの木材の流送費用を出して木曽川を流下させ、桑名から伊勢の大湊《おおみなと》（三重県伊勢市）へ回送したのだろう。なお木曽川の筏《いかだ》流しは、古来、原則として冬期に行われていた。夏期は洪水がたびたび起こり、木材の流失被害が大きいためでもある。

こうして、旧例によって天文十年正月から外宮の造営が開始され、同年三月六日には、信秀のもとへ使者として赴いた久志本《くしもと》周防守が金五枚を外宮へ届け、その後は銭で七〇〇貫文が外宮へ進上されて、造営が成った（「外宮引付」）。

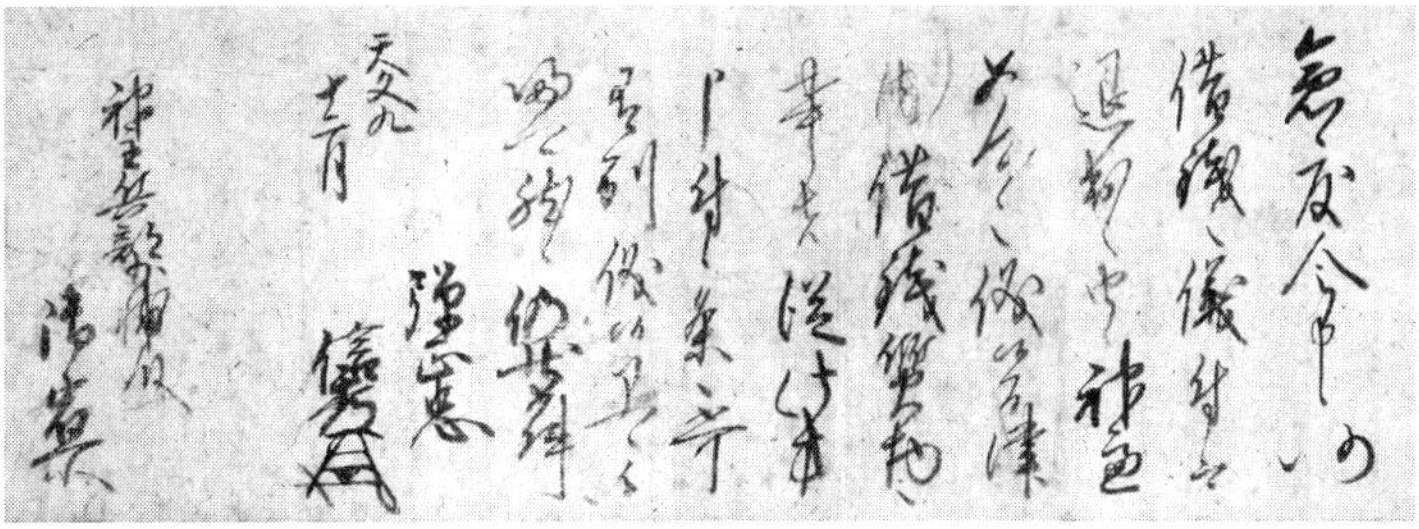

天文９年12月付け織田信秀判物　泰巖歴史美術館蔵

遷宮は、九月二十六日に度会備彦（一神主）の手でとどこおりなく執行され、これをうけた朝廷は、口宣《くぜん》を発して信秀を弾正忠から三河守《みかわのかみ》に進めた（「外宮引付」。しかし、信秀は生涯一度も三河守を自称しなかった）。

この伊勢神宮造営援助は、織田信長にも引きつがれた。天正十年正月に伊勢神宮が信長にこの旨を申し出た際、千貫文を出してもらえば、他は諸国からの勧進《かんじん》で補えるとの説明に対して、信長は、石清水八幡宮《いわしみずはちまんぐう》造営のとき、三〇〇貫文もあればという申し出に対して、結局千貫文を要したので、両神宮の造営が千貫文でできるはずがないと言い、まず三千貫文を息信忠《のぶただ》に支出させた（天正十年二月三日付信長朱印状・「外宮引付」、粟田一九五二）。信長のこのような態度は、信秀の影響が大きかったと言ってもよいだろう。

しかし、信秀の伊勢神宮造営料の調達は、この時点では商都津島に頼ることが多かったらしい。全国的規模で多くの末社と信者を擁する津島神社は、かなりの財力を保有していたとみられるが、津島五ヶ村の住民としては、自力で支払いきれない税を、津島神社からの借銭でまかなった。たび重なる地元からの借銭・質物に耐えきれなくなった神主は、ついに同社から出て姿をくらましてしまった。

急ぎ申し上げる。すなわち神主の兵部少輔が、借銭のことで退出したとのことである。神様のことゆえ、放置できない。以後は借銭・質物について、充分注意して臨んでほしい。また、神主が早く帰宅するように尽力してほしい。恐々謹言。

弾正忠

十二月　信秀（花押）

津島五ヶ村中

（「張州雑志」、温故会写真葉書「津島三輪庄吉文書」。現代語訳）

この信秀の書状は、今後は神主に対して多大な借銭・質入れなどをしないようにして、その約束をもって早く神主（氷室《ひむろ》兵部少輔広長《ひろなが》）に帰宅させるようにとの内容である。津島の商人らがこれほどに借銭に頼らなければならない裏面には、領主信秀が津島商人に通常の課税のほか、さらに造営料等の調達銭を捻出させていた可能性が高いのである。文書に年号がないが、天文九・十年ごろのことではなかろうか。

安祥城攻略戦で松平勢を撃破

天文四年（一五三五）の守山崩れで松平清康が亡くなったあと、十歳で家督を相続し、岡崎城主となった松平広忠（徳川家康の父）は、その後の一族・家臣の分裂騒ぎで身の危険を感じ、岡崎からいったん伊勢へ逃れ、さらに駿河の今川氏のもとに身を寄せた。そして、一年半後の天文六年になって、広忠派の家臣らの取り計らいで岡崎に帰り、しだいに松平家復興の態勢を整えはじめた。

一方、こうした松平氏嫡流の復活を阻止するため、織田信秀は天文九年六月に三千の兵を引き連れて西三河へ侵入した。信秀は安祥城を攻め、刈谷城主で信秀方に属した水野忠政《ただまさ》は、安祥城の西にある安祥古城を攻撃したという（『愛知県史』）。

安祥城を守るのは、広忠の一族松平長家《ながいえ》であった。広忠は、兄の松平信康を大将に、藤井《ふじい》松平氏の利長《としなが》らを副将として防戦に当たらせたが、六月六日になって、様子をうかがって城から打って出たために、城の北方で織田軍と大激戦となり、松平方は守将の長家・援将の信康・康忠《やすただ》らの一族をはじめとして、主な武将だけでも五十余名が戦死した。岡崎市の「大樹寺過去帳」によると、この戦いの死者は次のとおりである。

松平左馬佐殿（長家）　一渓道看　天文九庚子六月六日
同　甚太郎殿（康忠）　月峯秀光　同
同　源治郎殿（信康）　信翁祥忠　同
内藤善左衛門　鏡清禅定門　同
近藤与一　月栖浄心・青幻童女　同
林　藤助　明徹道光　同

高木　太甫道看　同
足立弥一郎　浄貞禅定門　同
足立宗一郎　文閲常真　同
植村宗七　浄金禅定門　同
ナヘタ　浄誉道性　同
（『愛知県史』別巻）

守将以下の戦死で、ついに安祥城は信秀の占領するところとなり、その南東二キロほどの矢作川西の佐々木に籠もる松平三左衛門忠倫《ただとも》は信秀に従った。そして、岡崎城を指呼の間に望む筒針《つつはり》・渡《わたり》（矢作川西側）に砦を構えて松平広忠に備えた。安祥城の南方の桜井《さくらい》（安城市桜井）の松平清定も信秀方に属したらしく、矢作川以西はまたたく間に信秀の支配地域に編入されてしまった（『新岡崎市史』中世）。

以後、天文十八年冬までの九年間にわたり、安祥城は信秀の西三河統治の拠点となった。天文九年の時点で信秀は三十歳。嫡子の信長はわずかに七歳である。前述したように、信長には三郎五郎信広と安房守秀俊の二人の兄がいた（いずれも妾腹の子）。この年、信広ですら元服（十三歳頃）していたかどうかという若年であったが、この信広を安祥城主にしたと伝えられる。

菩提寺・万松寺の創建

信秀は、自分の菩提寺建立を計画する。それも比較的早い時期で、亀岳山万松寺《きがくさんばんしょうじ》という曹洞宗寺

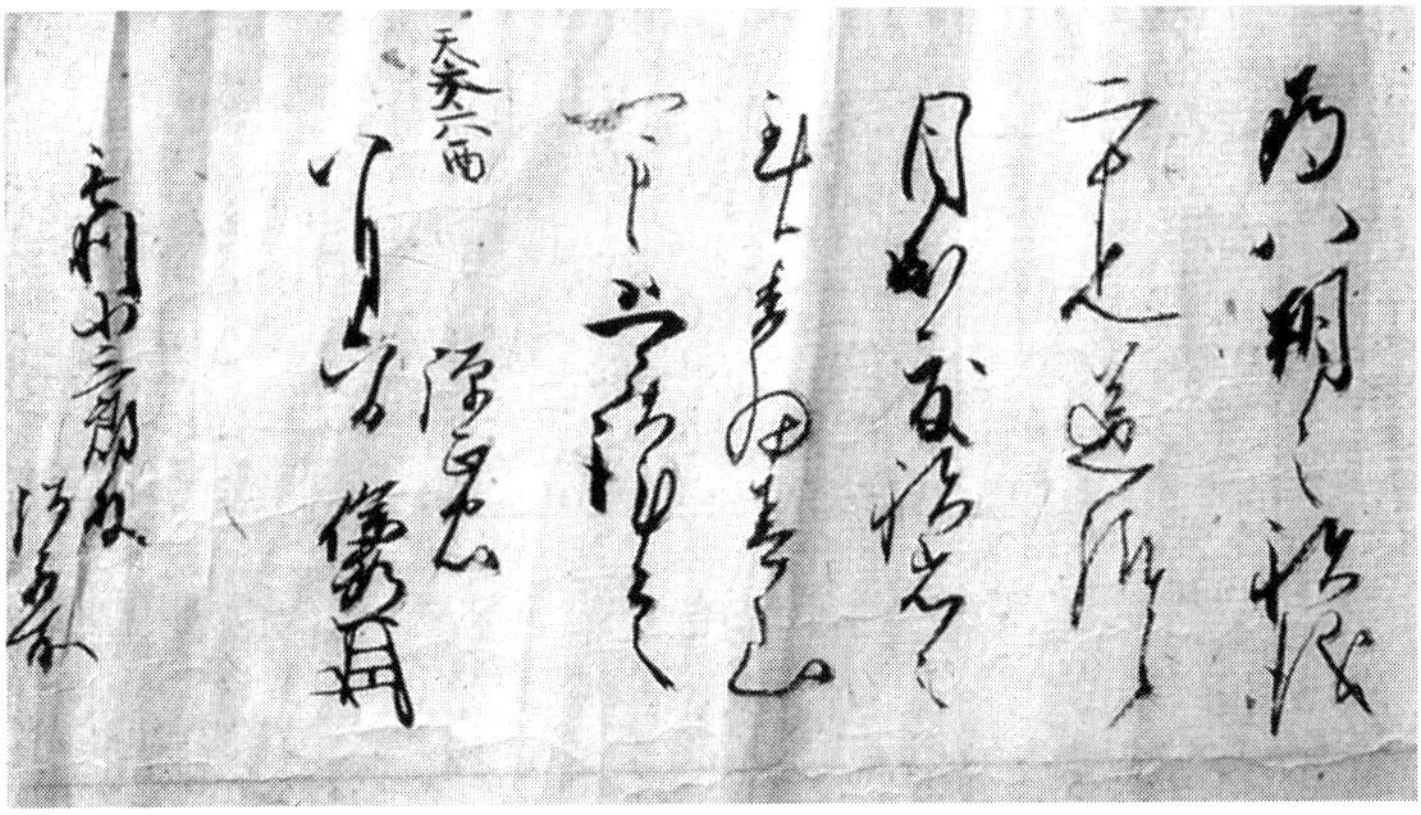

天文６年８月６日付け織田信秀書状　個人蔵　『道三から信長へ』（岐阜市歴史博物館、2006年）より転載

院の建立を天文七年（一五三八）に着工し、同九年に竣工させたといわれる（鶴舞図書館蔵写本『亀山志、亀岳山万松寺記』）。今日の万松寺は名古屋市中区大須《おおず》三丁目にあるが、これは慶長十五年（一六一〇）の名古屋築城にあたって、城下町整備の一環として城下町の南郊外の大須に移転させられたもので、信秀が建立したときは、那古野城のすぐ南側の本町一丁目あたりにあった。

『尾張名陽図会《めいようずえ》』に、「此寺（万松寺）むかしは（本町）一丁目に有、仏殿山門は今の札の辻、総門は水口屋辺といふ。」とあり、今日の名古屋市中区錦および丸の内二・三丁目にまたがる広大な敷地をもっていた（『万松寺の歴史』）。新築成った万松寺に対して、信秀は天文十年二月付で禁制を掲げているので、前述のように天文九年竣工という記録があるとしても、本尊開眼供養の式典などは天文十年初頭にずれ込んで行われた可能性がある。禁制の文面は次のとおりである。

禁制　　万松寺

一、当寺「　　　」於て「

一、宿を「

一、見物「

一、伐木「

「

処「　　」仍而執□如件

天文拾年二月「　　」　織田弾正忠（花押）

（『尾張名陽図会』）

信秀が掲げた禁制は、この万松寺以外には見当たらない。万松寺の地は信秀の自領であったがゆえにこうした禁制を掲げることができたのであるが、守護や守護代ではない信秀が、尾張一円に勝手に禁制を掲げることはできなかったのだろう。

なお、『亀山志』では、このときすでに信秀は末盛《すえもり》城（名古屋市千種区）へ移ったとしており、末盛城から雲興寺《うんこうじ》（愛知県瀬戸市）にいた大雲永瑞《たいうんえいずい》のもとへ赴いて、万松寺開山に招請したとしている。しかし、那古野城のすぐ前面に万松寺が建立されたという位置関係からみても、那古野城にいまだ信秀が在城中であると考えるのが妥当だろう。

万松寺開山に招かれた大雲永瑞については、宝暦四年（一七五四）四月に尾張藩寺社奉行に宛てた

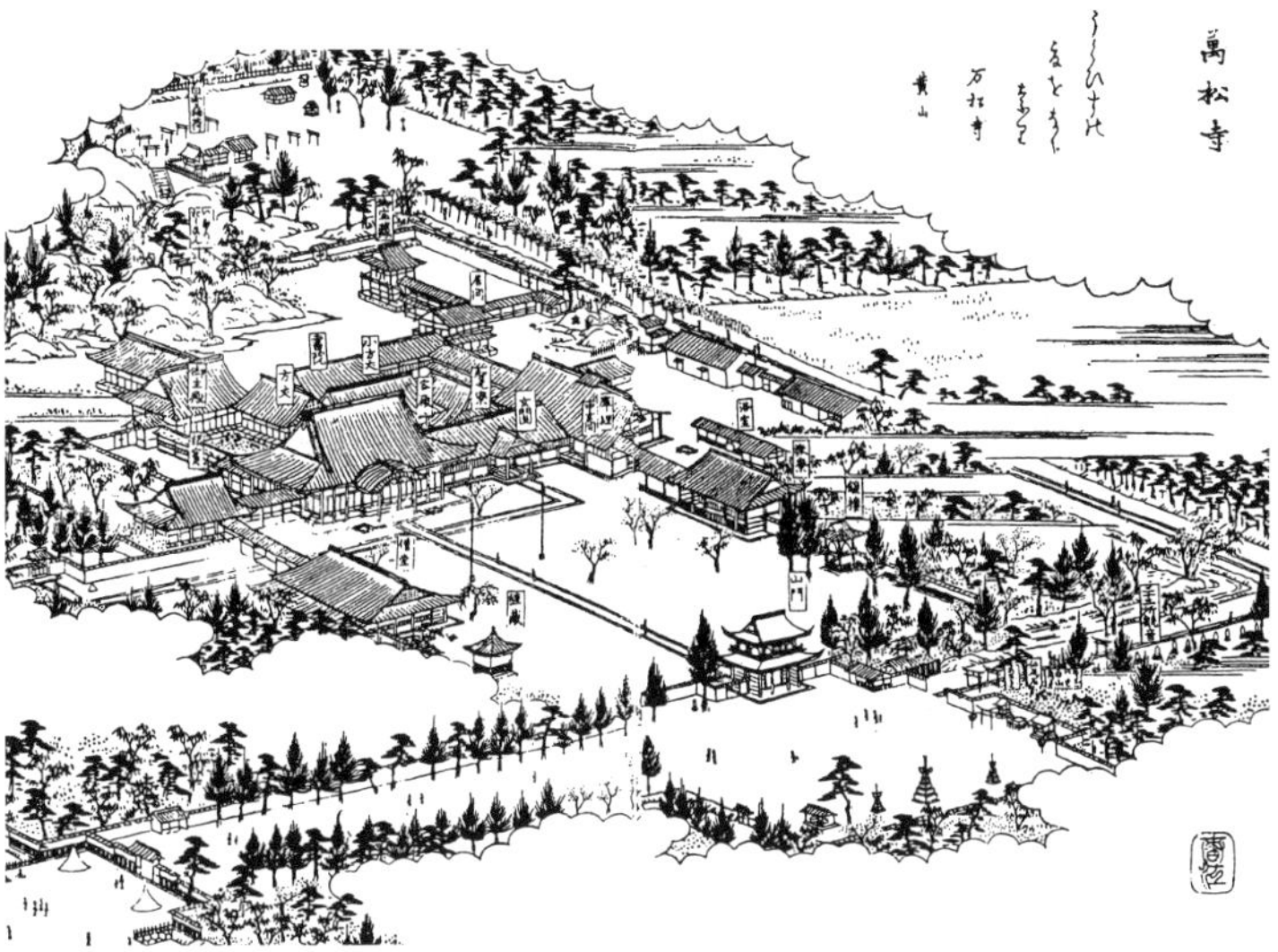

万松寺　『尾張名所図会』

雲興寺の願書に、「織田備後守信秀の伯父」とあり、これが定説になっている。幸いにしてこの雲興寺に『大雲禅師語録』一冊が残り、太田正弘編『愛知県史料叢刊・瀬戸市内所在史料』にも翻刻されているので、これによって大雲永瑞の行跡をあらまし辿ることができる。

まず、大雲の出自であるが、語録中に、「善永を悼む」という偈《げ》（漢詩）があり、「阿爺の慈慶報恩深し、一縷《いちる》の沈烟《ちんいん》孝心をあらわ露す、今日の透関《とうかん》誰れか是れ伴わん、青山山外の好知音《こうちいん》、」とある。阿爺の善永というのは、大雲の父か祖父にあたる人らしく、善永居士とか善永禅定門ということになろうが、織田氏で通常用いられる法名、たとえば常英とか常巨というように系字に「常」を用いていないので、おそらく織田氏ではない感触がある。結句の「青山山外好知音」から推定すると、それは信秀重臣の青山《あおやま》氏かとも思われる。いずれにしても、大雲が仮に信秀の叔父にあたるとしても、それは信秀の母方の叔父にあたるのであって、織田氏ではない可能性が高いと思う。

また大雲は、天文十六年（一五四七）に六十六歳であると自身の頂相《ちんそう》（肖像画）賛文に書いていて（「語録」）、信秀が同年におよそ三十六歳とみられることから、約三十歳の年齢差があり、叔父・甥の関係についての年齢的な矛盾はない。

大雲は、大龍山雲興寺（瀬戸市）で第六世祥巌秀麟《しょうがんしゅうりん》（天文十一年没）に師事して修行し、大永三年（一五二三）三月二日、大雲が四十二歳のときに京都の臨済宗南禅寺《なんぜんじ》派の月舟寿桂《げっしゅうじゅけい》にその道号《どうごう》の説を依頼し、「大雲説」という一文を授けられている。「大雲」という道号そのものは師の祥巌から授与されたかもしれないが、あえて他派の、しかも臨済宗の月舟にその号説を依頼したことは注目に値する。大雲は曹洞宗の人々のみの交友に終始せず、若い頃から宗派の曹洞・臨済たるを問わず、広く当代一流の知識人と交流をすすめてきたことを示すものといえる。それだけに視野も広く、尾張で生まれ育った田舎人である信秀に、京都の一流の常識というものを教授し、若き信秀の人格形成に大いに寄与するところがあったのは間違いない。

大雲は天文九年頃に信秀から万松寺に招かれると、雲興寺のことを法嗣《はっす》（弟子）の春崗東栄《しゅんこうとうえい》に託して（春崗は雲興寺八世となる）万松寺に移り、「方丈《ほうじょう》の落成を賀す」との一偈を作っている。

亀嶽山《きがくさん》は霊《こうごう》しく道徳新まる。万松茂成す幾秋春ぞ。老禅の方丈落成の日なり。護法の檀家は両輪を転《ころが》す。

という七言絶句である。

天文十六年十一月に至って、法嗣春崗の求めに応じて、自画像（頂相）に自賛をしているので、この頃に雲興寺の留守をつとめてきた春崗に印可状を付与したらしい。

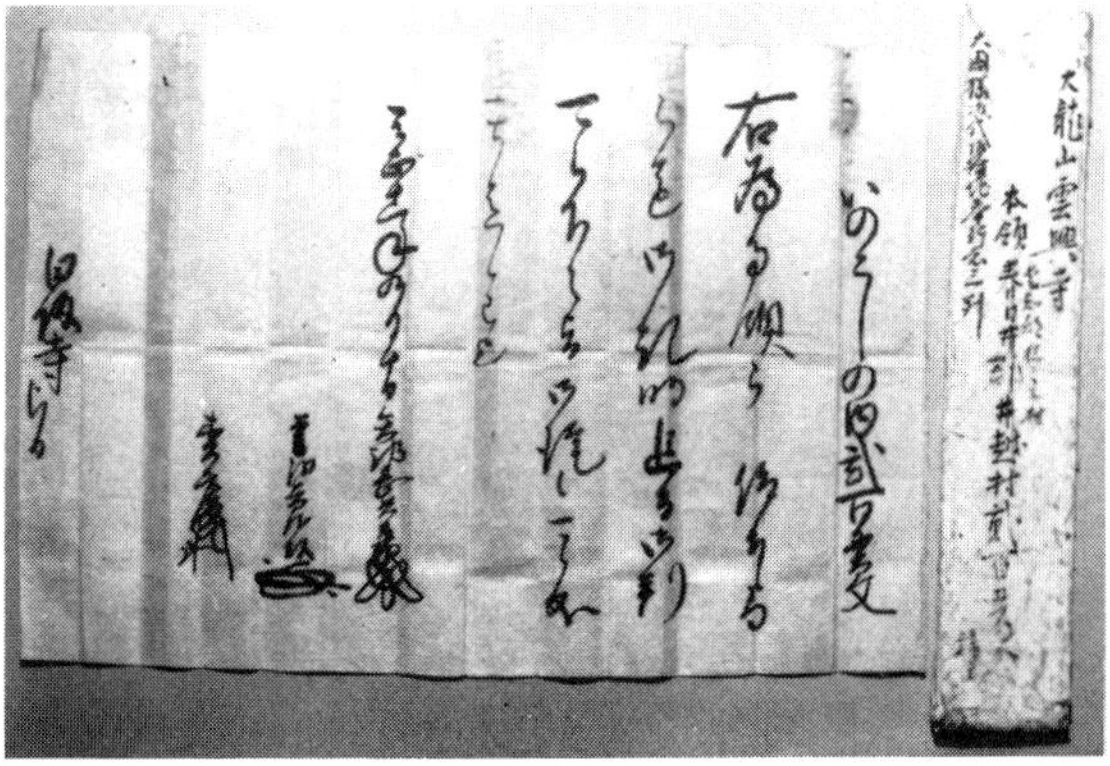

織田信雄三奉行寺領寄進状　愛知県瀬戸市・雲興寺蔵

天文十七年四月六日、大雲は能登の総持寺《そうじじ》（石川県輪島市）へ出世し、その第千百十二世となった。そしてまもなく雲興寺が焼亡したので、その再建のために、大雲は万松寺を法嗣の寛室に任せて、雲興寺へ再住した。元禄七年（一六九四）の『雲興寺由緒書上げ』など同寺の史料では再住年次未詳とするも、天文十九年九月十七日付の今川義元の禁制が雲興寺にあるので、天文十九年夏に三河へ攻めてきた今川軍兵士によって雲興寺が焼き打ちされ、その直後に寺側の願いで今川義元の禁制が掲げられたことが考えられる。『大雲禅師語録』に、

雲興僧堂上梁の銘

仲夏三日、雲堂落成、主人現坐、和気霑明《てんめい》、

とある一文は、焼亡後に大雲が再住して、僧堂などの再建にこぎつけたときの棟札に書いた大雲の一偈であるらしい。元禄七年の由緒書によれば、大雲の雲興寺再建を支援したのは信秀であるといい、寺では信秀のことを「再興開基」として崇敬しているとし、寺院運営のために信秀は猪子石《いのこし》（名古屋市名東区）で二〇〇貫文の寺領をも寄進したと述べている。その証文は今日雲興寺に伝わっていないが、その寺領は孫にあたる織田信雄時代に至っても存在し、天正十一年（一五八三）九月十日付の寺領安堵状が同寺にある。

信秀再興の建物としては、庫裡《くり》が幕末に至っても存在していたとされるが（明治の由緒書）、現存していない。猪子石の寺領は太閤検地で没収され、代わりに文禄四年（一五九五）八月三日付で三河国高橋郷の本徳村で三十九石を秀吉から拝領した。

その後、大雲は長生きをして、永禄五年（一五六二）四月二十二日に八十一歳で亡くなった。墓（無縫塔《むほうとう》）が宝幢院《ほうどういん》跡（愛知県清須市土田）にあり、その基礎石に、

舜芳小弟造之、大雲和尚、永禄五年壬戌四月廿二日、

との刻銘がある（『尾張の遺跡と遺物』上巻）。

この清須市土田は、信秀夫人の土田氏の本拠であるから、宝幢院という寺はおそらく土田氏の菩提寺ではないか。そうでなければ、大雲ほどの高僧が住持をつとめることは考えられないし、この寺で亡くなっているというのも、信秀や土田氏との深い因縁を想起させるものがある。

白山信仰と再建援助

中世の尾張国で白山《はくさん》信仰が隆盛を極めたことは、今日の尾張地方に白山神社が数多くみられることでもうかがい知ることができる。また針綱《はりつな》神社（愛知県犬山市）のように、中世には白山神社であったのに、江戸後期に至って、国学者たちの指摘を受けて、延喜式にみえる針綱神社に改名して、以後、白山神社の名をまったく知ることができないという例もあることを考慮する必要がある。

白山信仰は室町末期に至って、いよいよ盛んになった。尾張半国の守護代で岩倉城主の織田兵庫助の場合は、自ら白山参詣をめざして美濃の奥地へ旅するという熱の入れようであった。

織田兵庫殿参詣について、和田隼人殿より宿坊のことをお尋ねにあずかった。尾州岩倉の郷のことは前々から執行坊が宿坊になっているとのことで、寺中衆議を経て返事をするところである。

そのように心得て接待するように。恐々謹言。

卯月十日　　　　惣在庁良椿（花押）

執行坊　参

御返報

（『岐阜県史』史料編所収「白鳥町　若宮成光氏文書」）

この文書は、岩倉郷（愛知県岩倉市）の白山美濃馬場・長瀧《ちょうりゅうじ》寺での宿坊は、前々から執行坊に定まっているので、城主の織田兵庫助が参詣することについても、長瀧寺全体の衆議で執行坊での宿泊が確認されたというものである。この織田兵庫について、『岐阜県史』では「敏広」と註を入れているが、敏広は応仁の乱で美濃の斎藤妙椿《みょうちん》の支援を受けて織田敏定と戦った人である。文明八年（一四七六）を境にしてその名が見えなくなり、その子とされる千代夜叉丸《ちよやしゃまる》に代替わりしたらしい（新井一九六九）。このように、敏広は戦に明け暮れることが多く、とても白山参詣に出かけるというようなゆとりはなかっただろう。敏広の子の千代夜叉丸は成人して与二郎、さらに親の旧例によって兵庫助へと官を進めた。ついで守護の斯波義寛《よしとお》（義敏の子の義良と同一人）のもとへ文明十三年十月頃に帰伏して、その偏諱《へんき》をうけて寛広《とおひろ》と称した。この寛広は永正元年（一五〇四）まで存命が確認されるので、白山参詣を発意した兵庫は、この寛広にあたるとみたほうがよいだろう。

そもそも白山信仰は、泰澄《たいちょう》大師を開祖と仰ぎ、白山頂上（禅頂《ぜんちょう》）を奥の院と定めて、加賀と越前（平泉寺《へいせんじ》）と美濃（長瀧寺）の三ヶ所に登山と信仰の拠点（馬場）を形成していた。平安時代以来、美濃馬場の長瀧寺は、当然のことながら神仏習合であって、同地の白山神社とも一体となって、多数の宿坊と僧を抱え、各国の信者を巡回してお札などを配布する御師《おし》も活躍していた。

尾張国でも、他国と同様に各地に白山参詣のための講が組織され、在所引き（村や集落単位で参詣する）や先祖引き（一族郎党単位で参詣する）で参拝する人々の世話を御師が行った。そして室町時代になると、御師の役は売買の対象にもなり、新たに希望する者に旧来の御師がこれを売却した例がみられる。

長瀧寺の衆僧たちは宿坊の世話をし、次に美濃馬場禅定道《ぜんじょうどう》を通って信者を白山山頂に案内することは、室町末期では石徹白藤十郎《いとしろとうじゅうろう》が支配していた（上杉一九八六）。この禅定道は平安時代の天長九年（八三二）に開設されたとされ、その四年前の天長五年には、長瀧寺は天台宗の比叡山延暦寺の末寺となり、その支配を受けていた。長瀧寺は最盛期に坊中三百六十坊といわれるほどに栄え、そこを拠点として、信者たちは阿弥陀ヶ滝《あみだがたき》で身を清め、桧峠を越えて、石徹白の中居《ちゅうきょ》神社に詣で、ここから山道を辿って別山《べっさん》（二三九九メートル）へ登り、山頂奥の院のある大汝峰《おおなんじみね》に至った。これを俗に六宿禅定道といい、十里もある山道を六宿して踏破したとされる。『白山』を書いた上杉喜寿氏の研究では、六宿のうち一ノ宿は石徹白の手前・桧峠付近、二ノ宿は銚子ヶ峰《ちょうしがみね》から三ノ峰あたりまでの間の二ノ峰付近、三ノ宿は別山の手前の別山平にある別山室《むろ》跡付近と推定しておられる。いずれにしても、よほどの健脚の人でないとこの険しい十里の山道を踏破することは難しく、また永禄十年（一五六七）には、三ノ室（三ノ宿）付近に上打波《かみうちなみ》（福井県大野市）の岡藤兵衛《おかとうべえ》が新関《しんせき》を構えて関銭《せきせん》を徴収したために紛争が起こったといわれるなど（「長瀧寺真鏡《しんきょう》」）、悪天候やその他の予期しない障害もあった。

ところで、永禄十年六月十日付で、石徹白藤十郎は、

かの三ノ御山《おやま》（大御前《おおごぜん》、大汝峰、別山か）の儀は、いずれも賀州内にてござ候へども、大御前は飛騨三木《みつき》別当にて進退仕られ候、大汝は加賀那多《(谷)》寺より取行い申され候、別山は拙者より進退仕候、

天文・永禄期の尾張国白山講

先達名	白山講　村名	出典
禅良房宗栄	びんご、守綱	天文二「経聞坊引付注文」
	中島（名古屋市中村区中島町か）	
	光音寺（名古屋市北区光音寺町）	
	児玉（名古屋市西区児玉町）	
	枇杷島（名古屋市西区枇杷島町か）	
	堀越（名古屋市西区堀越）	
	高田	
	曽祢（名古屋市北区大曽根か）	
石枕（江南市）戒蔵坊厳良	大久地（丹羽郡大口町）	天文十二年経聞坊文書
	柏森（丹羽郡扶桑町柏森）	
	前刀《さいと》（丹羽郡扶桑町斎藤）	
	葛木	
	おや敷（丹羽郡大口町大屋敷《おやしき》）	
	三所長桜（丹羽郡大口町豊田長桜）	
	葛屋	
東坊	しのぎ（春日井市篠木町）	
	松島（名古屋市中区矢場町東か）	
	こい（名古屋市千種区古井か）	

といい（「石徹白文書」）、御前峰にある奥の院は、永禄年間（一五五八～七〇）には飛騨国の三木別当の支配にあるように見受けられるが、それより少し前の天文年間（一五三二～五五）には、加賀国側で奥の院の支配権をめぐっての紛争が起こっている。長瀧寺の『白山荘厳講中録』によれば、天文十年（一五四一）八月十一日に大汝神社社殿が大風で吹き飛ばされた。大汝神社の再建上棟式は天文十七年六月二十八日に挙行された

八事迫《はざま》大聖寺	ごきそ（名古屋市千種区御器所町） 散田 菅田（名古屋市天白区菅田《すげた》） 池庭《いけば》（名古屋市天白区池場） 島田（名古屋市天白区島田） 上田（名古屋市天白区植田） 高針（名古屋市名東区高針） 社《やしろ》（名古屋市名東区上社、社口、社が丘） 平針（名古屋市天白区平針） 赤池（日進市赤池） 梅森（日進市梅森） 野賀田（日進市野方） 浅田（日進市浅田） 和具（東郷町和合） 下津（日進市折戸） 岩崎（日進市岩崎） 藤嶋（日進市藤島） 藤枝（日進市藤枝）	天文二十一年石徹白桜井文書

が、同じく大風で吹き飛ばされたらしい御前峰の奥の院再建に問題が生じた。奥の院の再建は、織田信秀が発願人となって、加賀白山中宮《ちゅうぐう》の長吏《ちょうり》・澄辰《ちょうしん》の指示のもとに、加賀側の尾添《おぞえ》村で用材の伐採（杣取《そまと》り）をしようとしたところ、越前国側の牛首《うしくび》・風嵐《かざらし》両村が、領主の結城《ゆうき》七郎四郎宗俊《むねとし》に注進をして、これを阻止しようとしたことから争いが起こった。これを受けて結城宗俊は、白山惣長吏澄辰法印を相手として幕府に訴え出たが、宗俊は「貞観二年泰澄記」や「平泉寺連署寺家記録案文」「宗俊養父宗弘押紙」などを証文として持ち出してきた。幕府では、澄辰が提

出した「泰澄記杣木取《そまきとり》寸方注文」や「往古長吏進止之旨四部一行」「結城知行分山内惣庄三組連判尾添村杣取」などをも吟味して、宗俊が提出した「貞観二年泰澄記」は、年号が古いわりには紙質が新しく疑わしい点を挙げて、宗俊が牛首・風嵐両村から杣取りをして奥の院を造立させようとすることは「狼藉」という裁定を下した（天文十四年六月二十四日）。

この裁定に先立つ前年に、澄辰法印が朝廷から「加州白山禅頂諸堂杣取の事、開闢《かいびゃく》以来山内庄尾添村たり」との太政官宣旨《だじょうかんせんじ》をうけて、先手を打っていたために、仮に宗俊のほうが正しかったとしても、政治的根回しの上手な澄辰に軍配が上がったのは仕方がないことだっただろう。

信秀としては奥の院の再建資金を出すだけで、どちらの用材を使おうが大きな違いはないのであるが、加賀中宮側としては、越前平泉寺の息がかかった結城宗俊領下の用材を使われれば、奥の院の支配権が平泉寺に移る可能性は大であり、まさに死活問題であった。なお、この再建が成った奥の院も、信秀が亡くなってすぐの天文二十二年五月の白山大噴火で、再び損壊したらしい。

それにしても、信秀をこれほどまでに白山信仰支援に走らせたのは、天文十一年五月十七日付で御輿（愛知県津島市）の虚空蔵坊《こくぞうぼう》へ信秀が出した判物に見られるように（信秀と母の条図版参照）、津島でも白山先達《せんだつ》を専業とする寺まで出てきていて、熱気を帯びた民衆の信仰を抑えつけずに逆に援助することで、信秀への信頼感を強固なものとしようとしたとみたい。

皇居修理の費用を援助

信秀の業績を語るとき、どうしてもこのことを抜きにはできないほどよく知られてもいる。天文九年（一五四〇）に信秀が伊勢神宮の式年遷宮に多額の費用を拠出したのを朝廷もよく承知していて、その後、朝廷は信秀に皇居修理のことを打診していた。そして、『多聞院日記《たもんいんにっき》』の天文十二年二月十四日条には、

　或人びと、内裏《だいり》の四面の築地《ついじ》の蓋を、尾張のをたの弾正と云う物、修理して進上申すべくの由申し、はや料足四千貫ばかり上り了《おわ》んぬと云々、事実においては不思議の大営か、

とあり、これを聞き及んだ多聞院英俊《えいしゅん》は、これが事実ならばまったく考えられないほどの大功績だと驚いたのである。四千貫文といえば、仮に一貫文が五石に相当するならば二万石にあたる大金である。近世、尾張藩付家老《つけがろう》の犬山城主成瀬《なるせ》氏は三万五千石であったが、その実年収は、五公五民としても一万七千五百石にすぎない。四万石の大名でもこれだけの寄付をすれば、一年間飲まず食わずになるということである。四十万石の大名の場合、年収の一割相当ということになって、信秀もこの程度の所領を支配するようになっていたといえるのではなかろうか。

天文九年の伊勢神宮造営のときは、いまだ所領が限られていて、商都津島に多大な負担を強いたことは前述の通りであるが、今回はすでに矢作川以西の西三河を広く実効支配し、東海道沿いの門前町熱田も安定支配の時期に入っていたから、四千貫文の拠出も不可能ではなかっただろう。しかし、信

秀は天文四年十二月の守山崩れあたりから急速に抬頭した人物であって、遠く奈良にいる多聞院英俊にしても、京都の武士や民衆にしても、まったく聞き及んだことがないほど信秀の知名度は低かった。英俊を「不思議の大営か」とびっくりさせたのも、無理からぬことである。

ことが決定して三ヶ月後の天文十二年五月、信秀は老臣の平手中務丞政秀を上洛させ、皇居修理の諸事務処理にあたらせた。政秀は五月十七日に石山本願寺《いしやまほんがんじ》主を訪問した（『石山本願寺日記』）。

本願寺主は政秀と対面し、湯漬けと酒で饗応したが、政秀は「呑むべからざるの事に候といえども、祝着《しゅうちゃく》に存ぜしむべくためかくのごとし」と言った。実に謹直な政秀の様子が『石山本願寺日記』に書きとめられている。寺主のほか、経厚《きょうこう》・兼澄《けんちょう》・頼堯《らいぎょう》ら石山本願寺の幹部と共に酒を大いに酌み交わしたという。

政秀ら一行は、帰途に奈良へ立ち寄り、春日大社（奈良市）にも参詣したらしく、随行の一人の中《なか》村《むら》対馬守元勝《もとかつ》は、同社に石燈籠一基を寄進した。

□□（天文）十二年五月吉日、
奉寄進春日社
意趣者、武運長久・息災延命・
子孫繁昌・二世所願成就祈所、
尾州愛智郡中村対馬守元勝敬白、
（「石造春日燈籠竿銘文」）

こうしてめでたくも皇居の築地修理は一年ほどをかけて完成を見るに至った。連歌師宗牧《そうぼく》の『東国《とうごく》

紀行《きこう》』の天文十三年十月初めのところに、

是《これ》（桑名）より参河渡海と定め侍《はべ》りしを、其年織田弾正禁裏《きんり》御修理の儀、仰せ下さるにより、平手中務丞まかりのぼり、御料物《ごりょうもつ》進納、其後叡感《えいかん》の趣をおほせくだされたく覚しめしながら、所々出陳（陣）など聞しめしよばれ、旁《かたがた》とかくをこたられしを、態《わざわざ》勅使《ちょくし》をなど下さるべき事は国の造作なれば、我等下国に女房奉書《にょうぼうほうしょ》などことづてらるべきよし、広橋《ひろはし》殿より仰聞せられたり、便路とは申ながらはばかりおほくて、しんさくの趣再三申しあげたれども、しいて仰なれば御請を申たり、

とあって、つまり天文十二年に平手政秀が上洛して四千貫文を進納し、修理完成を迎えたことについて、御礼の勅使を信秀のもとへ派遣するともなれば、信秀のほうも準備に追われ、無駄な出費をともなううえに、出陣のこと（天文十三年九月の稲葉山攻め）も聞いているので多忙であろうから、宗牧に女房奉書をあつらえるという簡便な方法をもって、朝廷の返礼にしたというのである。

余談になるが、朝廷では駿河の今川義元に対しても、皇居修理料の拠出を要請しており、信秀から遅れること五ヶ月、天文十二年七月に五万疋（五百貫）を進納している。

天文十二

八　廿日

禁裏様御修理のことにつき、日野《ひの》殿御下向《ごげこう》、御内書《ごないしょ》をいただきかたじけなく、かしこみ入ってい

ます。されば銭五万疋進上致します。そのようにお取りなしください。恐々謹言。

七月廿三日　　治部大輔義元

謹上大館《おおだち》左衛門佐殿

（『古簡雑纂』）

今川義元は、敵対する織田信秀が四千貫文を拠出したことを聞いたが、同等の資金を出すに至らなかったのである。

建仁寺禅居庵の再興

禅居庵《ぜんきょあん》は、京都市東山区大和大路通四条下ル八坂通角にあり、建仁寺《けんにんじ》の勅使門西側に位置している。その本尊摩利支天《まりしてん》は、「開運・勝利」に霊験をもたらすとして、今でも参詣する人が多い。

この庵は、信濃守護の小笠原《おがさわら》信濃守貞宗《さだむね》が、建武年中（一三三四～三八）に檀越《だんおつ》となって、建仁寺二十三世の清拙正澄《せいせつしょうちょう》（大鑑禅師《たいかんぜんじ》）を招いて建立したもので、『建仁寺志』には、

禅居庵

廿三世清拙正澄、愚極《ぐきょく》の嗣法弟子。暦応二年正月十七日に卒去。六十六歳。
大鑑禅師。霊明塔が葬所。小笠原信濃守貞宗は貞和三年五月廿六日に卒。五十三歳。開善寺殿用山と号す。後醍醐帝の建武年中に立つ。

と書かれている。同庵の墓地には、清拙正澄の塔がある。塔は重制無縫塔《じゅうせいむほうとう》で、示寂《しじゃく》（死去）後まも

なく建てられたもののようで、その北側には小笠原貞宗の大型五輪塔もある。これは室町時代に造立されたらしい。

くだって桃山時代の文禄五年〈慶長元年、一五九六〉に禅居庵住職をつとめていた進月正精《しんげつしょうせい》は、この年閏七月十二日の大地震で摩利支天堂が傾斜大破したために、これを修造するべく努力し、「東山建仁禅寺禅居庵摩利支天堂修造幹縁疏《かんえんそ》 并序《ならびにじょ》」を残していて、進月と同じ南禅寺派で同じころに活躍した玄圃霊三《げんぽれいさん》〈宗雲寺《そううんじ》〈京都府久美浜町〉住持〉の語録『玄圃藁《げんぽこう》』にこれが収められている。その要点を抄出して掲載することにする。

東山建仁禅寺禅居庵摩利支天堂

修造幹縁疏并序

〈中略〉

先にこれ天文十六丁未の歳、尾州織田弾正忠信秀は千金を施入《せにゅう》し、一宇を建立した。尊天〈摩利支天〉像を安置。是れ積善余慶《せきぜんよけい》によるもの。織田一門も繁興した。その後天文二十一壬子歳十一月十四日、吾が東山建仁寺は全焼

禅居庵配布の「摩利支天尊影」

の災いにあい、殿宇がことごとく灰になった。吾が祖塔のみ災の中で幸運にも助かった。今年文禄五丙申の閏七月十二日の大地震は、尊天堂をこわし、梁棟《はりむね》も傾斜した。内部も大いに損じたが、尊天塑像《そぞう》はこわれず、これまた不思議の力があるというべきである。

禅居庵守塔幹縁沙門前真如正精《しゃもんぜんしんにょしょうせい》敬白、

原文はすべて漢文なので大変わずらわしいが、要するに天文十六年に尾張の織田弾正忠信秀は、千金を禅居庵に施入して、摩利支天堂を再建し、摩利支天像を安置し、織田家の一門繁興を祈願したというのである。残念なことにそれからわずか五年後に兵火のために全焼し、大鑑禅師の塔（無縫塔）のみが無傷で残った。さらに再興された堂も文禄五年の大地震で大破傾斜したが、このときは摩利支天の塑像はまったくこわれずに助かったという。

このように、災禍のたびに一つずつ奇跡が起こった。これも摩利支天像の「開運・勝利」の霊験によるものであろうが、信秀が千金の寄付をしたのも、「開運・勝利」祈願のためであったにちがいない。さらにまた、天文十六年当時の同庵住持は、織田氏に俗縁を持つ人であったか、あるいは尾張出身の人であったという縁故が大きく作用したことによる寄付であった可能性がある。

第四章　織田信秀の戦略経営

大垣城占領

東雲寺《とううんじ》（名古屋市西区中小田井）にある宝永二年（一七〇五）建立の「織田丹波守平《たいらの》常寛《じょうかん》公碑文」には、常寛の子の藤左衛門寛故は大垣《おおがき》城（岐阜県大垣市）城主であったが、天文十二年（一五四三）にその子藤左衛門寛維が大垣で討ち死にし、本人は逃げ帰ったと書かれている。寛故は天文十九年二月七日に没し、法名は古岩元陳《こがんげんちん》とある。

一方、『信長公記』では「美濃国へ乱入し五千人討死の事」条の末尾に、「先年尾張国より濃州大柿の城へ、織田播磨守入れ置かれ候事、」と書かれている。「五千人討死の戦」とは、天文十三年九月二十二日の稲葉山南方での大敗戦を指していることが明確だから、敗戦以前に大柿城（大垣城）を占領していたということであるが、天文十三年よりも前に、信秀と美濃とが交戦状態にあったという事実はないので、敗戦直前の八月ごろに美濃へ攻め入ったときに大垣城を取り、織田播磨守を入れたということになる。

この点について、『新修大垣市史』では歴代城主に織田播磨守信辰《のぶとき》を挙げて、次のように述べている。

織田信秀は天文十三年（一五四四）八月、大垣城を攻略した後、斎藤道三を稲葉山城に攻め、敗北して尾張へ帰った。そして斎藤氏に備えるため、同族の織田信辰を大垣城番とした。

ついで大垣城の落城については、『信長公記』に、

去る九月二十二日、山城道三、大合戦に打ち勝って申す様に、尾張の者はあしも腰も立つ間敷《まじく》候間《そうろうあいだ》、大柿を取り詰め、此の時攻め干《ほ》すべき由にて、近江の国より加勢を憑《たの》み、霜月上旬、大柿の城近々と取り寄せ候べき、（中略）

霜月上旬、大柿の城近々と取り寄せ、斎藤山城道三攻め寄する由、注進切々なり、其の儀においては、打ち立つべきの由にて、

霜月十七日、織田備後守殿後巻《あとまき》をして、又憑み勢をさせられ、木曽川、飛騨川の大河、舟渡しをさせられ、美濃国へ後乱入、竹ヶ鼻放火候て、あかなべ口へ御働き候て、所々に烟を揭げられ候間、道三仰天致し、虎口《こぐち》を甘《くつろ》げ、井《い》の口《くち》居城へ引き入るなり、か様に、程なく備後守軽々と御発足、御手柄申すばかりなき次第なり、

とあって、残念ながら年号の記載がなくて、九月二十二日の稲葉山麓大敗戦後ではあるが、天文何年の霜月に大垣城をめぐる攻防戦があったのかはっきりしない。そこで、再び『新修大垣市史』を見ると、「歴代の大垣城主」のところで、織田信辰の大垣城番入城につづいて、

しかし同十七年十一月、道三は江州の浅井氏の援助により、織田信辰を攻めて大垣城を回復し、竹腰尚光を在城させた。

とする。昭和七年（一九三二）の旧『大垣市史』では、播磨守の落城は天文十七年とするも、天文十六年十一月にも斎藤道三が攻め寄せたとして、次のような『美濃諸旧記』の逸話を載せている。

爰《ここ》に彼《か》の大垣の城には、尾州より織田播磨守信辰を入置いていた。斎藤道三、今度尾州勢の敗軍に利を得て、此の勢いの冷めぬ中に、急《いそぎ》大垣の城を攻取るべしとて、道三より江州の佐々木義秀・浅井久政の許へ加勢を頼んで、同十一月（天文十六年）の始より、多勢大垣の城を取巻き攻めあげた。此時蔭山掃部助《かげやまかもんのすけ》は道三方の先手の将として、彼《か》の鮮丸《あざまる》の太刀《たち》（天文十三年九月に稲葉山麓で討死した千秋《せんしゅう》紀伊守の刀で、昔平家の盲士悪七兵衛《あくしちひょうえ》景清所持と伝える。蔭山がこれを入手して帯刀した）を持って、大垣の近所、牛谷の寺内を焼払って、敵に働きかけた。其時即ち牀几《しょうぎ》に腰をかけて諸卒を下知して居ると、流れ矢一筋、寺内より飛び来って、蔭山の左の眼へ二寸許り射込んだ。其矢を抜いて捨てると、又矢一つ飛び来って、右の眼を射潰されてしまった。一度に両眼を盲《めし》いたる事、是れ只事ではないとささやきあった。

このように、美濃側の史料では大垣城主を織田播磨守としており、その源はどうやら『信長公記』にありそうで、尾張側の史料では、東雲寺碑文に見える藤左衛門寛故となっていて、くいちがいがある。確実な史料としては、『言継卿記』天文二年八月七日条（前掲）に、小田井の藤左衛門が見え、信秀の叔父にあたると書かれている。また、同じ『言継卿記』に織田丹波守とその子の孫左衛門が見える。さらに宗牧の『東国紀行』によって、天文十三年十月六日に那古野城で連歌会が興行されたときに織田丹波守が出席しており、大垣城を死守しておらず、尾張にいるらしいことがわかる。したがって、大垣城主は織田丹波守ではなくて、播磨守の可能性が高いと思う。

斎藤道三に敗戦

天文十三年（一五四四）九月二十二日の敗戦は、信秀の戦歴の中で初めての苦い経験であった。この戦の内容を知る良好な史料として、次のような利政《としまさ》（のちの道三）の書状があるので紹介する（現代語訳）。

次郎・朝倉《あさくら》太郎左衛門・織田弾正忠の三ヶ国、城下に至って攻撃中のところ、合戦で大利を得ました。そのときの働きは大変すばらしく、前代未聞です。ただし疵《きず》を受けられたうえに、配下の者が多く討ち死にしたことは申しわけなく、美濃守（土岐頼芸）が書札を持って礼を申すといっています。御帰国のときには、心からの祝宴をするつもりです。恐々謹言。

九月廿四日　　利政（花押影）

木沢《きざわ》左馬允《さまのじょう》殿

参人々御中《まいるひとびとおんちゅう》

（『古今消息集』五・名古屋市逢左文庫本）

これは、近畿地方からはるばる利政（道三）の援軍に駆けつけていた木沢左馬允に対する礼状であるが、美濃の次郎（土岐頼純《よりずみ》）と、それを支援する越前の朝倉太郎左衛門孝景《たかかげ》および尾張の織田弾正忠信秀という三ヶ国の者共が、稲葉山城下へ攻め寄せたところ、利政の大勝に終わったことを述べている。

この合戦の発端は、利政の書状に見える土岐次郎が道三によって追放され、信秀と朝倉孝景を頼って国外へ逃れたことにある。次郎はこのときに信秀のもとへ走ったのか、朝倉孝景のもとへ行ったのか、はっきりしていない。いずれにしても、信秀と朝倉孝景は、連絡をとり合い、土岐次郎を支援して美濃へ再入国させることにしたのであった。土岐頼武《よりたけ》夫人は朝倉貞景《さだかげ》の娘で、次郎頼純はその子にあたる。朝倉貞景の子が孝景だから、次郎は孝景の甥ということで、孝景の要請を受けて信秀も兵を出したというのが実情ではなかろうか。美濃守とは土岐頼芸《よりのり》のことである。

信秀の場合は、尾張一国の兵を動員できる権限がないので、守護の斯波義統に頼み、その号令のもとで兵が動員される。義統がこれを実行した根拠として、妙興寺（愛知県一宮市）へ掲げた禁制を挙げることができる（次掲。現代語訳）。

禁　制　　妙興寺

一、当方の軍勢は誰であろうと乱妨・狼藉・陣取り・放火をすること。
一、境内で殺生をすること。また山林の竹木を伐採すること。
一、寺領の田畑に対して、名主・百姓・よその被官だと言って年貢・諸公事を納めないこと。
一、祠堂や寄進された田畑に対する徳政令。ならびに俵物《たわらもの》を留め置くこと。

一、本堂（方丈）やその他の建物について課役すること。
右の条々は、当寺が古跡霊地なので、課役など末代まで免除する。たとえ以前の制札・今後の制札が別のことを言っても、この通りであることを下知する。
天文十三年九月　日　　左兵衛佐
御判
（『一宮市史』資料編所収「妙興寺文書」）
『美濃国諸旧記』には、「天文十三年八月十五日、織田信秀は道三の逆心を憎み、朝倉吉景《（ママ）》と美濃へ南北から攻め入る。信秀五千余人にて斎藤を責め立てける」とあり、信秀指揮下の五千余の兵は、稲葉山城を目指して木曽川を渡って北進した。
当方の人数が乱妨狼藉をしたり、陣取りをすることは堅く停止する。もしこのことに違反する者があれば処罰する。よってこれを伝達する。
天文拾三　　織田与十郎
九月　日　　寛近（花押）
立政寺
侍者御中
（「立政寺文書」岐阜市西之荘）
この禁制は、織田寛近が、今日の岐阜県庁の北一キロほどの位置にある立政寺に与えたもので、織田方の軍勢の乱妨狼藉を戒めたものである。寛近は、尾張国丹羽郡小口（愛知県大口町）の城主織田遠江守広近の子で（悟渓宗頓の語録『虎穴録』の織田広近画像賛による）、小口城主であった。信秀の頼み勢で出陣したのだろう。信秀の弟の与二郎信康はこの合戦で戦死した。戦の経過を『信長公記』で見てみる。

美濃国へ乱入し五千討死の事、

さて、備後殿（信秀）は国中を憑み勢をなされ、一ヵ月は美濃国へ御働き、又翌月は三川の国へ御出勢、或る時、九月三日、尾張国中の人数を御憑みなされ、美濃国へ御乱入、在々所々に放火候て、九月二十二日、斎藤山城道三が居城稲葉山の山下、村々に推し詰め、焼き払ひ、町口まで取り寄せ、既に晩日申刻《さるのこく》（午後四〜五時）に及び、御人数引き退かれ、諸手半分ばかり引取り候所へ、山城道三どうと南へ向かって切りかゝり、相支へ候と雖も、多人数くづれ立つの間、守備の事叶はず、備後殿御舎弟織田与次郎・織田因幡守・織田主水正・青山与三右衛門・千秋紀伊守・毛利十郎・おとなの寺沢、又は舎弟毛利藤九郎・岩越喜三郎を初めとして、歴々五千ばかり討死なり。

このように、著者の太田和泉守牛一は五千人戦死と書いている。もっとも、太田牛一は信長に仕えて永禄八年（一五六五）八月の美濃堂洞城《どうほら》（岐阜県富加町）攻めのときに足軽として参戦した人だから、この戦に加わった可能性は少ないが（慶長十五年〈一六一〇〉に八十四歳なので、天文十三年は十八歳）、尾張人としてこの大敗戦をよく記憶していたことだろう。また、定光寺《じょうこうじ》（愛知県瀬戸市）にある『定

光寺年代記』の天文十三年のところには、

九月廿二日未刻《ひつじのこく》（午後二時頃）、濃州於井ノ口、尾州衆二千人打死、大将衆也、

と記されている。井ノ口は稲葉山城下を指し、信長入城以後は岐阜と呼ばれた町のことである。次に、道三の重臣長井秀元《ながいひでもと》が当時尾張国知多郡小河《ちたおがわ》（愛知県東浦町）にいた（「入海神社棟札」）水野十郎左衛門信近《のぶちか》（後述）に送った手紙があるので紹介する（現代語訳）。

前回以後、何の連絡もしませんでしたが尾州と当国の戦いのために、街道往来が停止して連絡できませんでした。そのことは瓦礫軒《がれきけん》・安心軒《あんしんけん》まで申し上げたので、お耳に達しましたか。すなわち一昨日辰の刻（午前八時）、次郎・朝倉太郎左衛門・尾州織田衆の上下、具足数二万五六千、一勢に城下に攻め込みました。こちらは少数ながらも城から出て一戦に及び、織田弾正忠の陣へ切りかかり、数時間戦って数百人を討ち取りました。その名簿（首注文）を送ります。このほか敗れた兵は木曽川で二・三千人溺れました。信秀は六七人を連れただけで逃げ帰りました。しばらくは尾張に豪勇の者が出ないほどに勝ち、年来の本懐を遂げました。この時にあたって松平三郎広忠と相談のうえ、御城下を強固にされるように。なお、瓦礫軒が詳しく話しますからよろしく。恐惶謹言。

長井久兵衛

（天文十三）九月廿五日　秀元

水野十郎左衛門殿
（「古証文」内閣文庫本）

文中に一昨日とあるのは誤りで、もう一日前の二十二日のことである。道三（利政）が瓦礫軒と安心軒に宛てた九月二十三日付の書状は、徳川黎明会に原本が所蔵されている。道三としては、これをきっかけにして小河の水野信近（のち刈谷城主水野藤九郎守忠《もりただ》の名跡を継いで刈谷城へ入ったか）が信秀の支配下から抜け、岡崎の松平広忠（家康の父）と同盟のうえで信秀に対抗するようにと工作したのである。

この戦では、朝倉・織田連合軍といっても、朝倉軍は数千であり、織田軍が二万余りの主力であることは道三も知っている。とすれば、その織田軍の一瞬のスキを衝く以外に勝ち目はないとにらんでいた。

朝から猛攻をくり返し、城下井ノ口を焼き払った織田軍が、前線を引き払って少し南下し、野営地へと向かったときがそのスキであった。戦力を温存していた道三は、数千の兵を二万余りの大軍の中心部へ突進させて総崩れへと持ち込んだ。敗戦場となった場所は、岐阜市の柳ケ瀬《やながせ》のすぐ南東、現在の徹明町《てつめいちょう》交差点の南東側一帯で、交差点の南東の裏通り（織田塚町）に織田塚と称する史蹟が残っている。

長井秀元の書状にもあるように、信秀はわずか六・七人の部下に守られてようやく木曽川を渡り、那古野城へたどり着いた。朝倉勢も、織田軍の大敗を見て、土岐頼純と共に空しく越前へ引き上げざるを得なかった。

この戦のとき、戦場の北東六〇〇メートルほどのところにある金宝山瑞龍寺《ずいりょうじ》にいた雲外玄嶂《うんがいげんしょう》（仁《じん》岫《しゅう》宗寿《そうじゅ》の弟子で快川紹喜の法兄。瑞龍寺内の塔頭の院主をつとめていたか）は、おそらく道三方に頼まれたのであろうが、戦場の亡霊を葬った塚前で法語をとなえ、一偈をささげている（お茶の水図書館蔵『禅林無尽蔵《ぜんりんむじんぞう》』）。

天文十三年九月廿二日、尾《び》の軍・越《えつ》の兵、西濃の師《（軍隊）》を将《ひき》いて、南は弱水を超え、北は長江を渡り、已に金華《きんか》城を攻めんと欲す。その威は香象《こうぞう》の如く、その雄は巨鼇《おおかめ》に似たり。しかりといえども城郭は堅固にして浸伐《しんばつ》する能《あた》わず、終《つい》に撃退鼓散《こさん》せり。城主《（守）》の兵、勝に乗じてこの尾《び》の軍を追い、却回《きゃっかい》して戦死者は千有余人なり。その死尸《しし》を聚《あつ》めて一塚となす。その高きこと山のごとく岳《たけ》に似たり。見る者は舌を吐き、聞く者は驚けり。すなわち龍山《りょうざん》（瑞龍寺）の僧衆に命じて、塚前で諷誦《ふじゅ》するの次に、この一基を造立し、もって戦場の諸亡霊を弔っていわく、
一塔巍然《ぎぜん》碧空を淩《しの》ぐ、従来はまさに若き英雄と謂《い》わん、戦場の秋晩は好時節なり。剣樹刀山黄の落風。

この敗戦の直後、天文十三年十月五日ごろに、皇居修理に対する朝廷の礼物を持って那古野城を訪れた連歌師の宗牧は、こと細かに城内の様子や敗戦のことを書き留めているので、これも紹介する。

（天文十三年十月四日、伊勢国員弁《いなべ》郡大泉に着いた後の記事）

（京都で出発前のこと）使者の友軌《ゆうき》を平手政秀のもとへ派遣して打ち合わせたところ、このたび濃州で不慮の合戦に勝利を失って、弾正忠がようやく一人で帰宅した。大変な目にあった折だが、早々に来てよいとの返事であった。弟子の宗丹《そうたん》が伊勢まで出迎えて、桑名から川舟に乗って津島に着いた。翌日（五日）那古野へ到着。平手政秀が迎えに出て、今日の寒さは格別（西暦の十一月九日）と言い、なにはともかく手を暖めよ、口を暖めよ、湯風呂・石風呂に入れとねんごろにもてなす様は、真心がこもっている。まことに至れり尽くせりである。岸宗玖《きしそうきゅう》・賢桃《けんとう》・知春《ちしゅん》なども尋ねて来られ、夕食は心尽くしの手作り。子息の三郎・次郎・菊千代が盃に酒をつぐ。歓待に感謝するばかり。翌日信秀に拝謁。朝食前に女房奉書や古今集などを手渡した。信秀は大敗戦の痛手も、この天皇の配慮にあって霧消すると言い、当家の大変な名誉だと喜んだ。信秀はまた、美濃の道三を負かしたときは、重ねて皇居の修理を下命してほしいと言う。武人として決然とした様子は、老後の私にも満足なものだ。奉書の御返事を一筆もらって出発の予定で、まず連歌の興行をということだが、信秀の館では支障があると言い、平手政秀邸で興行ということになった。政秀が方々へ人を遣わして、滝坊《たきのぼう》・織田丹波守・喜多野《きたの》右京亮らが遠路集まった。このたび命拾いをして、危機をのがれた話が出る中で、求められて宗牧は発句《ほっく》を詠んだ。

（『東国紀行』群書類従本）

信長が天文三年に那古野城で出生すると、まもなく信秀は信長を那古野城に残して古渡《ふるわたり》城（名古屋市中区）へ移ったとするのが今までの通説になっているが、天文十三年十月に至っても、三郎信長・次郎信勝《のぶかつ》（信行）・菊千代《のぶかね》（信包）と共に那古野城で生活している姿がよくわかるので、今までの説は訂正しなくてはならない。

さらにはまた、このときすでに信長・信勝兄弟が元服していたという事実がある。信長・信勝・菊千代はいずれも信秀の正室土田御前の子であり、嫡出児である。信長が天文三年の出生とされるから、このとき満十歳である。すると信勝は満八歳ほどでなければならず、元服の年齢が少し若いように感じられる。しかし、八歳や十歳でも、少しでも早く元服させて大人の仲間入りをさせ、武家としての修養を積ませようというのが、信秀独自の考え方なのであろう。

刈谷・小河水野氏の動向

天文年間に、織田信秀と岡崎松平氏に挟まれて、家名存続に腐心をした人物に水野十郎左衛門がいる。これまでの尾張・三河に関する史書にはほとんど書かれていないために、その本貫地や系譜などが何も判明しなかった。私も長い間史料採訪を重ねてその手がかりを得ようとしたが、収穫はなかった。ところが近年になって、戸田純蔵氏著『東浦雑記』を見たところ、この人物が幻の人ではなくて、愛知県知多郡東浦町緒川《おがわ》の地に実在したことを示す史料が掲載されていて、これを契機にして十郎左衛門の実像に迫ることができるようになった。

戸田純蔵氏は明治二十九年（一八九六）生まれの緒川在住の人であっただけあって、在地の史料を多数収録した四百余頁の同書を著されたのは価値ある業績といえる。その中の「延喜式内社入海《いるみ》神社の由緒のほか」のところに、次のような棟札墨書銘が載せてある。

入海神社奉造立御神殿壱宇　壇那衆伍貫文
水野十郎左衛門信近
天文十三年甲辰十二月
二貫文　仙千代
五十疋　□□□□
五十疋　源次郎
一貫文　御亀様
同　　水野甚十郎妙家
三十疋　水野甚十郎
二十四　同母儀
三貫七百文　水野長次
五十疋　上様御付女房
百文　不明

百文　不明
百文　石浜宗右衛門
百文　久米彦八
弥宣　久米彦八
願人　重野源十郎

このうち、水野甚十郎妙家とあるのは「後家」の誤読か、弥宣久米彦八は「祢宜」の誤読かと思われる。建立年月も、この時代なら必ず「吉日」とか何か日付まで入れるはずであるから、判読不十分の部分があるように見受けられる。

この棟札は現存するのか、あるいは現物がなくなって記録のみによるのか、同書に註記はないけれども、天文十三年十二月に、水野十郎左衛門信近が中心となって、一族郎党の主な人たちと共に浄財を出し合って、小河城下の総社たる入海神社に社殿を造立したことは間違いないだろう。そうすると、同じ『東浦雑記』に収録されている「常滑水野家譜」に、

忠政は忠正とも書く。右衛門太夫、また下野守、童名は牛息丸。尾州小河・三州苅屋両城の主。この時にあたり、勢力強大となり、名を近国に知られた。忠政は伝通院の父で、大神君（家康）の外祖父。天文十二年七月十三日に卒した。法名は大渓院賢雄大居士。

忠政嫡男の信元は下野守。父のあとを継ぎ、小河・苅屋の両城の主。大神君の叔父であるが、織

田備後守信秀によしみを通じ、今川義元にも叛く。……。

とあるような記事は、確実な史料に出合うほどに問題が多すぎることに気づく。従来はこのような近

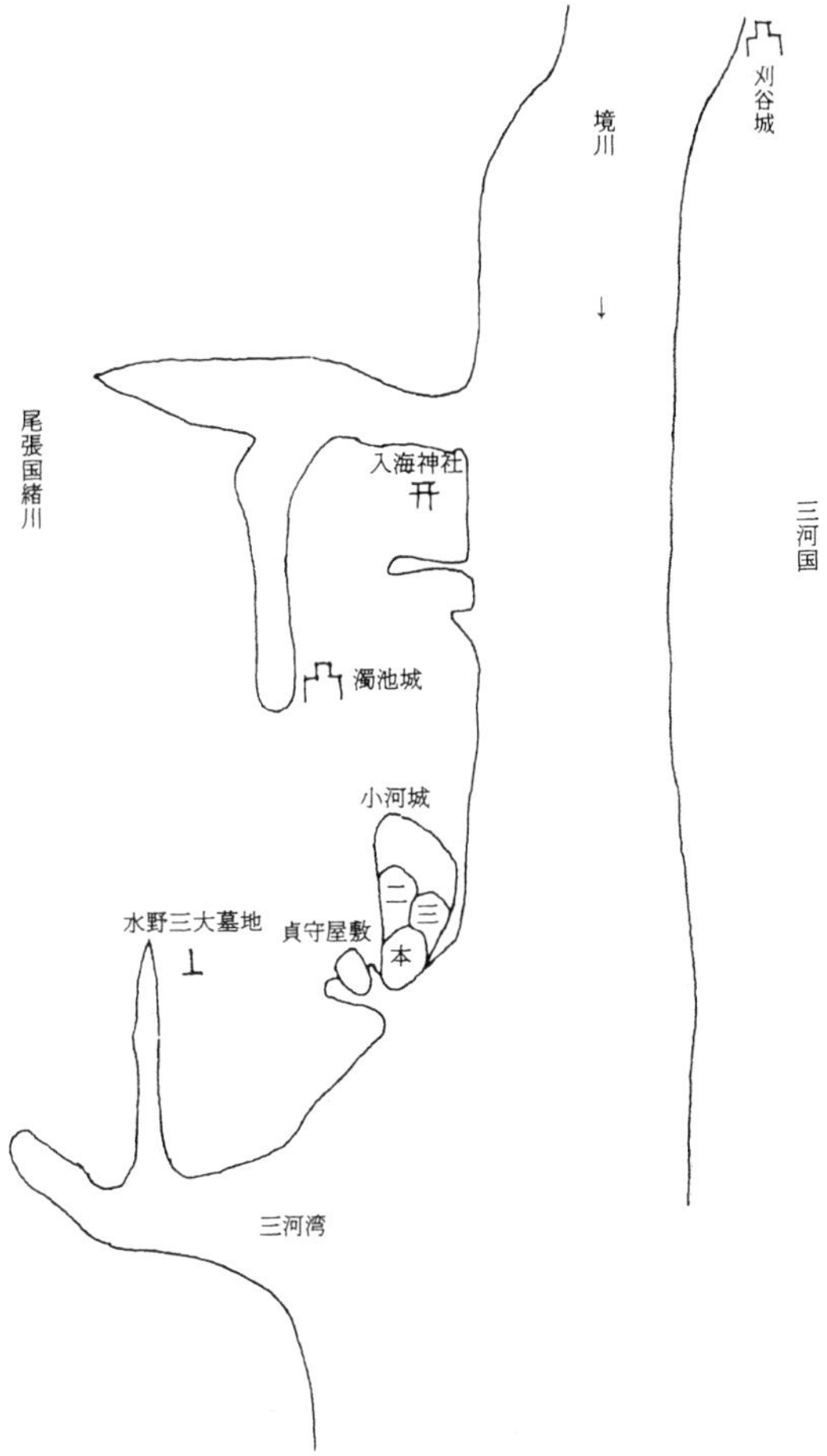

中世の小河城見取り図（『東浦町誌』より作成）

世成立のものによって市町村史の中世編がつくられてきたが、こうした伝記物をひとまず横に置いたまま第一歩から考え直してみなければ、今後の地方史の進展は望めない。

先掲の棟札によって、天文十三年頃の小河城主は水野十郎左衛門信近であることがほぼ確定でき、同時に翌天文十四年の刈谷城主は水野藤九郎守忠であることも推定できるから（後述、岡崎市の明眼寺寄進状）、とにかく水野忠政とか信元《のぶもと》という人物が刈谷・小河両城主を兼ねたなどということはひとまず否定して考えたほうがよいのである。

小河水野家が天文期に健在で、かつ必ずしも刈谷の水野家と行動を共にしていないことは、かねてから私の推定するところであったが、昭和六十三年に愛知教育大学教授（当時）の新行紀一氏が論文「重原荘と水野氏の一考察」（新行一九八八）を発表し、

右の考察はまとめていえば、十六世紀中葉の水野氏には二つの系譜があったのではないかということである。すなわち、

A刈谷城主藤九郎・和泉守系（刈谷水野家）
　近守　　守忠
B小河城主藤七郎・下野守系（小河水野家）
　忠正　　信元

というわけである。もっとも近守が誰の子であるのかは不明であるし、大高・常滑・刈谷に分立

する水野一族の惣領は小河家であったことはまず疑いない。
それでは何故《なにゆえ》刈谷水野家は後世の系譜に正当に位置づけられなかったのであろうか。それには二つの理由が考えられる。一つは近世において、水野氏においても万世一系的思考によって系譜作成がなされた可能性である。そうしてそれを可能とした大きな原因でもある刈谷水野家の滅亡が第二の理由である。

と述べておられる。また「むすび」のところで、「それにしても従来の水野氏研究は、近世に成立した家譜類の諸説をほとんど疑いなく受け入れてきているところが多い。それ故同時代との不整合は、研究が進むにつれて一層目につくことであろう」とされた。

このように、水野氏の研究は緒についたばかりと言えるが、小河家が宗家で、大高《おおだか》・常滑《とこなめ》・刈谷に分家が成立したという新行氏の指摘は、何よりも今後の研究の指標となるだろう。それらを念頭に置いて、刈谷・小河水野氏について概説することにする。

刈谷水野氏

文明十七年（一四八五）九月十日に刈谷を訪れた禅僧万里集九は、その著書『梅花無尽蔵』に、「けだし水野の住む所・刈谷城」と書いている。わずかこれだけの記事であるが、新行氏は『寛政重修《かんせいちょうしゅう》諸家譜《しょかふ》』によって、これは水野貞守《さだもり》にあたるとされる（新行一九八八）。

次に、連歌師宗長の『宇津山記』永正四年（一五〇七）七月十七日の条に、「参河国かりや水野藤九郎宿所」とあり、また永正十七年になって、宗長は『老葉註《わくらばちゅう》』を水野藤九郎近守《ちかもり》に与えている（『群書類従』本）。この近守の名は、『宗長手記』の大永二・四・六年（一五二二・二四・二六）の条に見え、すでに和泉守に任ぜられていて、大永五年二月彼岸日の刈谷楞厳寺《りょうごんじ》の田地寄進状に「水野和泉守近守」と署名したのが終見である。そうすると、刈谷水野氏は名前に「守」を系字として用い、初名を藤九郎と通称し、のち和泉守に叙任されるのが通例になっていたと推定される。それゆえに、明眼《みょうげん》寺《じ》（愛知県岡崎市）に、天文十四年（一五四五）三月十五日付で、小垣江蔵屋敷を寄進した水野藤九郎守忠《もりただ》という人物も、近守の子の代の城主に相当すると言えるのである。藤九郎はその後、永禄六年（一五六三）に信長に鷹を献じて、信長から礼状をもらっている（『織田信長文書の研究』は、永禄六年と推定している）。

小河水野氏

『梅花無尽蔵』では「小河城主、水野と号す。藤の為妙」とあり、京都の公卿飛鳥井雅康《まさやす》の『富士《ふじ》歴覧記《れきらんき》』明応八年（一四九九）五月十八日条には、

ちたの郡緒川、水野右衛門大夫為則《ためのり》が在所に着侍《つきはべ》り、まづ此処にしばらく休足すべきよし懇切に申しければ、心しづかに閑談し侍る、数日の間、種々の興遊あり、

と書かれている。また、『実隆公記《さねたかこうき》』永正五年（一五〇八）八月四日条に、

尾州水野右衛門大夫、下野守に任ず。礼と称してくる。（贈呈用の）太刀を携えたり。大隅の引導なり。対面する。

とある。この下野守に任官した右衛門大夫は、新行紀一氏が「系図上の誰のことかすら明らかでない」とされたが（新行一九八八）、緒川城主水野為則にあたることは『富士歴覧記』からみて間違いない。明応八年から数えて九年目の永正五年に下野守に任ぜられたのである。

水野為則は、亡くなった後室のために永正十年に菩提寺たる乾坤院《けんこんいん》に喚鐘《かんしょう》と半鐘を寄進をした。もともとこの喚鐘は、南北朝時代に篠島《しのじま》（愛知県南知多町）へ行幸された後村上天皇《ごむらかみ》（南朝）御使用のものと伝え、後室はこれを入手して寺へ寄進したといい、半鐘のほうに次の銘文があった。

諸行無常、是生滅法、生滅滅已、寂滅為楽、
宇宙山乾坤禅院、堂前の半鐘を掛ける。緒川の下野の後室つまり利参賢貞大姉の為なり。機外了禅の悲母つまり実憲妙心大姉の為なり。
大工藤原与四郎則家、
時永正十癸酉年十一月十七日、
輪差《りんさ》乾坤現住西明了禅謹誌、
（『東浦雑記』、安永五年〈一七七六〉改鋳鐘〈現存〉の銘文、一部読み下し）

この銘文による限り、下野つまり水野為則は存命中であるようにも見受けられる。そうすると、『寛政重修諸家譜』の水野系譜に「水野忠政の父清忠《きよただ》は、下野守と称して永正六年五月二十九日に亡くなった」とする記事とは合わなくなる。法名は太元院一初全妙大居士、乾坤院の位牌にも「永正六年五月廿九日、前野州大守、大玄院一初全妙」とあるという（滝田一九六五）。

乾坤院の位牌は実物を見ていないので何とも言えないが、系譜によって後日（近世に）作ったものならば、永正六年死去説は危なくなるし、位牌が当初のものであるとか、全妙《ぜんみょう》の墓石で当初のもの（五輪塔か宝篋印塔）に銘文が刻まれているとかすれば、永正六年の死去で確定するだろう。その場合は半鐘銘にある下野を存命中と解釈することはできなくなる。

次の世代は、享禄元年（一五二八）二月二十六日に、月江道光《げっこうどうこう》の供養のために田地二貫六百文の地を刈谷の楞厳寺栄東堂《えいとうどう》（和尚）に寄進した右衛門大夫妙茂にあたる（「刈谷楞厳寺文書」）。『寛政重修諸家譜』では、この時代の水野氏当主を忠政とし、

初め妙茂、藤七郎、下野守、右衛門大夫、刈谷・緒川・大高を領す、天文十二年没、五十一歳、法名大渓賢雄、室松平信貞女、

とする。

妙茂は、刈谷の楞厳寺に寺領を寄進したことからみると、刈谷城主水野和泉守近守の没後（大永五年〈一五二五〉以後）は、そのように刈谷を併合していた可能性は大きい。または子息を養子として

送り込んで、実質支配の状態にあったかもしれない。ただし、この家譜の言うように「初め妙茂」と称したわけではないだろう。先掲の妙茂寄進状によって、すでに享禄元年に出家入道して法名を用いていたのが明らかであって、『寛政重修諸家譜』の記事を、「初め忠政、のち入道して妙茂という」と修正する必要がある。

なお、妙茂が供養した月光道光という人は、その法諱の感じからみて女性であって、妙茂の夫人かとも思われる。ただ、妙茂が刈谷城主の菩提寺に寄進をするのは何か特別の配慮があったらしく、複雑な血縁関係が想起されるところである。

妙茂の次の世代が、最初に述べた水野十郎左衛門信近である。

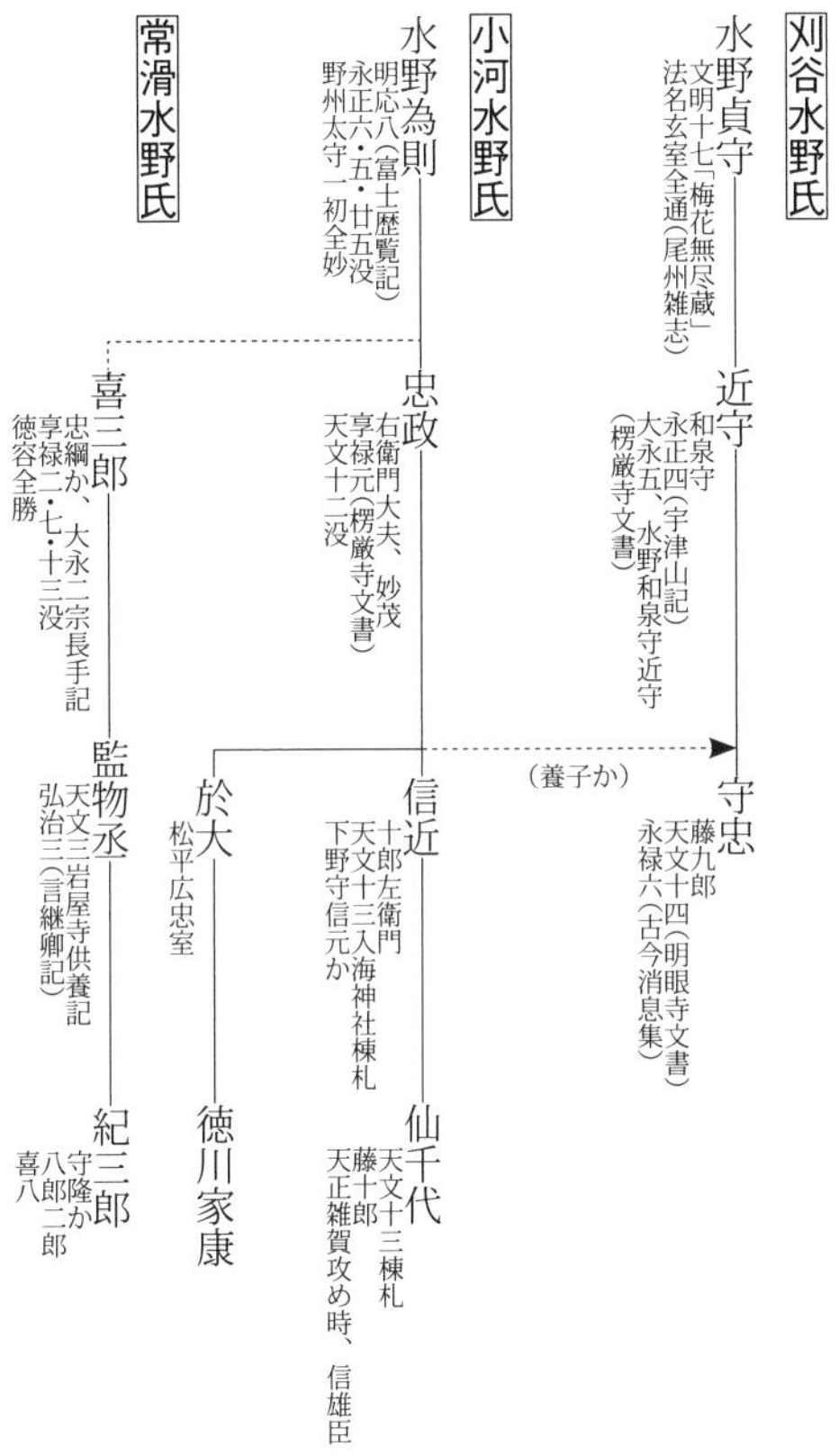

系図10　刈谷・小河・常滑水野氏関係図

水野十郎左衛門信近の動向

前にも少し触れたように、天文十三年（一五四四）九月二十二日、稲葉山城下で斎藤道三が大勝したとき、翌日に水野十郎左衛門と親密であった安心軒・瓦礫軒両名に宛てて道三は手紙を出したが、その中で、「近年は十郎左衛門が信秀方に属し、岡崎と不和になっている現状を改めて、岡崎の松平広忠と結び、信秀から離反するように」と述べている。ついで九月二十五日にも、道三の重臣長井秀元から直接十郎左衛門に書状を送っている（前掲文書）。

これに対して、信秀は十郎左衛門にどのように対処していたかであるが、その三ヶ月後に、信秀から十郎左衛門に出した手紙があるので全文を掲げる（現代語訳）。

此の方在陣のことについて、早速お手紙をいただき感謝します。こちらはさはどのことなく御安心ください。今のところそちらも変化なしとのこと承りました。いよいよ御油断なく、部下に指示されるように。なお、林新五郎が詳しく申し上げます。恐々謹言。

織田弾正忠

（天文十三）閏十一月十一日　信秀

水野十郎左衛門尉殿

御返報

（『岡崎市史』所収内閣文庫本「古証文」）

信秀はこのとき出陣中で、陣中からの手紙らしい。それはおそらく美濃の斎藤道三に対しての出兵であろうが、信近は信秀に陣中見舞いを兼ねて近況報告をした。その答礼の使者に、林新五郎通勝《みちかつ》という平手政秀に次ぐ重臣を派遣している。これは、岡崎城の松平広忠やその背後に見え隠れする今川義元の工作によって、信近が離反の考えを抱いているか否かを見極め、かつまた信秀に服従するように威圧感を与える意味があったのであろう。

このように見てくると、信近は尾張国の土豪として一応信秀に従属しているが、三河国に境を接している地理的条件から、絶えず松平・今川両氏の影響を排除することはできず、時の権力者に身をまかせつつ、時流変化を巧みに読み取って保身を図らねばならなかったと思われる。

なお『東浦町誌』によれば、天文十二年に刈谷・緒川城主水野忠政が死去し、緒川城主となった水野信元は、織田信秀に属する態度を鮮明にし、家老水野左近清久《きよひさ》を岡崎城の松平広忠（信元の妹「於《お》大《だい》の方《かた》」の婿）に派遣し、今川と断絶して織田に味方するように広忠にすすめ、翌十三年にも再び家老高木《たかぎ》主水正清《まさきよ》を派遣して同様の勧告をしたが、広忠は今川義元の勢威を恐れて、これを聞き入れず、ついに愛妻於大の方（家康の母）を離別して水野家との縁類を断った。於大の方は天文十三年九月に刈谷城に返されたとする。

『東浦町誌』の記事は、大筋では定説化していることだから、史料に見えて存在が確実な十郎左衛門信近という人物は、信元とほとんど重複し、信近・信元は同一人物でなければ説明がつかなくなってしまう。先に述べたように、信近は天文十二年の入海神社棟札によって、すでに仙千代《せんちよ》という嫡子をもうけていることが推定されるので、信近はすでにある程度の年齢に達していたらしく、その九年後の天文二十一年に「水野下野守」の寺領寄進状を城下の善導寺《ぜんどうじ》に与え、印文「信元」の印判を押したのは信近であろう。信元はその後、永禄元年（一五五八）八月に「旦那水野下野守信元」の名で入海神社御社塔（社殿）を造立し、永禄二年五月三日に越境寺《えっきょうじ》へ寺領等安堵の判物を与えた（『東浦雑記』）。

こうして、史料から見る限りでは信近＝信元と見てよいが、『張州雑志』の緒川村のところに収める小川系図二題ともに信元を兄、信近を弟とし、下野守信元は天正三年（一五七五）十二月二十七日に信長によって生害（自殺）させられ、藤九郎信近は永禄元年に刈谷城で討ち死に、あるいは刈谷城で今川義元に襲われて斬られたとしている。

安祥城の経営

信秀にとっては、岡崎城攻略のためにどうしても安祥城を確保しなければならず、また松平氏側から見れば、安祥城を失えば矢作川を挟んで信秀との直接対決という危機を招き、ひいては岡崎のみならず三河全体の失陥へとつながる。その両者による攻防戦が天文九年（一五四〇）六月に初めて行われたことは、前述したとおりである。そのほか天文十三年九月説（『安城町誌』）、同十四年二月説（『参河志』）などがあって、この城をめぐる戦の真相は簡単に把握できそうにない。

これらの戦のうち、信秀が安祥を奪取した戦は、『安城市史』では天文九年説、『安城町誌』では同十三年説を採るなど、これまた史書によってまちまちであるが、平成元年（一九八九）刊行の『岡崎市史』中世二でも、天文九年の落城後、天文十八年冬まで信秀が確保していたとし、天文九年落城説が定着しつつある。同市史では、落城後の松平・織田の勢力圏について、次のように述べている。

安城陥落によって織田氏の勢力は次第に西三河に浸透していった。まず佐々木に在った松平三左衛門忠倫《ただとも》が信秀に通じた。忠倫の系譜は不明であるが、彼は渡・筒針に砦を構えて広忠に敵対した。桜井の清定《きよさだ》もどうやら信秀に心を寄せたらしい。また先述のように家臣団内部にも分裂がおこり、信秀に通ずる者もあらわれた。かくて矢作川以西の大部分は織田方といえる状況となった。

安城落城直後の天文九年十二月二十八日に、松平広忠の家臣都筑《つづきたけまつ》竹松ら二名が連署して、妙源寺（岡崎市大和町桑子）に対し「安城乱中について、年貢并夫銭《ふせん》を償うに入れ候代物《だいもつ》にて候」といって、畠地を引き渡しているが（「妙源寺文書」『岡崎市史』史料編）、同寺は矢作川西でしかも安祥城の三キロ東という至近の所にあるから、都筑竹松らも妙源寺寺領の耕作ができず、年貢や夫銭の支払いも叶わないために、織田軍占領下にある田畠を妙源寺へ渡したのだろう。

ところで、信秀の安祥攻略については、今のところ諸書にほとんど紹介されていない次の史料がある（現代語訳）。

お手紙にあるように、近年は遠路のため御連絡しませんでしたが、今回詳しく知らせてくださり感謝します。すなわち三河のことは、駿河今川氏に相談のうえ、去年三河に向けて軍を送り、安城《（祥）》という要害を乗り破ったとのこと、毎度ながらすばらしい戦功です。ことに岡崎城は、尾張から占領するについて、今川氏にも連絡のうえで本意を遂げてください。それ以後、尾張で何か変わったことはありませんか。ここに三河国を取るとのことは、やむを得ないことと思います。また、今川氏と北条氏との関係をお尋ねですが、近年講和（一和）をしたといっても、今川氏の本心は疑わしく迷惑をしています。清須からの御使者と手紙も感謝します。その御礼も直接清須にいたします。詳しくは使者に言い含めますのでよろしく。恐々謹言。

十七年

三月十一　　　　　氏康《（北条）》在判

織田弾正忠殿

御返報

（『小田原市史』史料編中世Ⅱ所収内閣文庫本「古証文」）

これによれば、清須の守護か守護代が北条氏康に派遣した使者に、信秀が手紙をあつらえたが、それは数年ぶりの文通であった。信秀は駿河の今川義元と相談のうえで軍を起こし、安城《（祥）》を占領したと言っており、それも「去年」のことである。「去年」を文字通りに解釈すると天文十六年であるが、去る年と見れば過去のことで、先年というような意味であるから天文九年でもよいことになる。信秀も外交上のかけ引きで、去年という表現をあえて用いたのかもしれない。後北条氏第三代目の氏康《うじやす》は、父氏綱《うじつな》の卒去をうけて天文十年に相続したが、それより前の天文六年二月十日に、今川義元は甲斐の

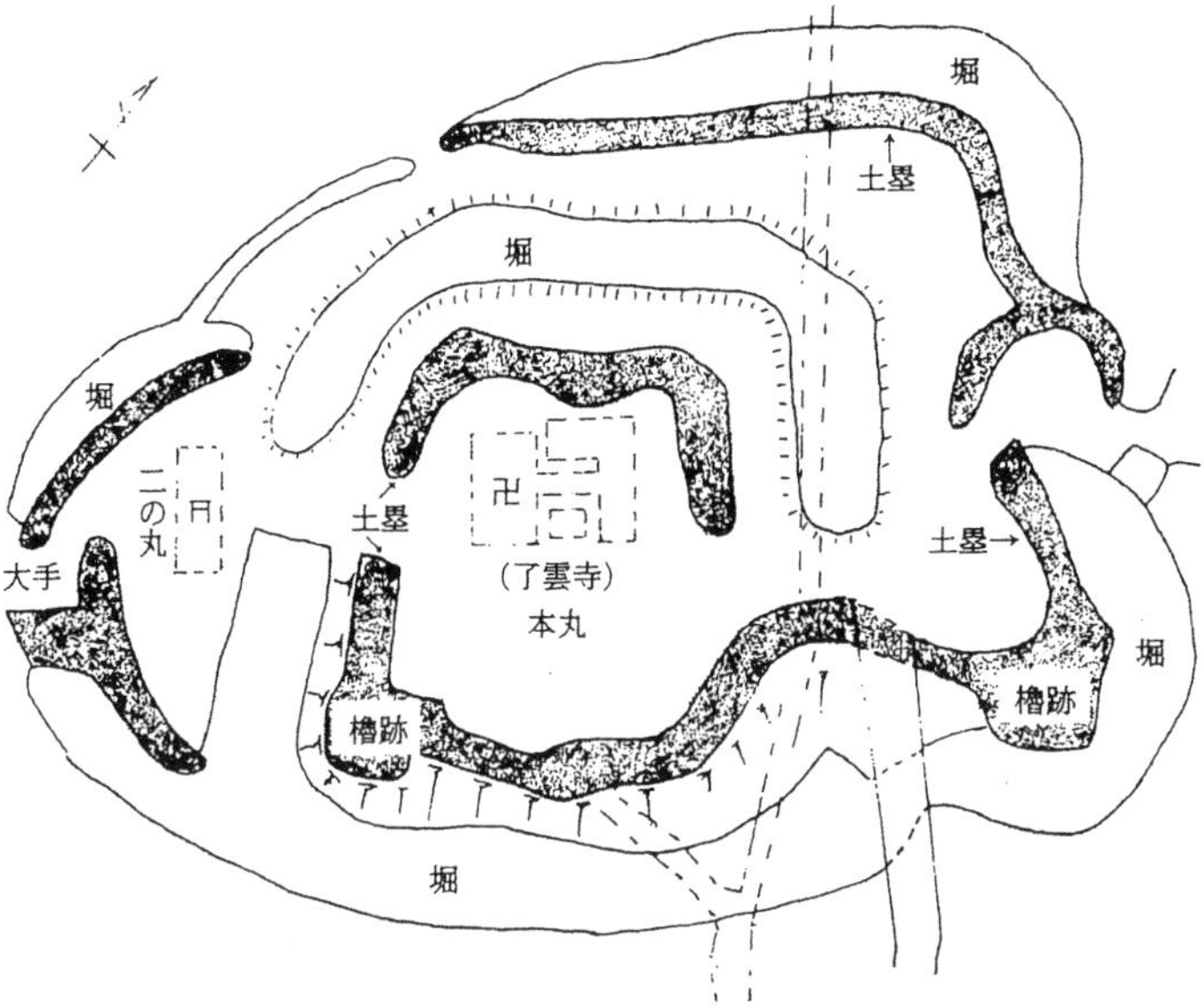

安祥城跡図

武田《たけだ》晴信《はるのぶ》（信玄《しんげん》）の娘を夫人に迎えて駿甲同《すんこうどう》盟《めい》を結んだことで、北条氏綱と今川義元は敵対関係に入った。ために河東《かとう》（富士川《ふじがわ》以東）一帯は北条氏の侵攻するところとなり、天文十四年には今川義元が失地回復のために河東の見付宿《みつけじゅく》・今井宿《いまい》へ進出、黄瀬川《きせがわ》西までを奪回した（「為和卿集《ためかずきょうしゅう》」・「高白斎記《こうはくさいき》」）。そして、同年十月二十二日に至って停戦し、武田晴信の立ち合いによって両軍の和解が成立し、北条氏康も兵を収めた（見崎一九八九）。

そうすると、北条氏康が「近年一和候といえども、彼の国より疑心《ぎしん》止むことなく候間、迷惑に候」と信秀に申し送ったのは、こうした歴史的背景によく合致している。だから氏康書状に「十七年」と書かれているのを信用して、天文十七年三月十一日のものと見ても問題ないと私は考えている。いずれにしても、この書状によれば、信秀は今川義元と合意の上で天文十六年に安祥を攻略し、西三河を占領支配したことになり、三河の中世史に問題を提起することになるだろう。

そこで改めて大久保忠教《おおくぼただたか》の『三河物語』を見てみると、

小田《(織)》の弾正の忠《かみ》出馬あって、安祥の城を攻め取ると、ほどなく佐々木の松平左衛門尉殿は弾正の忠と手を結び、広忠へ逆臣をして、岡崎に向かって、渡理《わたり》・筒針《つつはり》に砦を構えた。そのうち酒井《さかい》左衛門尉（忠次《ただつぐ》）は、内々に小田の弾正の忠と心を合わせ、広忠へ難渋を申し懸けてきた。

とあり、勢いに乗って岡崎城をも取ろうとする状況にあった。松平氏一族の内紛に乗じて、信秀は西三河を手中にした。仮に信秀と今川義元の間に密約がなかったとしても、今川義元は対北条作戦に全力を挙げなければならず、天文十四年十月の今川・北条の和睦までは、天文六年二月以降の今川義元の動向を知っていたという信秀の情報収集・分析力にも注目したいところである。

ところで、松平広忠は天文十四年九月二十日に安祥城奪回に出撃したが、逆に城兵と信秀の援兵とに挟撃されて敗走した（『新編岡崎市史』中世）。その一年後の天文十五年九月六日に、広忠は安祥城の北北東八キロの上野城《うえの》（愛知県豊田市上郷町）に籠もる酒井忠尚《ただよし》を攻めて降伏させたというが（『新編岡崎市史』）、天文十四・五年に広忠が矢作川以西へ侵攻できるほど信秀の防備が弱体であったとは考えにくく、上野落城については後でよく検討したい。

ただし、天文十五年九月十四日に、広忠が離婚した於大の方の再嫁先の久松俊勝《ひさまつとしかつ》に書状を送って、尾張国知多郡大野城《おおの》（愛知県常滑市）の佐治為貞《さじためさだ》が広忠に味方するというのを謝したとする『新編岡崎市史』の記述は、『士林証文《しりんしょうもん》』の文書に拠っていることが確認され、広忠による信秀打倒工作も少なからず進められていたことが知られる。

人質松平竹千代の奪取

天文十三年（一五四四）九月二十二日の美濃稲葉山城下での信秀の大敗は、一時的に岡崎城主松平広忠に光明を与えたが、急速に力を盛り返す信秀の動向は、寸時の油断を許さない状況を呈してきた。後述するが、信秀は現在の愛知県吉良町周辺を領する西条吉良《さいじょうきら》氏と清須の斯波義統との間で縁《えん》嫁《か》を結ぶことに成功する（「駿遠軍中衆矢文写」）。このような信秀の重圧に対して、松平広忠は信秀の軍門に降ろうとするどころか、あくまでも信秀に対抗する方針であり、従来どおり今川氏に服属する証として、嫡子竹千代《たけちよ》（のちの家康）を駿府《すんぷ》（静岡市葵区）へ人質として差し出すことになった。岡崎から出発したのは、天文十六年の三月・八月・十月・十一月・十二月の五説もあるが、『新編岡崎市史』や旧『岡崎市史』では、「岡崎雑記」「御庫本三河記」「当代記」によって八月二日としている。竹千代は天文十一年十二月二十六日生まれだから、この年六歳になっていた。広忠は鵜殿長持《うどのながもち》が支配する西郡《にしごおり》（愛知県蒲郡市）から船で送り出したが、「しほみ坂」（今日の静岡県湖西市白須賀の東方の汐見坂）

で三河国渥美《あつみ》郡田原《たはら》(愛知県田原市)の城主戸田孫四郎堯光《とだまごしろうたかみつ》に奪い取られてしまった(『松平記』を引く『新編岡崎市史』)。同市史では、汐見坂奪取から見ると、田原へ上陸したのではなくて、吉田(同豊橋市)上陸説が地理的に見て妥当だとする。吉田には今橋城《いまはし》(のちの吉田城)があり、戸田金七郎宣成《のぶなり》(堯光の祖父政光《まさみつ》の弟)がいたが、天文十五年十一月十五日に今川勢と今川義元の要求を受けた松平広忠勢とに攻め落とされて、今川氏の城代伊藤《いとう》左近将監元実《もとざね》がいた。今川氏の今橋攻めは、戸田氏が信秀に内通し、同盟を結ぼうとしていたことが発覚し、その責めを戸田宣成が一身に受けたためではなかったかといわれ、堯光や弟の二連木《にれんぎ》城主宣光は難を逃れたらしいとされる(『豊橋市史』・『新編岡崎市史』)。

この竹千代奪取は、信秀得意の密使作戦で、信秀と戸田宗光《むねみつ》・堯光の間に秘密の連絡ルートがあり、そうした裏ルートによる秘密交渉で堯光らが行動したとみられる。信秀が出した謝礼は一千貫文(『三河物語』)とも百貫文(『松平記』)ともいわれている。

戸田堯光のお膝元の自治体史『田原町史』では、この謝礼一千貫文に釣られて行動したというのは疑わしいとし、それよりも、天文十一年(一五四二)八月の小豆坂《あずきざか》合戦で今川義元側が敗北したことにより、戸田堯光は今川と織田の戦力評価を行い、織田軍の優勢を見極めたので、内々信秀に款《よしみ》を通じて味方となる決心をした。さらに、祖父以来の尾張国南知多における領土が水野氏に侵略される恐れが多分にあり、信秀と手を結ぶことによって、知多郡の戸田領の保全を計ろうとしたのであるとする。

ところが後述するように、小豆坂の戦は天文十七年三月十九日の一度だけのことであって、しかもこの事件の後に起こった合戦である。そうだとすると、『田原町史』の説は説得力に欠けるものとなる。また、仮に南知多にあったとされる所領が侵略されるとしても、そのために信秀に味方して強大な今川氏を敵にまわすとしたら、一気に本拠地を失うことは明らかであり、そうした単純な理由での行動ではなかったと見たい。『新編岡崎市史』は次のように述べる。

竹千代奪取事件の最大の謎は、戸田氏が永年の今川氏への服属関係を破棄して、なにゆえ信秀と結んだかである。前年の今橋城の戸田宣成滅亡とからめて、戸田氏が抬頭《たいとう》しつつある信秀の勢いをみて、二連木城の宣光は今川方、今橋・田原は織田方という一族二分策で家の存続をはかったとの説もある（豊橋市史）。しかしそれは二大勢力に直接境界を接する場合にとられる方策である。この時点では松平が西三河にあって、戸田は織田とは境を接していない。しかも信秀はたしかに強くはあっても新興勢力であって、いまだ尾張一国を統一するまでにもいたっておらず、駿遠二国を抑えた今川とは大きな格差がある。想像するところ、信秀の遠交近攻策による働きかけがあって、西三河分割案などが提示され、それに田原戸田氏が乗せられたということではなかろうか。それが広忠の抵抗や二連木戸田氏の田原離反と今川義元の敏速な行動によって、計算がはずれたということではなかろうか。

『新編岡崎市史』の場合は、三河国から見た信秀論ということになって、尾張の実情を把握しにくいだろうが、当時の信秀は、尾張一国を統一できない中小新興勢力ということではなくて、信秀はいつでも尾張一国中に頼み勢をかけ得る力を持っていて、さらに西美濃は大垣城を押さえ、穀倉地帯の実効支配をしており、西三河も矢作川以西を領有、守護斯波氏と西条吉良氏の縁嫁も仲介するなど、三ヶ国にまたがる強大な実効支配をしていた。まさに岡崎の松平広忠など一蹴の勢いにあるとみられる状況下で、松平広忠降伏後の所領割当を明示されれば、戸田堯光でなくても乗った相談だったということになるだろう。

ところが、竹千代を人質に取られても、松平広忠が信秀に降伏・帰順することを頑強に拒んだことで、戸田氏は自分の行動が軽率であったことに気付いたが、時すでに遅かったのである。今川氏に攻められて、九月五日に田原城は落城し、田原戸田氏は滅び、城代に伊東左近将監祐時《すけとき》が置かれた。

去る五日、三州田原大原構《かまえ》において、最前線で鑓《やり》を使い戦功を挙げたのは大変すばらしい働きである。いよいよ戦功を挙げるように。

天文十六未年九月十五日　　義元　判

松井惣左衛門殿

（記録御用所本古文書）

信秀は、竹千代を熱田の土豪（豪商）加藤図書助順盛に預けた。六歳の竹千代は、ここで天文十八年までの二年余を過ごすことになるが、順盛は竹千代を大切に扱った。その報恩のため家康は、関ヶ原合戦後になって、順盛の子孫に対して知多郡掛《かけ》村で百四十石余の領地を与えている。

加藤氏はもともと伊勢の出身で、美濃遠山荘地頭職を源頼朝から与えられた加藤景廉《かげかど》の子孫と伝えられる。景政《かげまさ》のときに伊勢から熱田に移住して商売を始めて、五代目の景繁《かげしげ》（永正二年〈一五〇四〉没）のときには熱田で一・二の有力者になっていた。代々図書助を名乗り、その子順光（天文十六年没）と延隆《のぶたか》（元亀二年〈一五七一〉没）兄弟のときに東西二家に分かれた。竹千代を預かった順盛は、本家（東加藤）の当主で順光の子である。「那古野城の修築と熱田の支配」のところで掲げたように、信秀は延隆の商売の保護育成に努め、さらに天文十二年には、信秀が俵物《たわらもの》などの海陸運送の自由通行権を保証した。

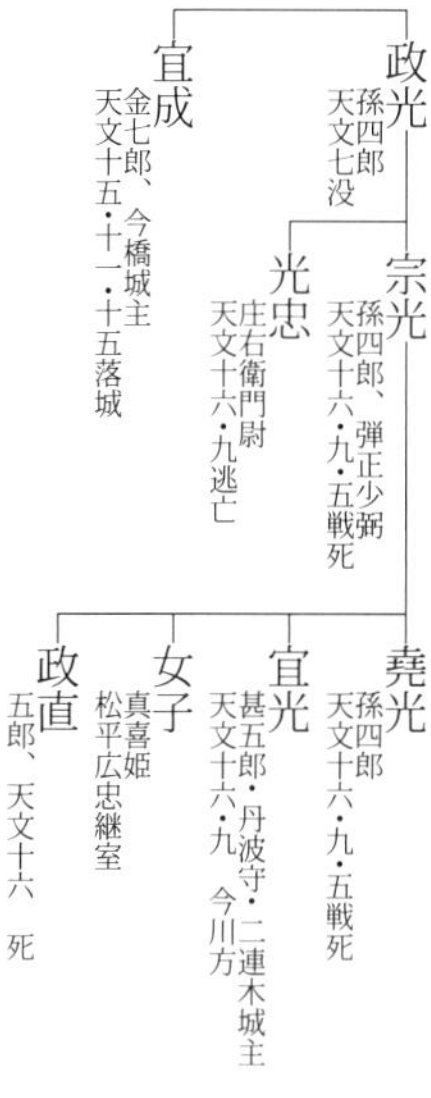

系図 11　戸田氏略系図

順盛の東加藤家には、残念ながら天正以前の文書が伝来しなかったので（温故会史料葉書第61号）、中世末天文年間の様子を知ることができないけれども、西加藤家以上に田畑・浜野の集積があり、熱田神宮南側の海に面した「羽城《はじょう》」に住んでいた。東加藤家は、中

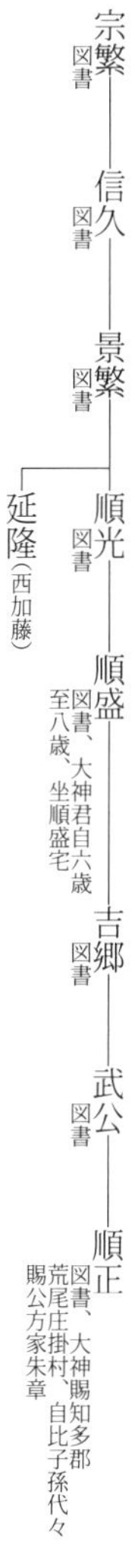

系図 12
熱田加藤氏
略系図

世城館的なこの羽城を買い取って住居地にしており（『名古屋市史』地理編）、ここに竹千代を預かったのである。竹千代の御供につき従っていたのは、石川《いしかわ》与七郎・阿部《あべ》善九郎・天野《あまの》三之助の三名であった（旧『名古屋市史』地理編所載「熱田千百旧記」）。

加藤氏は商家であるから、おそらく代々、熱田神戸町の時宗円福寺《じしゅうえんぷくじ》の檀徒でなかったかと私は推定する。その後、同氏の武士的色彩の強化とあいまって、延隆は永正年中（一五〇四～二一）に臨済宗妙心寺派の南溟紹化《なんめいしょうか》を招いて旗屋町に龍珠庵《りょうしゅあん》（のち龍珠寺）を建て、順盛は天文八年に叔栄宗茂《しゅくえいそうも》を招き、市場町に海国寺《かいこくじ》を建てた。そのうえ順盛は子息（仁峰永善《にんぽうえいぜん》）を入門させ、仁峰は海国寺二世をつとめるなど、次第に禅宗への帰依を深めていった（『名古屋市史』社寺編）。

小豆坂の戦は一度だけ

小豆坂の戦はほぼ同じ場所で二度あったといわれ、一回目は天文十一年（一五四二）に今川義元が自ら出陣し、信秀と戦い、織田軍は小豆坂の七本鎗といわれる武将の活躍で今川軍を打ち破ったという。二回目は天文十七年で、織田の勢力を西三河から一掃することを目指した今川義元は、同年三月、軍師で臨済寺《りんざいじ》の塔頭雪斎《せっさい》の禅僧太原崇孚《たいげんそうふ》を大将として、今川軍を出陣させた。今川勢は御油《ごゆ》（愛知県豊川市）を経て藤川《ふじかわ》（同岡崎市）に陣を置き、小豆坂の西に位置する上和田《かみわだ》砦（岡崎市）を攻撃しようとした。双方の軍勢がお互いに襲撃しようとして暗闇を進むうち、小豆坂を登り詰めた所で両軍が鉢合わせになって戦闘が起こった。

しかしながら、信秀の稲葉山攻めが天文十三年九月二十二日と同十六年九月二十二日の二度もあったと一般には広く信じられていながら、実は天文十三年の一度だけであったように、まったく同じような戦が一度ならずも二度もくり返されるとは考えがたい。

『信長公記』を見ると、八月上旬の安祥攻略につづいて「あづき坂合戦の事」が書かれていて、この戦のほかに二度目の戦の記事がない。該当部分を掲げてみる（現代語訳）。

小豆坂古戦場　愛知県岡崎市

あづき《（小豆）》坂合戦の事

八月上旬、駿河衆は三川《みかわ》の国正田原へ進出、七段に人数を構えた。その折に、三川の内、あん《（安）》城という城を織田備後守が占領確保した。駿河の山原（庵原《いはら》か）が先懸けで、あづき坂へ人数を出してきた。すぐ備後守もあん城より矢はぎへかけ出で、あづき坂で備後殿の御舎弟衆与二郎《よじろう》殿・孫三郎殿・四郎二郎殿をはじめとして、戦端を開いた。そのとき良い働きをした人は、織田備後守・織田与二郎殿・織田孫三郎殿・織田四郎二郎殿・織田造酒丞《みきのじょう》。これは鎗疵《やりきず》を受けた。内藤勝介はかなりの武者を討ち高名をあげた。清洲衆の那古野弥五郎は討ち死に。下方《しもかた》左近《さこん》・佐々《さっさ》隼人正・佐々孫介・中野又兵衛・赤川彦右衛門・神戸市左衛門・永田次郎右衛門・山口左馬助《さまのすけ》らが三度四度と今川軍にかかり合い、おのおの手柄を立てた。まさに激戦であり、那古野弥五郎の頸《くび》は由原《よしはら》が討ち取ったという。その後、駿河衆も兵を引き、合戦は終わった。

また『三河物語』でも、小豆坂の戦は今川勢が安祥城を攻略する前年のこととして、一度だけの小豆坂合戦の様子を書き留めている（現代語訳）。

弾正忠は駿河衆が進軍してくるのを聞いて、清須の城を発して、その日は笠寺・鳴海に陣取った。夜明けとともに笠寺を発ち、安祥に着いた。それから矢作河の下《しも》の瀬《せ》を越えて、上和田の砦に移り、夜明けとともに馬頭の原へ押し出して陣を張るべく、未明に出発した。駿河衆も上和田砦を攻めようと、これも未明に出発した。藤河と上和田は一里ほどあるが、山道のことだから、互いに見つからないまま進み、小豆坂へ駿河衆があがったところ、織田三郎五郎殿を先手として敵もあがり、鼻合わせとなって互いに動転した。落ちつく間もなく互いに旗を立て、合戦となった。しばらく戦ううちに三郎五郎殿が打ち負けて盗人来《ぬすびとき》まで退却した。盗人来には弾正忠の旗が立っていたので、ここから再び盛り返して戦い、小豆坂の下まで押し戻したが、また追い返された。その時の合戦は対々《たいたい》（引き分け）とは言うが弾正忠のほうは二度も追い返され、そのうえ人も多く討ち死にしたので、結局駿河衆の勝ちとの風評である。

その後、駿河衆は藤河へ引き入り、弾正忠は上和田へ引きあげた。それから安祥へ引き、安祥には舎弟（庶子の誤り）の織田三郎五郎殿を置いて、弾正忠は清須（古渡の誤り）へ引きあげた。三河で小豆坂の合戦と申し伝えるのは、この一件である。

次に、この戦を確実な史料で検証するために、戦の直後に出された文書を掲げることにする（いずれも現代語訳）。

①今川義元感状（記録御用所本古文書、『静岡市史』中世近世史料）

今月十九日、小豆坂の横鑓《よこやり》、くらべなき軍忠に励まれ、感激した。この賞としてその国（三河）で千貫文の地を増知する。以後は相違なく、この約束は明鏡である。ますます忠勤に励むように。

天文十七

三月廿八日　　義元　判

西郷弾正忠左衛門尉殿

②今川義元感状（記録御用所本古文書・松井氏書上、『駿河の今川氏』第四集）

去る三月十九日、西三河の小豆坂で尾州と駆け合い最前へ馬で進み、粉骨を尽くした。宗信《むねのぶ》はそこで為《しんがり》をつとめ、よく働いた。感悦の至りであり、ますます軍忠に励むように。

天文十七戊申年

四月十五日　　義元　判

松井惣左衛門殿

③今川義元感状（『藘簡集』残篇 三・朝比奈永太郎所蔵文書）

去る三月十九日、三州小豆坂で織田弾正忠と出合い、敵味方の戦で部下と共に最前へ馬で進み、太刀を振って働き、感じ入った次第である。

天文十七

七月朔日　　義元　判

朝比奈藤三郎殿

織田・今川両軍が鉢合わせをした小豆坂の故地は、愛知県立岡崎工科高等学校の東の旧道の峠にあり、岡崎市大西町が戸崎町と羽根町とに突出した部分にあたる。大正六年（一九一七）一月十五日に愛知県が建てた碑文には、

此付近一帯を小豆坂と称す。天文十一年、織田信秀の兵、今川義元の兵と戦ひ、後一向宗一揆の際、亦屢々《たびたび》此地に戦へり。

とある。天文十一年というのは、前述したとおり天文十七年の誤りである。この合戦で押され気味になった織田軍の中から、信秀の弟の信光ら七人の武将が前線に飛び出し、長槍を振り廻して今川勢を次々に倒した。そのため形勢は逆転し、織田軍が勝ったといい、激戦後に槍の血を洗ったのが血洗《ちあらい》池《いけ》で、七勇士が槍を立てかけて休んだ所を「鎗立松《やりたてまつ》」という。その旧地は小豆坂を北東へ下がった

光ヶ丘女子高等学校前の十字路付近で、岡崎市戸崎町牛転《うしころび》の民家の庭に石碑が残る。昭和二十六年（一九五一）、栗田元次著の『織田信秀公四百年記念・織田信秀の功業』によれば、その七勇士は、織田孫三郎信光・織田造酒之丞・岡田助右衛門直教《なおのり》・佐々隼人佐勝通《かつみち》・同弟孫助勝豊《かつとよ》・中野又兵衛忠《ただ》利《とし》・下方孫三郎の七名だという。

なお『信長公記』の記述によると、小豆坂合戦は三月ではなくて八月上旬のこととし、しかも天文十三年九月に討ち死にした織田与二郎の参戦を書いているので、これが事実ならば、天文十三年以前のことになるけれども、今川義元が出した感状や『三河物語』による限りでは、天文十七年三月十九日の一度だけと考えなければならない。

鵜殿長持・飯尾乗連をめぐる作戦

鵜殿長持という武将は、三河国上之郷《かみのごう》城主で、西郡すなわち今日の愛知県蒲郡市に勢力を張った土豪である。蒲郡は三河湾に面し、東三河の西端に位置している。三ヶ根《さんがね》山地を隔てた西方十五キロほどの吉良町には、斯波氏と縁嫁を結んだ東条吉良氏がおり、また竹谷《たけのや》松平氏・五井《ごい》松平氏・形原《かたのはら》松平氏など、松平氏一族に囲まれている感がある。そのためもあって、長持の姉妹は竹谷松平清善《きよよし》の妻になっている。しかし、永禄三年（一五六〇）の桶狭間《おけはざま》合戦とともに家康が三河平定に乗り出すと、長持の子長照《ながてる》は竹谷松平氏と敵対し、同六年に敗れた（高橋一九七三）。

これより前、鵜殿氏は永正三年（一五〇六）の北条早雲（伊勢宗瑞）による西三河出陣に与力し、以後、今川氏に属した。長持は今川義元の姉妹を妻に迎えたほどだから、強力な今川氏武将として近隣を監視していたことになる。

次に、飯尾乗連《いのおのりつら》は引馬城主、つまりのちの浜松城主であった。以前は尾張の斯波氏に与同する大河内貞綱が在城していて、永正十四年に落城・敗死したあと、引馬城下は今川氏の支配域になったので、その武将である飯尾長連《ながつら》が入城した。飯尾氏は元来、三河吉良氏の代官であったというが、今川氏配下に転じたとされる。長連の子の善四郎賢連《かたつら》が大永二年（一五二二）頃に相続し、天文十年代（一五四一～五〇）は子の豊前守乗連の代になっていた。

内閣文庫所蔵の『古証文』五に、鵜殿長持・飯尾乗連両名が登場する文書があるので紹介する（現代語訳）。

あなたの手紙をよく拝見した。すなわち信秀から飯豊（飯尾豊前守）への書状をそっと見ました。書状の内容はざれ事であろう。ただ今は飯尾氏と今川方の和議交渉中のことだから、飯尾豊前守へは渡さないほうがよい。私共が預かり置くことにする。要するに同じ例は多く、項羽《こうう》・高祖《こうそ》の戦が支那四百州の人民の煩になったのも、ただ両人の対立のみによるのであり、決戦に項羽が打って出たとき、高祖は敵の調略を見破って勝利を得たという。そして漢《かん》の国七百年の基をつくった。たとえこの書状を豊前守が見ても、信秀の計策には同意しないだろう。ただ駿河・遠江の若武者が聞けば、また朝比奈《あさひな》蔵人や庵原《いはら》氏をはじめとして、同意者が出ないとも限らない。このことがあるので去年以来、私の努力もなかなか進展していない。とにかく無事が何よりである。使者の武（武井か）新二から詳しく話すので、よく相談してほしい。恐惶謹言。

鵜殿

（天文十七年か）三月廿八日　長持

安心

参御報

この書状の宛先の「安心」というのは安心軒という人物にあたるだろう。「水野十郎左衛門信近」のところで紹介した徳川黎明会所蔵文書で、斎藤利政（道三）から安心軒・瓦礫軒に宛てた書状に見える安心軒と同一人物ということになり、この安心軒は瓦礫軒と共に尾張小河城主水野信近の側近の人物なのである。

この鵜殿長持の手紙によれば、信秀は「飯豊」すなわち引馬城主の飯尾豊前守（乗連）に密書を出した。その密書は安心軒が使者になって引馬城へ向かう手はずになっていたか、あるいは安心軒が信秀の密使を捕らえて密書を奪ったと考えられる。安心軒はいずれにしても、この密書を飯尾乗連に届けるべきか否かを主人の水野信近に諮り、結論としてこれを西郡（蒲郡）の鵜殿長持のもとへ送ったのである。

長持は、「飯尾乗連は一時的に今川方と不和になり、今ちょうど和儀が調う直前のところで、しかも信秀の言うことはざれ事だから、乗連には知らせないで私が預かり置く」と言い、たとえこの密書が乗連のもとに届いていたとしても、この誘惑に乗るような人物ではないだろうと予測した。文中で「去年以来、私の努力もなかなか進展していない。とにかく無事が何よりである。」と言っているのは、天文十六年八月に西郡から船出して駿府へ向かった竹千代が、戸田堯光に奪われて信秀のもとへ送られてしまった事件を指しているのではないか。長持の西隣に拠る吉良氏はすでに信秀と同盟関係にあり、田原の戸田氏が信秀に通じて事件を起こしたことに代表されるように、東三河の諸将の間に動揺が大きくなっていたことは事実と見てよいだろう。すかさず信秀は、東三河を越えて遠江の諸将にも謀略の手をつけていた。なかでも吉良氏の元被官であった引馬城主飯尾乗連は説得しやすい。飯尾家は元来吉良氏のために尽くすべき家柄であり、今川氏に忠誠を致すことの不合理を説いて、遠江の反今川分子を結集し、東三河を信秀と乗連の手で挟み討ちにすることを説いたのだろう。

系図13　鵜殿氏略系図

天文十七年三月十九日には小豆坂で信秀軍と今川軍の衝突が起こり、双方互格の戦に終わったことで、信秀の実力が軽視できないことを駿河・遠江の諸将は再認識したばかりである。三月二十八日付の鵜殿長持書状は、まさにこの時に当てても矛盾は少ない。さらにはまた、信秀の支配下で服従しながらも、今川方と水面下で通じるという小河城主水野信近の両面作戦は、乱世に生きる中小土豪ではやむを得ない方式であり、この作戦をとっていたがゆえに、天文十八年以降、信秀の勢力が三河から消えても、そのまま水野氏は存続することができたのである。

西美濃攻略戦と大垣落城

小豆坂合戦後、東部戦線は小康状態となったが、同年（天文十七〈一五四八〉）十一月に入ると、斎藤道三が織田藤左衛門（播磨守）の守る大垣城（岐阜県大垣市）を攻めた。『信長公記』には次のようにある（現代語訳）。

　大柿《(垣)》の城へ後巻の事

十一月上旬、大柿の城近くへ斎藤山城道三が攻め寄せて来たという連絡が次々に入った。すぐに援兵を出すために、十一月十七日、織田備後守は清洲・岩倉へ憑《たの》み勢をかけ、木曽川・飛驒川の大河を舟で渡って美濃へ乱入した。竹が鼻（岐阜県羽島市）に放火して、あかなべ口（岐阜市茜部）であばれ、所々に烟《のろし》をあげたところ、道三はびっくりして、虎口《こぐち》（城門）を広げて井の口居城へ引き入った。

このように、備後守は軽々と兵を出し、御手柄を挙げた次第である。

年号の記載がないので、相対的な関係でその位置づけを行うより方法がないが、この記事に続いて次の記事がある（現代語訳）。

上総介殿形儀《ぎょうぎ》の事

十一月二十日、この留守に尾張のうち清洲衆、備後守殿の古渡新城へ兵を出し、町口を放火して、敵対の構えを見せた。これを知った備後守は帰陣し、これ以後対立状態となった。平手中務丞は清洲の重臣坂井大膳・坂井甚助・河尻与一《かわじり》らに対して、敵対の不利を諭す手紙を数度送ったが、和平工作は成立しなかった。翌年秋の末に至ってようやく和儀が整った。

このように、道三の大垣城攻めに対応して出兵した信秀の留守中に、清須衆が信秀の古渡新城へ兵を出して、信秀を牽制する動きを見せたのである。そして以後、一ヶ年にわたって信秀と守護代織田大和守との間は不和・敵対という状況になったという。

ところで、「安祥城の経営」項で紹介した信秀宛て北条氏康書状に、「そもそも清須より御使《おつかい》ならびに貴札《きさつ》に預り候」と書かれているように、少なくとも天文十七年三月までは信秀と清須の守護や守護代との親密な関係は続いていることが確認されるので、清須衆の離反はこれ以前ではあり得ない。まずは天文十七年十一月の事件と考えるべきだろう。

そうすると、長山寺《ちょうさんじ》（岐阜県揖斐川町谷汲長瀬《たにぐみながせ》）所蔵の鷹司《たかつかさ》系図の記事とも矛盾が生じない。

（鷹司政光《まさみつ》の条）

四郎右衛門尉

佐宮四郎とも言う。

天文十七年八月、尾《び》の織田が当国へ乱入。所々で合戦。織田治郎討捕。同二十五日饗庭《あえば》城合戦。味方敗軍する。八郎大輔康門《はちろうだゆうやすかど》・鵜飼弥八郎・筑摩弥三吉長《よしなが》討ち死に。政光は今度の戦で大功あり。同十一月牧野合戦。十一月晦日より十二月四日に至る。孫八郎光政・山田又七・長瀬新兵衛・同七郎・吉田伝兵衛・佐藤新五郎・足立与次郎・牧村源七郎・横幕彦三郎・河村市郎兵衛が同時に討ち死に。長瀬城灰尽となる。

天文十七申年《さるのとし》十二月朔日討ち死に。

　宗観院善心禅定門

（政光の弟・光政《みつまさ》の条）
　孫八郎、左近右衛門、
天文十七申年十一月晦日、牧野討ち死に。宗玄禅定門、

また、大垣市青墓に所在する円興寺《えんこうじ》過去帳にも、この一連の合戦での戦死者が記載されているので紹介する。

天文十七・八・廿五　長善禅定門　筑摩弥三右衛門、饗庭において討ち死に、
天文十七・十二・一　善心禅門　鷹司四郎政光討捕、
天文十七・十二・三　宗善禅定門　横巻彦三郎定明、五十一歳、大蔵丞定良次男、谷汲の口牧野に

おいて討ち死に、

これらの史料によれば、『信長公記』の記すように茜部口で少しばかりの攻撃をしかけたのは陽動作戦にすぎず、信秀の本隊は西濃揖斐川方面を北上し、谷汲までも兵を進めていった。これが八月のことで、一族の織田治郎が討ち死にしたものの、八月二十五日の饗庭城合戦（岐阜県大野町相羽《あいば》）では鷹司康門らが討ち死にして信秀方が勝った。戦線はこのあと一時膠着状態を呈したが、三ヶ月後の十一月晦日からの牧野合戦（谷汲中学校付近）では、十二月四日までの五日間にわたる激戦となり、再び美濃勢は負けて多数の武将が討ち死にし、ついにその東方二キロにある鷹司氏の本拠長瀬城（岐阜県揖斐川町）も落城したのである。こうして大垣から北方の谷汲に至る根尾《ねお》・揖斐川以西の地はほとんど信秀の手中に落ちるかに見えた。しかし、『信長公記』が記すように十一月二十日には清須衆の反逆による古渡新城の危機が発生した。この急報に接した信秀は、即時に兵を尾張へ徹収せざるを得なくなった。思えば天文元年の信秀と清須衆との和睦以来、一度たりとも不調和はなく、完全に守護斯波氏と守護代織田大和守を信じ切って行動してきたが、ついに破局が訪れたことになる。

清須衆離反の背後には、斎藤道三の策略があることは疑いのないことで、道三が清須衆に密使を送って蜂起を促したらしい。信秀は天文十三年九月の大敗に続いて、またしても道三の戦略にしてやられたのである。道三は信秀が兵を引きあげたのを見て、すぐさま兵を出し、大垣城を攻撃した。『美濃諸旧記』に、

是に依って道三再び出馬し候、終に織田播磨守を攻出し、大垣の城を受取りて竹腰《たけのこし》を入れ置きけるなり、

と書かれている通り、道三は大垣城を奪回することに成功し（旧『大垣市史』）、逆に信秀は天文十三年以来の美濃の領土をまったく失うに至った。

古渡築城と信長の婚約

『名古屋城史』では、古渡築城は「天文十一年というのが正しいように思われる。この城址はのち藩政時代に入ってから東本願寺に与えて別院とした」とする。大正五年（一九一六）に刊行された『名古屋市史』の地理編では、天文三年（一五三四）築城説をとっていて、現地の城址の看板なども同様である、また、平成二年（一九九〇）に城址の一角にある読売新聞社屋建設予定地で行われた発掘調査でも天文三年説を採っている。しかし、前節で掲げた『信長公記』に古渡新城の名が見え、その記事は天文十七年十一月二十日のことと推定したとおりで、天文三年や天文十一年というような古い時期の築城ならば、著者の太田牛一も「新城」としなかったのではないか。

天文三年に生まれた信長は、天文十七年には十五歳を迎えていた。当時の元服は十三・四歳であり、元服前の若年の信長を那古野城に一人残して信秀が古渡城へ移る必要もなく、また、天文十三年九月に連歌師宗長が訪れた城も那古野城であり、『宗長手記』には父子共に生活している様子が書かれて

いる。したがって、信秀の新城移転は少なくとも天文十四年以降であることは間違いない。信長の元服は天文十三年以前であるが、その後しばらくして、信長を那古野城で独立させ、自らは古渡に新城を築いて天文十五・六年頃に移った可能性が強い。古渡城址碑文に「信長元服之処」と彫られているが、これまた誤りとすべきで、那古野城時代、信秀と同居中に元服したことは『宗長手記』から容易に推定できる。

さらなる雄飛を目指していた信秀は、天文十七年十二月に至って清須離反と同時に美濃から完全にしめ出され、対美濃戦略は振り出しに戻ってしまった。何よりも国内を平穏にしなければならないために、信秀は老臣平手政秀と図って美濃の斎藤道三との講和に成功する。そうなると、清須衆としては権威はあっても武力で信秀に対抗しうる力はないので、前節で掲げた『信長公記』にあるように、清須のおとな衆坂井大膳・坂井甚助・河尻与一と平手政秀との間で、天文十八年秋に和睦が成立した。奥野高広氏は『織田信長文書の研究』のなかで、この事件を契機に守護代織田大和守達勝が退き、彦五郎信友《のぶとも》が守護代になったのであろうとされるが、達勝は天文十三年以後史料に見えなくなるので、そうした見方もできる。しかし、老練な達勝が存命しておれば、このような軽率な行動はとらなかっただろうから、むしろ彦五郎への代替りがこの直前になされていて、彦五郎を囲むおとな衆（老臣たち）の判断で、信秀離反政策の決定がなされたのではなかったかと思う。

さて、道三と信秀の講和後、道三の娘を信長の妻に迎えることになった。いわゆる濃姫《のうひめ》であり帰《き》

蝶《ちょう》である。『信長公記』には、

平手中務才覚にて、織田三郎信長を斎藤山城道三聟に取り結び、道三が息女尾州へ呼び取り候ひき、然る間、何方も静謐なり、信長十六・七・八までは、別の御遊びは御座なし、

とある。婚約後まもなく入輿したものと解釈されるが、『武功夜話《ぶこうやわ》』補遺の千代女書留《ちよじょかきとめ》では、信秀の卒去から五・六年も過ぎた弘治二年（一五五六）三月、つまり道三が子の義龍《よしたつ》に討たれる一ヶ月前に、平手政秀のとりなしで婚儀が行われたとする。この書留は小豆坂の戦を天文十一年、稲葉山攻めを天文十六年、松平清康の守山崩れも天文十一年とするなど、事件の年次に誤りが多くみられるので、そのまま鵜呑みにして『信長公記』の記述を排除するわけにはいかない。本書ではこれまでも述べてきたように、ある程度『信長公記』を信頼し、『武功夜話』は参考にする程度として記述することにする。

道三の女子としては、まず第一に土岐頼純《よりずみ》の正室になった姫を挙げる必要がある。土岐次郎頼純は、前守護土岐頼武《よりたけ》の嫡子と考えられる人で、土岐頼芸の甥にあたる。しばらく美濃を追われて越前一乗谷《いちじょうだに》（福井市）の朝倉孝景《あさくらたかかげ》のもとにいたが、天文十五年の和議によって再入国し、大桑城《おおが》（岐阜県山県市）へ入った。このことは永泉寺《えいせんじ》（愛知県犬山市楽田）を開創した泰秀宗韓《たいしゅうそうかん》の語録『永泉余滴《えいせんよてき》』に、

仙岳号《せんがくごう》

先師の大猶慈済《だいゆうじさい》禅師、登公首座《とうこうしゅそ》に字《あざな》をつけ、仙岳という。公は先師の愛弟子で、その座下に居ることと長らくであった。天文甲辰（十三）の冬、濃の西東に戦乱が起き、公はこれを避けて尾《び》の

永泉寺に寄遇した。そうして三度の蛍雪《けいせつ》を見て、天午《てんうま》（天文十五年）秋のすえ（九月）に、濃が
和親の策をもって君臣が打ちとけ合った。（下略）

とあり（現代語訳）、仙岳登公首座は泰秀宗韓と同じく興宗宗松《こうじゅうそうしょう》（大猶慈済禅師）の弟子で、すでに岐阜県郡上市美並町から岐阜市大宝寺町へ移建されていた大宝寺にいて、天文十三年九月の信秀・朝倉氏による稲葉山攻めの戦乱を避けて永泉寺へ疎開をした。先輩の泰秀のもとにいること三年にして、天文午年《うまどし》の秋、つまり天文十五年九月になって美濃で内戦の講和が成ったので帰途につくというのである。

事実、天文十五年九月二十一日付で近江の六角定頼が、岐阜県垂井町の岩手弾正忠に宛てて、「岩手に至って次郎殿御出発、供奉《ぐぶ》の由《よし》に候、此の節軍功に励まるべく事肝要《ことかんよう》に候」と手紙を出していることから（大垣市立図書館蔵「岩手文書」）、土岐頼純の美濃帰国が証明される。

ところが、それから一年を経過した天文十六年十一月十七日、頼純は大桑で急逝する。その死因等については、永禄三年（一五六〇）七月二十一日付の六角承禎《じょうてい》条書（『岐阜県史』所収「春日文書」）に、

又、（義龍の）父左近大夫（道三）代々惣領なるを討殺し、諸職を奪い取り、彼《か》の者（道三）斎藤同名《どうみょう》に成りあがり、あまつさえ次郎殿を聟に取、事を左右によせ、生害させ申、其外兄弟衆あるいは毒害《どくがい》、あるいは隠害《いんがい》にて、悉く相い果たし候、

と書かれていて（読み下し）、頼純に道三の娘が嫁して講和が成立したものの、事を左右によせて自

殺をさせたというのである。その墓は大桑城下の南泉寺《なんせんじ》（山県市）にある。当然、娘は再び道三が引き取ったのであろうが、私はこれが濃姫で、その二・三年後に信長と婚約したと見ている。濃姫の再婚説がここに登場する。

余談になるが、信長の男子のうち信忠は弘治三年（一五五七）、信雄は永禄元年（一五五八）に生まれ、三男信孝《のぶたか》も永禄元年に熱田で生まれたといわれる。信忠・信雄の母は生駒《いこま》氏、信孝の母は坂《ばん》氏で、信孝は信雄より二十日も早く生まれたものの、申し出が遅れたので三男になったという（『織田信長事典』）。ところが『武功夜話』によれば、信忠の出生は弘治元年正月だといい、一五六九年六月一日付（永禄十二年五月十七日）の宣教師ルイス・フロイスの書簡によれば、同年にフロイスが岐阜城を訪れた際に会った信長の子息は、「年長なるは十三歳にして、年若きは十一歳」だとある（『大日本史料』）。

これが数え年を聞いてそのままフロイスが書き留めたのだとすると、信忠は弘治三年、信雄は永禄元年で間違いないことになる。天文十八年に満十五歳の信長のもとに入輿した濃姫に、五・六年を経過しても子ができないために、信長は愛知県江南市小折の生駒家の娘吉乃《きつの》を妊娠させた。それが弘治二年ということになるだろう。

また、信長の妻となった濃姫は、慶長十七年（一六一二）七月九日に亡くなり、法名は養華院殿要津妙玄大姉であるとのことを、岡田正人氏が『歴史読本』平成四年三月号に発表されたが、濃尾地方の研究者間では疑問視する声がある（たとえば『中日新聞』平成五年一月二十二日付、山田寂雀氏説）。

濃姫の遺髪塚　岐阜市・西野不動前

私も同様であるが、最近、お茶の水図書館所蔵の『快川和尚法語』に、甲斐恵林寺《えりんじ》（山梨県甲州市）の快川紹喜による「雪渓宗梅大禅定尼小祥忌語」があるのを発見した。これには、雪渓宗梅は岐陽太守鍾愛《しょうあい》の女性で、天正二年（一五七四）十二月二十五日に、その一周忌にあたり、遠く離れた恵林寺で法要を執行すると書かれている。

信長は天正三年十一月二十八日に家督（および美濃・尾張）を嫡男の信忠に譲り、翌年二月に安土《あづち》城（滋賀県近江八幡市）へ移ったので、天正二年時点の「岐陽太守」は信長を指すことは明白である。その鍾愛の女性とは誰であろうか。信長の側室生駒氏（吉乃）は、永禄九年（一五六六）に小牧山《こまきやま》城（愛知県小牧市）で亡くなっており、側室のお鍋《なべ》は天正十年の本能寺《ほんのうじ》の変《へん》のときには安土城にいて、即時に岐阜の崇福寺《そうふくじ》へ避難した。そうすると、天正元年十二月二十五日に亡くなったのは、濃姫以外にはないことになる。翌天正二年正月には、信長は女性の画像を二幅描かせ、京都の五山の名僧策彦周良《さくげんしゅうりょう》に画賛を書くように命じている。この画像もまた、濃姫を描いたものであった可能性が高い（鶴舞図書館『郷土文化』二〇七号、二〇九号掲載の拙稿「濃姫の死去の時と場所をめぐって」を参照）。

前書きが長くなってしまったが、快川がなぜ遠く離れた恵林寺で、しかも一見何の関わりもないと思われる濃姫の一周忌を行ったかということである。前述したように、おそらく濃姫は大桑城主土岐頼純夫人であり、快川は頼純の菩提寺として天文十五・六年頃に建てられた南泉寺に、師の仁岫宗寿に近侍して住山していたので、天文十六年十一月の頼純の葬儀には、濃姫は喪主として出席し、快川とも親しく言葉を交わしたことが考えられる。この薄幸の女性が信長に嫁し、そして亡くなったことを聞き、快川は思わず供養せざるを得なくなったのではないかと思うのである。

今日、岐阜における濃姫の遺跡として、岐阜市の柳ヶ瀬の北一キロほどの西野町にある西野不動前の大榎《えのき》の根元に濃姫遺髪塚がある。戦後立て直された墓碑には、「南無妙法蓮華経、寛文五乙巳暦八月二十五日、法性院妙法寵《ちょう》尼《に》」との銘文が復刻されている。

今川氏の吉良攻略戦と安祥城陥落

天文十八年（一五四九）三月六日、松平広忠が家臣の岩松《いわまつ》八弥《はちや》に殺されるという事件が発生した。広忠は、『三河物語』によればまだ二十三歳の若さであった。岩松八弥は、元来は西広瀬《にしひろせ》城（愛知県豊田市猿投町西広瀬）城主佐久間《さくま》九郎左衛門尉全孝の家臣で、信秀の意向を受けて偽って岡崎城主の広忠に仕え、暗殺の機会をねらっていたもので、先に守山城で松平清康を殺した阿部弥七郎を討ち取った植村新八郎が、現場で八弥を討った（『愛知県史』・『豊田市史』）。この急報に接した今川義元は、急ぎ岡崎城へ城代を派遣して信秀の進出を防ぐとともに、陽動作戦として三月十八日に安祥城を攻めたという。

今川義元は、さらに軍師の太原崇孚（雪斎和尚）を岡崎城へ出張させ、松平一族とその家臣が信秀の誘いに乗って離反することを防がせた。なにぶんにも広忠の子竹千代（家康）は、信秀が人質に取って熱田に置いているので、主人を失った岡崎城の武将たちが信秀の軍門に降る恐れは充分にある。

ついで、軍備を整えるのに約半年をかけた太原崇孚は、九月初旬に岡崎を発し、荒川山《あらかわやま》（愛知県西尾市）へ陣を張り、吉良氏の諸城を攻略し始めた。その際に無量寿寺《むりょうじゅじ》（西尾市）へ出した禁制が二点ある。次に掲げよう（現代語訳）。

制札　無量寿寺

軍勢や甲乙人《こうおつにん》が乱妨狼藉をすることを堅く禁止する。もし違反の者があれば厳科に処す。

天文十八
九月十日
前伊豆守（花押）
前豊前守（花押）
前紀伊守（花押）
雪　斎（花押）

制札《はっか》無量（寿脱）寺

軍勢や甲乙人が乱妨狼藉をすることを堅く禁止する。もし違反の者があれば厳科に処す。

天文十八

九月十二日

前豊前守

前紀伊守（花押）

雪　斎　（花押）

この禁制によって、少なくとも九月十日には太原崇孚軍の先鋒が無量寿寺近くに達し（寺は羽《は》塚《つか》山にあって、のちに一キロ西の平坂へ移った）、さらに九月十二日付の禁制には、前豊前守すなわち飯尾豊前守乗連の署名がないところを見ると、乗連ら一部の隊は雪斎のいる本陣

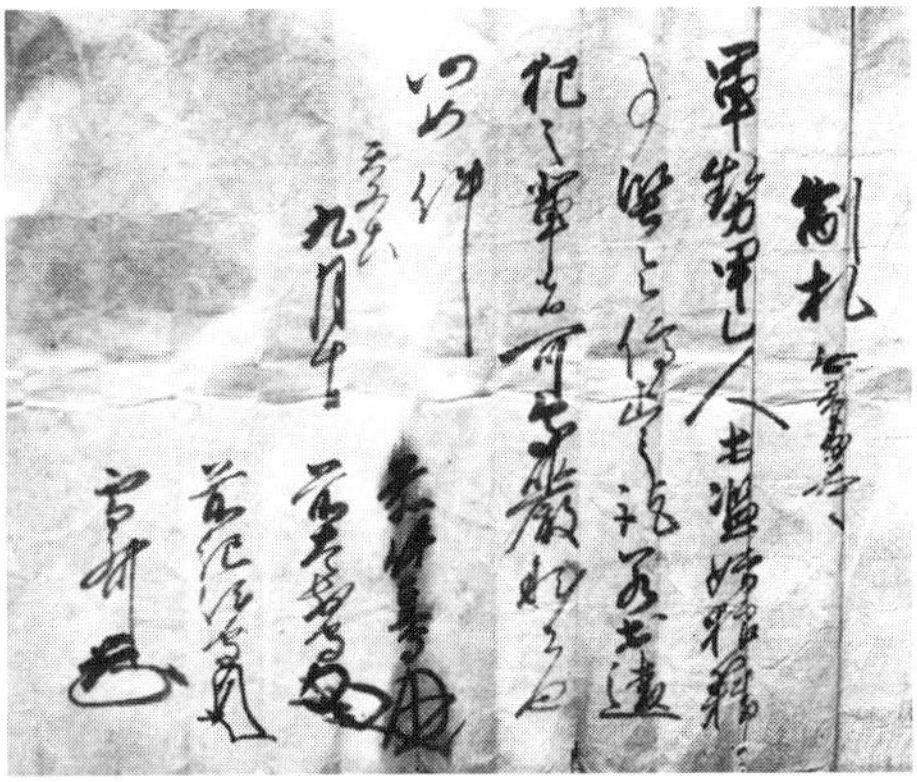

天文 18 年 9 月 10 日付け太原雪斎等連署制札　愛知県西尾市・無量寿寺蔵

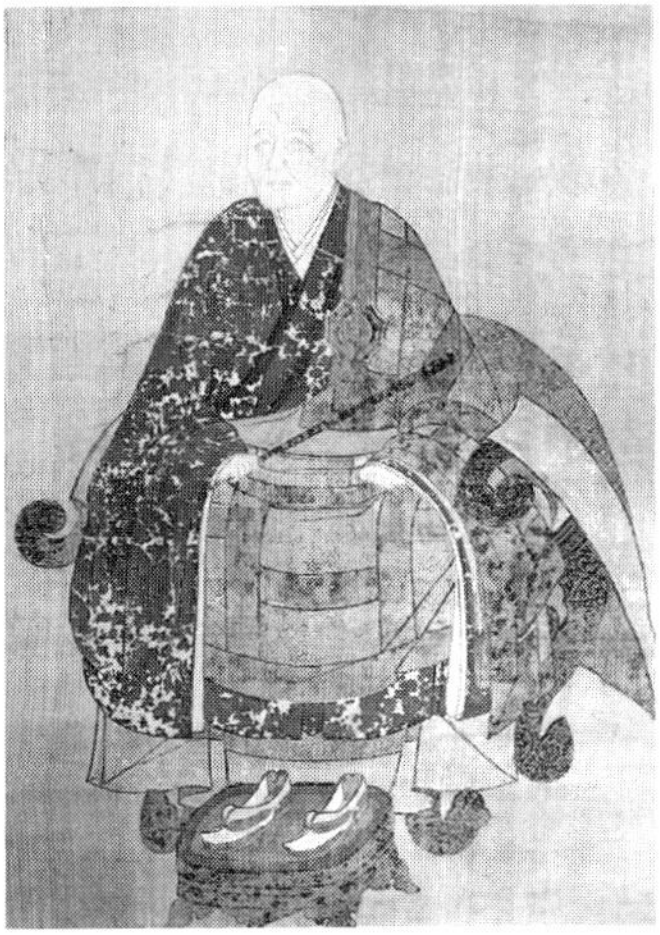

太原崇孚画像　静岡市清水区・清見寺蔵

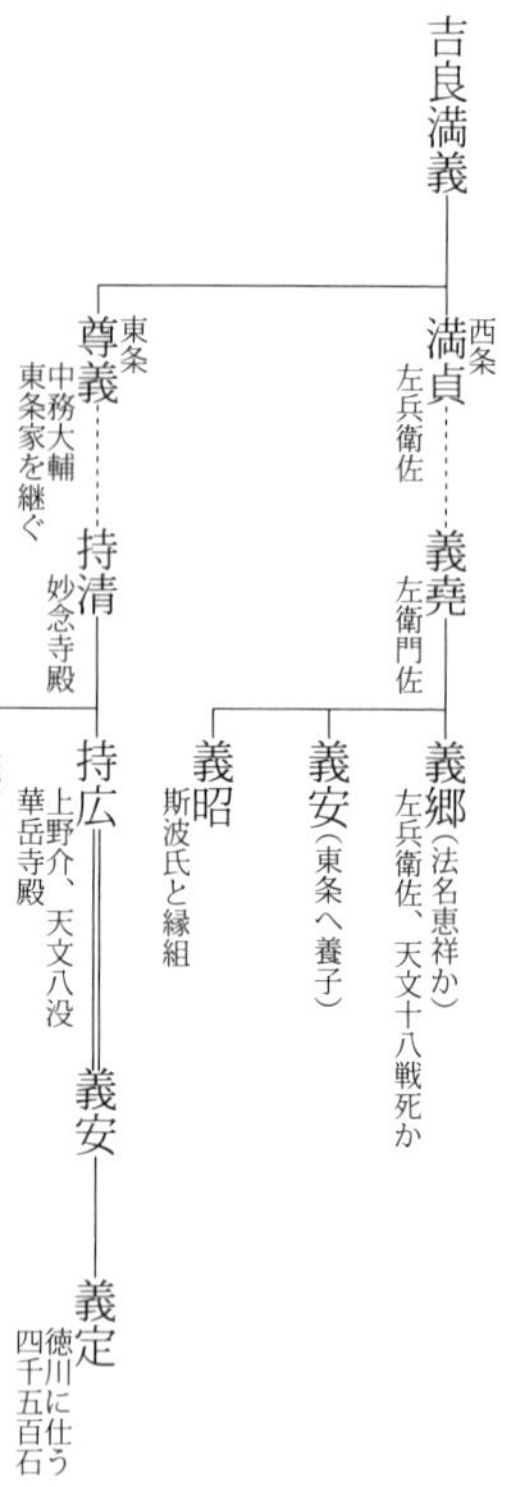

系図14　吉良氏略系図

を離れて他へ布陣したことがわかる。おそらく荒川山へ向かったのであろうが、荒川在陣は次の感状によっても裏付けられる（現代語訳）。

　去る九月十八日、吉良の荒河山在陣のとき、打ち廻りとして安城・桜井へ出兵の折、敵と出合い防戦のとき、馬を進めて戦ったと畔田伴十郎が報告した。感悦の至りであり、忠節に励んでほしい。

　天文十八年

　　十月十五日　　　義元（花押）

　幡鎌《はたかま》平四郎殿

（蓬左文庫所蔵「古今書札判形之写」）

　飯尾乗連の支隊が荒川山（八ッ面山）に陣を張ったのは、東条吉良氏の当主吉良持広《もちひろ》の弟で荒川に分家していた荒川甲斐守義広《よしひろ》の居城がこの山にあり、持広の妻は松平清康の妹（瀬戸の大房）という関係から、松平氏・今川氏に味方していたために、ここを今川支隊の拠点としたのであろう。雪斎は、支隊を安城・桜井方面であばれさせて、安祥城の織田氏の動きを封じ込め、西尾市の西条吉良氏との連絡を遮断する陽動作戦にあたらせた（前掲文書）。

今川軍本隊は、万全を期してもう少し後方、岡崎寄りの所に陣を置いていたのであろう。これより先に、主将の雪斎（太原崇孚）は岡崎から出陣するにあたって、西条吉良氏の当主（義郷《よしさと》か、後述）に宛てて矢文《やぶみ》を入れていた。大変長文であるため、原文を意訳して掲げておく。

今川殿御陣のもとより、吉良殿へ御矢文あり、雪斎がこれを書く。

去る天文十五年、三河国征伐以来、御屋形様（義郷）のこと、寛大な処置を義元がなされていることにつき、説明すると、義元は吉良家の分家ゆえに、義郷公を大切に思うからである。義元十代の先祖国氏《くにうじ》は、義昭《よしあき》公十二代の祖「新御堂殿《しんみどうどの》・長氏《ながうじ》」の二男として、吉良庄のうち今川県を譲られて、今川と号した。八幡殿（源義家《よしいえ》）が奥州で安倍貞任《あべのさだとう》を討ったとき、身につけていた龍《りゅう》目貫《めのぬき》の御腰物（太刀）を相伝していた長氏は、これを国氏に譲った。代々今川の嫡子が幼時に龍王丸と称するのはこれに因んでいる。国氏の孫範国《のりくに》は、足利尊氏《たかうじ》に従い、天下を取ったとき、駿河・遠江・尾張半国・但馬・因幡など数ヶ国を拝領した。今でも駿遠二ヶ国を相続しているのは、ひとえに御家に伝わる由来が他氏に異なって由緒あるからである。義元以前数代にわたる敵の武衛（斯波氏）と御縁嫁を結ばれ、そのうえ先年に竹千代救出のための今川軍が渡・筒針に向かって出陣したとき、兵を安城《（祥）》の織田氏に派遣し、そのあと中島城（愛知県岡崎市六ッ美町中島）奪取戦のときも、織田方のために途中まで出陣した。ましてや義元を討つというお考えは何故《なにゆえ》からか。この代償はとても大きい。たとえ御家を継続しようとしても、このままでは無理であろう。新御堂長氏公の末孫で、国氏の子孫でない者でも、この考えに異論を唱えるものはないだろう。しかし少しでも反省の色があれば、義元は攻撃する考えがない。このたびの御屋形様の行動は、おそらく心ならずの判断であろう。すべて御外戚《がいせき》の後藤平太夫の謀《はか》りごとである。このときにあたって諸老の評議により、すぐさま後藤らを討って、近年の非法を正すことを義元は願っておられる。このような申し入れを再三すれども聞いてもらえないが、めったにない好機を逸せば、悲しい結果を迎えることは明らかである。よく考えて当方へ連絡いただきたい。そうなれば、我が方の本望であります。恐々謹言。

九月五日　　　　駿遠軍中衆訴状

謹上　西条諸老御中

（『岡崎市史』所収「士林証文」）

これによれば、「今川と吉良は同族で互いに助け合わねばならないのに、敵方の尾張斯波氏（斯波義統）と御縁嫁を結ばれ、天文十六年に松平竹千代（家康）が信秀の人質となった際に、これを取り戻すべく出陣した今川軍に対して、吉良氏は安祥城へ加勢を送り、渡・筒針を攻めようとするのを妨害するなど、今川義元に逆意を抱いておられることは、西条吉良氏の外戚後藤平太夫の奸謀《かんぼう》に相違ないものと思う。この際、諸老の評議をもって平太夫以下を殺し、義元と行動を一にし、吉良氏の安泰

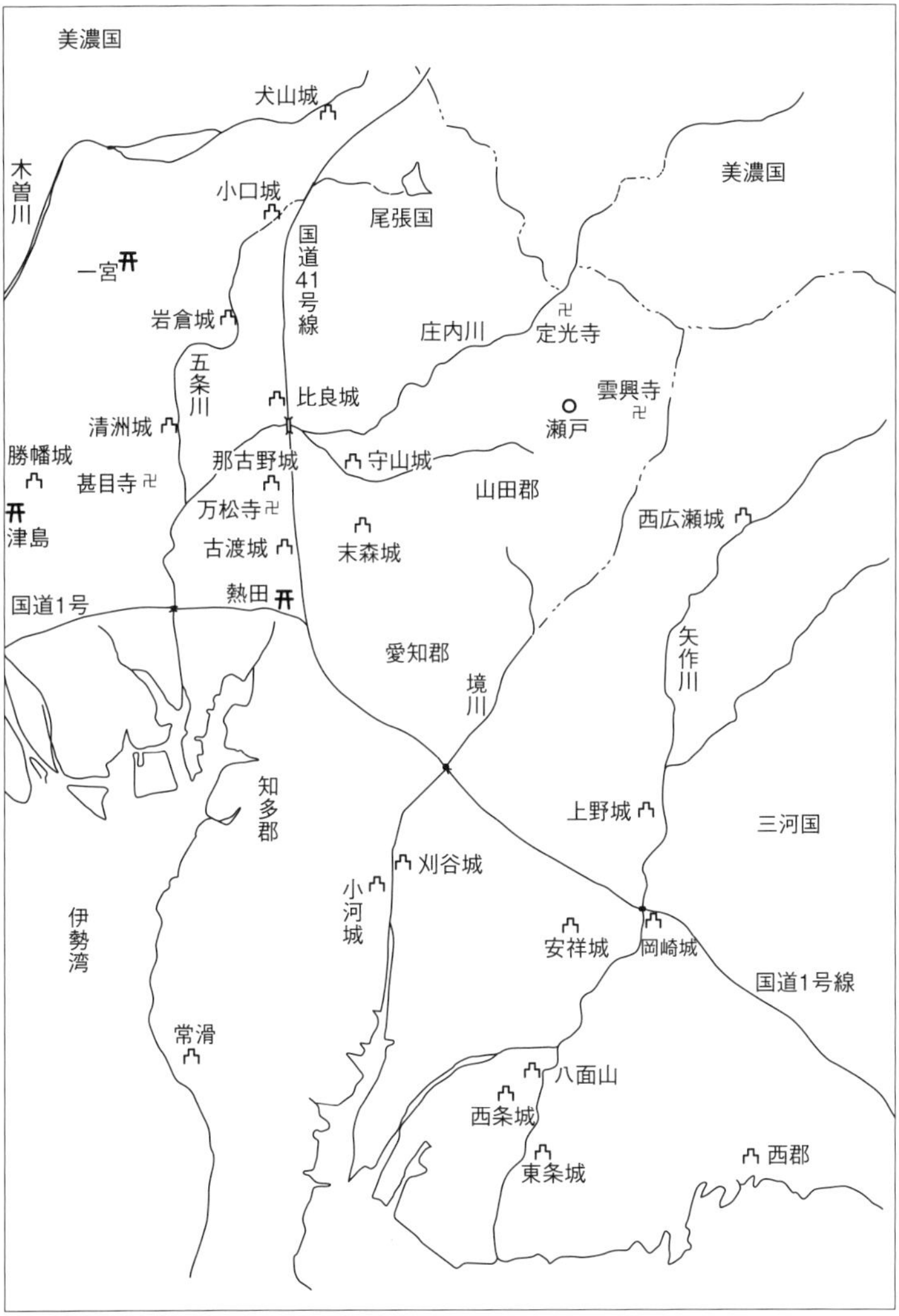

図２　天文 18 年頃の尾張・三河

を図られたい」というのである。京都で五山文学を学んだ雪斎ゆえに、これだけの長文でかつ説得力のある文章（漢文）が書けたのだと感心する。『岡崎市史』史料編では、この矢文を「本文書検討の要あり」と註記しているが、当時の情勢に非常によく合致して矛盾がなく、たとえ偽作としても、読み本などが流布した江戸時代の創作品ではあり得ない。どの部分をもって検討の要があるとするのだろうか。

西条吉良氏の老臣の後藤平太夫が吉良氏の外戚にあたるとか、斯波氏と縁辺《えんぺん》などという事項は、たしかに他の文書で検証し得ないが、これを肯定してこそ、西条吉良氏ひいては東条吉良氏の斯波・織田両氏への傾倒に対する説明に納得がいくのである。

西条吉良氏は、こうした矢文が数度にわたって打ち込まれてもなお一ヶ月ほどの間苦悩したのち、ついに開城に至ったらしい。

ところで、『三河物語』には、

そのうち、南三河を駿河の軍が平定。吉良殿は織田弾正忠と同盟しており、駿河軍が吉良へも押しかけた。そこで荒川殿は屋形《やかた》に別心をして駿河に味方し、荒川に籠もった。吉良屋形は荒川を攻めようと出馬したが、あばれ馬だったために敵中へ突っ込み討ち死にをされた。残された吉良殿の子たちは結局駿河に付くことになった。

とある（原文書の誤字等訂正のうえ現代語訳）。そのままこれを解釈すると、吉良殿は信秀と同盟したので、駿河から攻めたら、荒川氏は吉良本家（屋形）から離反して駿河に味方した。そこで屋形が荒川へ攻め寄せたものの討ち死にし、それ以来、屋形の子たちは駿河に帰属したということになる。

このことは、『西尾市史』では「天文六年に兄の義郷が今川氏に討たれた時、弟の義安・義昭兄弟は今川氏に降伏して許され、以後服属を余儀なくされていたが、天文九年から始まる安城をめぐる攻防の中で再度織田方へ転身していった」とする。しかし、客観的に見れば、天文九年より前の段階では、信秀も那古野築城や万松寺造営など内政面に力を注いでいて、三河侵攻作戦に本格的には取り組んでおらず、吉良氏が信秀の盟友となって戦死したとは考えられない。天文九年の安祥陥落後、信秀の実力を知って吉良・信秀同盟が成立し、天文十八年の段階で荒川氏が信秀から離反し、それを征伐に向かった吉良屋形が戦死をしたというように、『三河物語』のとおり素直に考えたいのであるが、そうなると、吉良屋形とされる義郷の戦死年次を天文六年から十二年も下げる必要が出てくる。

　吉良庄実相寺領のうち、平坂山《へいさかやま》と中畠山三反・経師野三反は、無量寿寺建立のため、諸税を免除するが、定めのとおり、灯明（油）用のゴマは納めること。

　天文九年庚子正月十一日　恵祥（花押）

　無量寿寺

（『岡崎市史』所収「無量寿寺文書」）

この文書に見える恵祥という人物について、『西尾市史』年表では「不明、今川方人物か」とするが、『岡崎市史』中世では、吉良義郷だろうとする。すでに出家して法名を名乗っているので、若年の領主ではないことがわかる。天文八年八月、東条吉良氏の持広は、弟で荒川氏を継いだ義広と荒川山で戦い、八月二日に持広が戦死したといわれ、吉良氏重臣の富永忠康《とみながただやす》ら一族も討ち死にしたが、西尾市寺嶋の大通院《だいつういん》過去帳に、「闍浮貫禅定門　天文八年八月二日、」とあるので、この戦は史実としてとらえてもよいだろう（『西尾市史』）。そうすると、先掲の恵祥の判物は荒川山合戦後の行政措置の一環として出されたとみてよい。恵祥は『岡崎市史』説のとおり吉良義郷の可能性が高く、天文六年に義郷が戦死したというのは誤りということになってくる。

義郷は、天文十八年九月の駿河軍包囲を受けて再三の矢文にもかかわらず籠城して、あばれ馬に乗って討ち死にしたのが事実ではなかったか。結果、駿河軍に攻め込まれ、後藤平太夫は殺害されて、吉良氏の家名だけはその子弟によってかろうじて存続を許されたと見るべきだろう。

ついで、西条吉良氏攻めと時を同じくして安祥城に向かった松平軍は、十月十九日に矢作川西岸の山崎砦（安城市）を攻め落とし、安祥城近くに迫ったが、織田軍の激しい抵抗にあって、いったん兵を引かざるを得なかった（『豊田市史』）。

吉良氏の投降により、今川軍は松平軍と共に一勢に安祥城へ攻めかかり、十一月八日には大手一木戸《いちきど》（近世の大手門にあたる）を弓気多《ゆげ》七郎らが焼き崩した（十一月二十三日付今川義元感状写・「三州古文書」）。

こうなると、信長の兄の織田三郎五郎信広の守る安祥城は本丸を残すのみで、落城寸前の状況となって、重囲下の安祥救援にかけつけた平手政秀も手が出せる状態ではなかった。翌十一月九日、信広らはついに投降し（『豊田市史』）、捕らえられたが、これは平手政秀の心中に、松平竹千代との交換という腹案があってのことであっただろう。おそらく信広は討ち死にする覚悟であり、政秀の矢文か何らかの投降指示によって開城に踏み切ったものと思う。

いずれにしても、信秀は西三河領有の最大拠点を失うという危機に直面したのである。

佐久間切りと西広瀬城失陥

天文十八年（一五四九）九月から始まった太原崇孚による安祥城攻略作戦では、今川軍の中にあった松平軍の目標は、何といっても西広瀬城主の佐久間九郎左衛門全孝征伐であった。主君松平広忠（家康の父）の弔《とむらい》合戦として佐久間切りを目指したのである。『三河物語』には次のように書かれている（現代語訳）。

松平家の重臣たちは、天野孫七郎を召して、広瀬の佐久間を斬って来いと命じた。見事討ち取ったら大浜の郷で百貫（約五百石）の地を与える、疵《きず》を負わせたら同所で五十貫の地を与えるという約束である。しかし、孫七郎にとっては思いもよらない命令で、これを断ることもできず、失敗したら死ぬまでと決意して岡崎を出発した。道中思案のすえ、まず佐久間の所へ行って奉公をして、城内の様子を詳しく見知ってから斬ることにした。広瀬の城で奉公を願い出たところ許され、よく奉公をしようと努め、コマネズミのように働いたところ佐久間に気に入られ、まもなく膝元近くに使われるようになった。頃合いを見計らって佐久間の寝間《ねま》に忍び入ってみると、前後不覚に寝入っていた。立ち寄って声を掛け、起きざまに斬ろうとしたが、よく寝入っているので、胴を串刺しにしようとも考えた。しかし布団の綿が厚いので、刀が通らないと思い、細首《ほそくび》を斬ろうとした。月あかりを頼りに斬りつけたところ、佐久間は斬られて身を動かさなかった。やっと斬殺したと思ったが確認する間もなく、近くで物音がして城内が騒がしくなったので、落とした刀を拾う間もなく塀を乗り越え、岡崎へ逃げ帰った。岡崎城でありのままを報告したところ、「落とした刀のことは少しも苦しからず、手柄比類《てがらひるい》なし、約束のとおり領地を与える」と褒められた。ところで、佐久間は起き上がって疵を探ってみると、鼻柱の先と耳のあたりを斬られていた。寝入って頭が枕から外れていたのが幸いして命拾いをした。岡崎でも佐久間の命だけは助かったことがわかり、孫七郎は大浜で五十貫の地を拝領し、後の世まで「佐久間切り」と言い伝えられたという。

また、孫七郎が岡崎の重臣と今川義元から感状を与えられているので紹介する（現代語訳）。

このたびの佐久間切りのこと、較《くら》べなきことである。されば約束のことゆえ、藤井隼人の名田《みょうでん》の内から毎年五十貫文を給することにする。末代にわたって相違ないことである。

天文十八とり

十月廿七日　　　　阿部大蔵　判

石川右近将監

忠成　判

天野孫七郎殿

去年高橋表において、約束に従って佐久間九郎左衛門を切り、その忠節により、竹千代所領の大浜の内、藤井隼人名田で五千疋を扶助するとのこと。今後も忠勤に励めば、永らくこれを保証する。

天文十九

十一月十三日　　　治部太（大）輔　判

天野孫七郎殿　（以上、「譜《ふ》牒《ちょう》余《よ》録《ろく》」四・水戸殿家中天野助兵衛正勝書上〈『岡崎市史』所収〉）

西広瀬城は、矢作川の西岸、豊田市西広瀬町にあり、平野部から三河山間部へと入ったすぐの所で、西は猿投《さなげ》神社から尾張国瀬戸へ続く丘陵地である。松平・今川軍が尾張へ攻めこむのに、安祥・上野（豊田市上野）両城を避けて、北部の瀬戸を経て守山城方面へ進むとすれば、西広瀬城から繰り出す兵によって背後を衝かれることになるので、今川方にとっては実に目障りな存在である。

現在、城址の北裏を東海自然歩道が通り、城址北西角にあたる道脇に、昭和六十一年（一九八六）

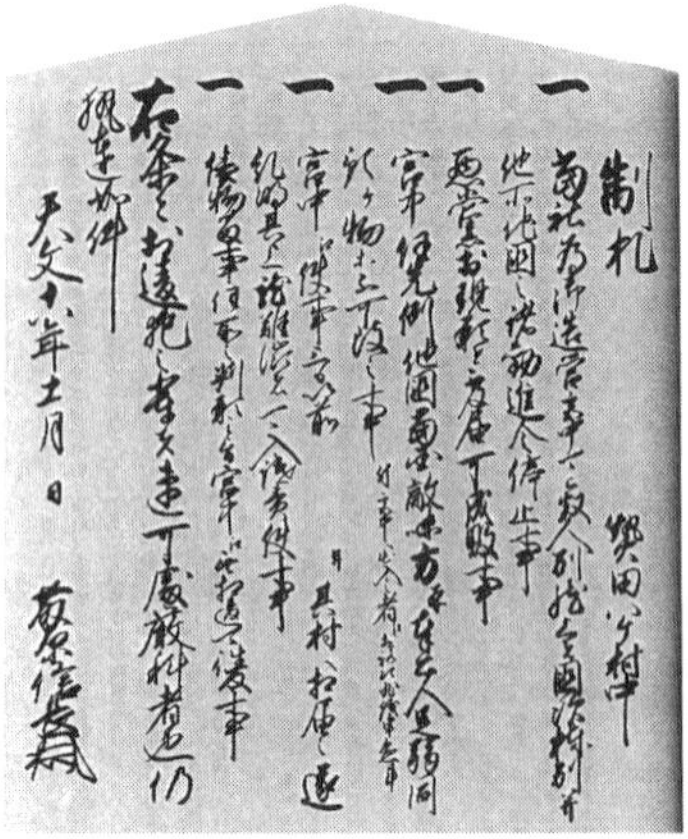
天文18年11月日付け織田信長禁制（戦災で焼失） 旧版『名古屋市史』より転載

建立の「西広瀬城趾」碑と城趾見取図の看板がある。矢作川に向かって延びた比高三〇メートルほどの尾根を、堀切で西側の山と区切る。一の曲輪《くるわ》（本丸）・二の曲輪（二の丸）が山上にあり、中腹には幾重もの腰曲輪《こしぐるわ》がとり巻いていて、城北の飯野川、城南・東の矢作川を天然の堀に仕立てているので、矢作川東岸からの攻撃を意識して築城されたことが明らかである。

この城の落城を示す史料は見当たらないが、天文十八年十月～十一月に相次いで安祥・上野両城が陥るとともに、孤立を恐れて瀬戸方面へ退いたか、または落城したかいずれかで、天文十九年九月十七日付で今川義元が雲興寺（愛知県瀬戸市赤津）に禁制を掲げていることから見ると、おそらくは天文十八年のうちに西広瀬を含む猿投丘陵地帯は今川氏の勢力圏に入ったのだろう。

上野城落城

天文十八年（一五四九）十一月九日に安祥城が落ちると、今川軍前線からの集中攻撃を受けることになったのが上野城である。豊田市上郷町にあり、本丸跡には上郷町児童館（公民館）と護国神社（昭和三十一年〈一九五六〉創建）があり、本丸西側低地（堀跡か）にはゲートボール場がある。児童館西側の小丘が本丸最高所で、城山稲荷社の本殿が置かれている。城の北から東へ迂回して南下する川から外は一面の水田であって、地形的に見ても、東面に敵を迎えることを意識していることがわかる。東面とはすなわち岡崎方面を意味するから、松平・今川軍に対抗する城として城地が選定されていることがわかる。

児童館南西の城山稲荷社登り口に、大正六年（一九一七）五月に愛知県が建立した城趾碑があって、漢文でその歴史が刻まれているので要約して掲げる。

上野城趾

わが上野村大字上野には上村・下村の二城趾があり、共に上野城趾と称している。永享・嘉吉の頃、戸田小法師が当地の荘官となり、その子弾正左衛門宗光は東方の岩津城主松平信光と婚姻関係を結び、二家は大いに栄えた。その後、宗光は田原へ移り、弟の家光《いえみつ》が留守をしたが、ついに信光の子親忠に併合された。親忠の子長親《ながちか》は安祥に在り、三

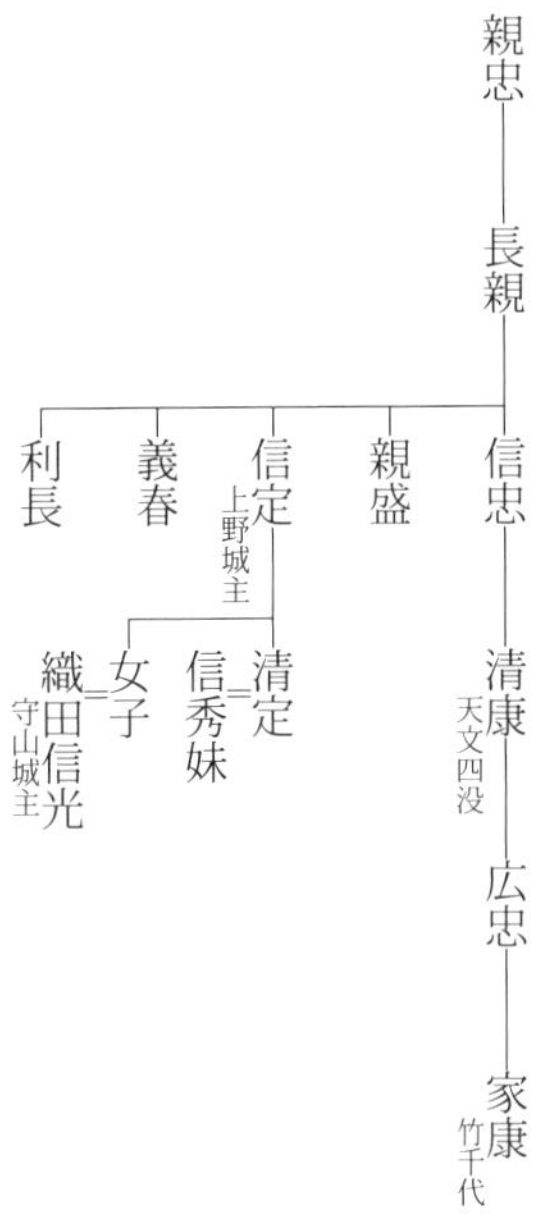

系図 15　松平氏略系図

男信定が当城へ入った。信定は長親の孫の清康と不和になり、ひそかに尾張に通じ、宗家《そうけ》（本家）に背いた。信定の子清定は天文十五年（一五四六）に酒井忠尚と組み広忠に謀叛したので、広忠はこれを攻めて降し、清定を桜井城主とし、忠尚を当城主にした。永禄六年（一五六三）の一向一揆で忠尚は一向宗徒に応じたので、家康に攻められて駿河へ奔り、ついに廃城となった。

下村《しもむら》城は、字会下《えげ》にある。明応年間に内藤重清《ないとうしげきよ》とその子清長《きよなが》が徳川氏に属して居り、天文十一年に織田氏に攻められ外郭を破られるも、清長は一族を率いて戦った。一向宗の乱でも清長・家長父子はこれに対抗し、家長は家康に仕えて戦功を立て、天正十八年に上総佐貫《さぬき》へ移封となった。

この碑文を信ずれば、矢作川以西すべてが信秀の勢力下という状況の中で、下村城の内藤清長一人が孤立存続できたことになるが、それは到底考えがたく、いったんは岡崎へ退き、天文十八年以降に再び入城したのではなかろうか。上村城、つまりここで言う上野城は、戸田氏のあと松平親忠が領有し、その子長親の代に三男信定へ分与したという。

松平信定は、天文四年十二月の守山崩れで松平清康が亡くなる少し前から、すでに清康に反発・対立しており、ほぼ三河一円を平定した清康にとっては頭痛の種であった。守山崩れで松平氏の三河一円支配が霧消し、家督をめぐる内紛が起こると、信定は一方の旗頭となって行動を始めた。まもなく信定は岡崎城へ入り、幼い広忠を追放した。広忠は伊勢・遠江を流浪し、やがて今川義元を頼り、その支援をうけて、天文六年六月に信定と和議が成り、岡崎へ帰って家督を継ぐことになった。翌天文七年十一月に信定が病没したため、この抗争は終わりを迎える。

こうした信定の一連の行動の中で、通説として、守山崩れのときすでに信定は織田信秀の妹を子の清定の妻に迎えており、さらに信定の娘が信秀の弟の信光に嫁していたために守山へ出陣しなかったのだとされている。しかし、天文二年七月に山科言継が勝幡城を訪れたとき、信光はいまだ元服前で菊千代と呼ばれており、それから二年の間に仮に元服したとしても、ほとんど何の連繋もない三河から妻を迎えることができたのかどうか大変疑問である。これらのことは「守山崩れ」の項で述べたとおりである。むしろ、松平広忠を逐って岡崎城を入手した天文五年以後に、信秀が信定に同盟関係の提言をして、その結果、元服して守山城主となった信光に信定の娘を迎えたと見るほうが理解しやすい。信秀の妹が信定の嫡子へ嫁したのもこの時期だろう。

天文七年十一月に松平信定が病没したことを聞くと、信秀としては三河に打った布石が広忠に抹殺される危険を感じたことは確かである。何とかして上野城と連繋する強固な拠点を三河に置いて、西三河を安定支配する作戦へと発展させる。それが天文九年六月の信秀による安祥攻略戦であった。

天文九年以降、上野城は信秀の支援をうけて安定し、上野城の守備も堅固なものになったと考える。だから、碑文のような、安祥落城の三年前の天文十五年に広忠に征圧され降伏したというようなことは考えられない。上野城の落城は天文十八年十一月二十三日のことである。今川・松平軍がこの年十一月九日に安祥城を陥落させ、ついで二十三日に上野城を落としたことについて、『豊田市史』は「おそらく織田方の持城となっていたのであろう」とする。しかし、織田方の一部将が守っていた程度のことではなくて、松平清定が必死に城を守ったにもかかわらず孤立無援となったために、ついに落城したことが見えてくる。

去る二十三日に上野端城《はじょう》を乗っ取るとき、雪斎の意見によって、井伊《いい》次郎と共に後詰めとして安城に残って守備したことは良いことである。いよいよ忠勤に励むように。

按《あんずるに》　天文十八年

十二月七日　　　　　義元　判

天野安芸守殿

去年二十三日に上野端城の先端で敵が堅く守備していたのを、真っ先に乗り込み、数時間の刀による決戦のすえ、城門を四つも切り破り、抜群の働きをした。このため諸軍が東端城《ひがしはじょう》を落とし、ついに本城も占領した。貴殿の働きがあればこそである。いよいよ忠勤に励むように。

天文十八

十二月廿三日　　　義元

御宿藤七郎殿

（以上、岩瀬文庫本「三州古文書」〈『岡崎市史』所収〉）

このように、今川方の御宿《みしゅく》藤七郎は勇猛果敢に上野城の東端城攻めに参加、城戸《きど》（城門）を四つも突破し、今川軍の東端城占領のきっかけをつくった。東端城というのは、上野城をとり巻く砦（端城）の一つであろうが、城跡にある絵図看板には表示されていない。おそらく、城の東の牛頭天王社あたりにあったと思われる。

松平清定らは許されて桜井城を、酒井忠尚は上野城を与えられたという碑文の一件は、このときのことを言っているのではなかろうか。忠尚はこのあとの一向宗の乱で一向宗徒に味方したため、攻められて上野城から逃げ、ついに廃城になったという（碑文）。

織田信広と竹千代の人質交換

安祥城攻めで守将の織田信広を捕らえた雪斎は、城内の二の丸にシシガキを作ってこれに閉じ込めて、平手政秀に松平竹千代（家康）との人質交換を申し出た。政秀は信秀に諮ったうえで、同じ重臣の林通勝（秀貞《ひでさだ》）との連名で了解の返書を送り、滞りなく人質交換が行われた（『三河物語』）。この交換については、『甲陽軍鑑《こうようぐんかん》』は次のような記事を載せている（現代語訳）。

今川軍が、弾正忠の子の守る砦（安祥）を囲み、攻め殺そうとするとき、織田方は降参した。父のように義元公に逆義をしないとの起請文《きしょうもん》を書き、助命を願いでた。義元公が弾正忠の子息を手にかけないのは、尾張笠寺の（戸部《とべ》）新左衛門の仲介があったからで、義元公は、岡崎城主で十三歳になる竹千代を一両年以前から盗みとり、熱田に隠し置いているのを、早々にこちらへ渡せという。帰された竹千代を義元公は駿河に預かった。

この記事は、はるか甲州での聞き書きであり、正確を期しがたいが、それでも大筋では間違っていない。『甲陽軍鑑』そのものが当時のものでなくて、少し時代が下ってからの成立ということを加味しても、武田信玄の情報収集力は大変すぐれていたと思う。

織田信秀書状・織田信長書状　「熱田浅井家文書」　名古屋市博物館蔵

文中では、笠寺の新左衛門が登場する。この新左衛門は戸部氏で、名古屋市南区呼続《よびつぎ》町の名鉄本笠寺《もとかさでら》駅の少し南にその居城跡があり、また、付近には「城主戸部新左衛門政直」の墓などもある。政直《まさなお》は豊政《とよまさ》ともいい、今川義元の妹聟ともいわれる。なぜに今川氏ゆかりの者が笠寺に居城していたかを考えると、前述してきたように、永正十四・五年（一五一七・一八）の遠江引馬城での斯波氏の敗戦により、熱田以東が今川氏に引き渡されたあと、新領土の保全のために、今川氏配下の戸部氏が笠寺へ派遣されてきたのではないかと考える。永正十五年から三十一年を経過しているので、新左衛門は本人かその子にあたるのであろう。そのように考えなければ、今川義元の妹聟が尾張にいることは、とうていえられないのである。この新左衛門は、義元と信秀の対立状況から見て、信秀に臣従するか中立の立場を取り、その所領を保っていたことになる。しかし、この人質交換という段にあたって、信秀と義元間の仲介役として、一役買ったのであろう。

その後、この新左衛門は信長の代になると信長の謀略にかかり、弘治三年（一五五七）五月に義元に疑われて殺され、一族は離散し居城・戸部城は廃城になったという（『日本城郭全集』第7巻　愛知・岐阜編「戸部城」）。

竹千代（家康）は天文十六年以来二年間、熱田の加藤順盛宅に預けられ、信秀の人質として看視されてきた。そこでは、天文十八年に八歳となった竹千代と、十六歳になってすでに元服している三郎信長との出合いがあった。のち信長と家康は同盟関係を結ぶことになるが、すでにこんなに早い時期から旧知の仲だったのである。

第五章　病床の信秀

末森築城と犬山の謀叛

末森《すえもり》（末盛）築城について、『名古屋城史』では天文十七年（一五四八）の築城とする。『日本城郭全集』第7巻 愛知・岐阜県「末森城」項の説明も同様で、この説が主流を占めている。『信長公記』によれば、信長と道三息女の婚約のあとに、

去る程に、備後殿、古渡《ふるわたり》の城破却なされ、末盛と云ふ所へ山城こしらへ、御居城なり

とある。前に見てきたように、信長の婚約は天文十七年末であり、この年かその前年ぐらいに古渡城が築城されている。そうすると、信長の婚約の直後に古渡から末森への移転があったとしても、天文十七年のうちではあり得ないだろう。

天文十七年十一月二十日、信秀が西美濃へ進攻中に清須衆によって古渡城町口を放火された一件があり、せっかく築城した古渡城も、平地に築いた居館形式の城であり、敵の攻撃には弱すぎることを身をもって経験した信秀は、丘陵地への移転を迫られることになった。天文十八年十一月に安祥城（愛知県安城市）が落ち、ついで西広瀬城（同豊田市）も失うと、いよいよ今川義元の尾張侵攻を予想しなければならなくなった。まさにこの時点で末森城を築く必要が生じたと見たい。

次に、『信長公記』によれば、正月十七日に犬山・楽田から人数を出し、春日井原を駆け通り、龍泉寺から柏井口《かしわいぐち》へと進出、所々に烟《のろし》を上げたので、末森城から信秀が出陣し、一戦に及び犬山勢を切り崩し、数十人を討ち取ったという。守山城の織田孫三郎（信秀の弟）も戦功があった。

この犬山・楽田の謀叛は従来、天文十八年正月十七日のこととされている。この説によれば、天文十七年のうちに末森城が完成していなければならなくなる。しかし謀反は、実は一年後の天文十九年正月十九日の事件であったことが次の史料で証明できる（現代語訳）。

奇岳宗才禅定門（下火《あこ》カ）天文十九庚戌、春日井原討死、正月十九日、

才は文武を兼ね、敵は当たりがたい。家声は高く今この人がある。（中略）戦えば必ず勝ち、軍を指揮すれば、漢の高祖《こうそ》を鴻門《こうもん》の会《かい》で助けた忠臣樊噲《はんかい》のようにすぐれている。また漢の張良《ちょうりょう》のように謀略に富む人であった。今ここに堅固な鎧《よろい》を脱いで、天国に召される。（中略）（泰秀宗《たいしゅうそう》韓《かん》がたいまつを振って言う）心頭を滅却すれば火も自ずから涼しからん。

（『永泉余滴』下）

この下火《あこ》の語《ご》（火葬のときの法語）は、同書上巻にもほぼ同文のものが収録されていて、それには「梶原左近殿、森山口打死」とある。梶原左近は現在の犬山市羽黒城屋敷を領した武将で、犬山・楽田衆の一員として勇躍春日井原を経て庄内川を渡り守山に向かったところ、武運尽きて守山口（あるいは渡河中か）で信秀方に討ち取られたのである。葬儀は犬山市楽田の永泉寺住職泰秀宗韓が導師となって行われた。

当時の犬山城主といわれる織田十郎左衛門信清は、天文六年（一五三七）頃の生まれとしても、満十三歳になるかならないかの幼少の身であり、信清自身の意志で信秀に反抗をしたとはとうてい考えられない。そうすると、いったい誰が何のためにそのような戦を仕掛けたのであろうか。唯一考えられることは、信秀の庶子に安房守秀俊があり（後述）、この秀俊が信清の後見役として犬山か楽田にいたとすれば、守山城主で叔父にあたる孫三郎信光と不仲になったとする見方であるが、とても立証できないだろう。

いま一つ、最近知った史料に東京大学インド哲学仏教学研究室所蔵『異本葛藤集』がある。それには、妙心寺派僧・先照瑞初《せんしょうずいしょ》による本英貞光禅定尼小祥忌拈香の法語があり、文中で犬山郷居住の寛近《とおちか》が、天文十六年七月二十一日に、犬山の瑞泉寺において、亡母本英貞光の一周忌を栗栖大泉寺《だいせんじ》の先照瑞初を招いて執行したと書かれている。また、東京大学史料編纂所影写本『葛藤集』には、織田氏が出家して宗伝居士と称し、その愛児で瑞龍寺に入門している玄進《げんしん》に、京都妙心寺霊雲院の大休宗休《だいきゅうそうきゅう》を頼んで天文十八年三月三日に乾龍《けんりゅう》との道号をもらったという記事がある。さらに鎌倉松ヶ岡文庫所蔵の『乙津寺《おっしんじ》蔵書』のうちに「悟渓下各名僧法語集」があり、

△本英貞光禅定尼、尾州犬山織田宗伝の女房、

鉄牛産出玉麒麟、向針鋒頭解転身、不可得心空即色、槿花露脆暮願人

との一文が見える。本英貞光が亡くなったときの葬儀の下火の語と見られるものである。史料の質か

ら言えば、本英貞光の子を寛近とする『異本葛藤集』の法語を信用するべきで、悟渓宗頓の語録『虎穴録』に見える織田広近画像賛によって、寛近は広近の子であることも疑いない。そうすると、本英貞光は広近の妻にあたる。与十郎寛近は、後述するように天文二十年頃の十一月五日付の手紙を出している。寛近と宗伝とは別人と見なければならず、また寛近は信秀に背いたというような気配が見られない。寛近は、犬山を押さえていることも確実だから、宗伝は楽田城主であったかもしれない。この事件以降の寛近や宗伝の動向はまったくわからない。引退か死去によって、織田信清に犬山城が引き継がれたのであろうか。

いずれにしても、信秀にとっては、弾正忠家に起こった最初の内紛であり、また信秀が犬山・楽田衆を制裁した様子も見られず、信秀が完全に守りの姿勢にたち至っていることがわかる。かつての三河へ美濃へと侵攻するような精力的な動きが止まり、信秀の身体に異変が起きたとも推定される。

この一件の収拾策として、信秀は二女を信清に嫁し、一族の結束を図ったのである。こうした守りの体勢固めの一環として、天文十八年末に古渡城を破却して末森城へ居を移し、自身の安全を図るとともに、信秀は那古野城の信長を代理者として前面に打ち出すようになった。このことを如実に示すのが、天文十八年十一月の安祥落城の折りに熱田神宮へ出した禁制が、信秀でなく信長の名前になっていることである。

今川義元の尾張攻めと講和

『定光寺年代記《じょうこうじねんだいき》』に、「天文十九年、尾州錯乱《さくらん》、八月駿州義元五万騎にて智多郡へ出陣、同雪月帰陣、八月二日大雨洪水、」と書かれており、前年十一月に安祥など西三河を信秀からほぼ奪回した義元は、戦闘準備を整えて、天文十九年（一五五〇）夏には尾張へ侵入する腹を固めていたらしい。それを示す次の書状がある（現代語訳）。

夏中に軍を進める予定なので、その前に尾州境に砦を構えるよう兵を派遣する。したがって、その表《おもて》（小河城下付近）ではそのための協力をするように。なお、朝比奈備中守を使者に立てるのでよろしく。

四月十二日　　義元

水野十郎左衛門尉殿

（『岡崎市史』中世史料編所収「士林証文」）

この書状について、『岡崎市史』史料編では「永禄三年カ」と註を入れているが、三河との国境に位置する知多郡小河城主の水野十郎左衛門という人は、前述したように天文二十一年には下野守に任官しているので（「善導寺文書」）、永禄年間（一五五八〜七〇）まで下ることはないだろう。

天文十九年五月九日、義元は永沢寺《ようたくじ》（愛知県豊田市篠原町）に制札を掲げ（『豊田市史』一）、同じ五月二十三日には、無量寿寺（同西尾市平坂町）にも制札を出した（「無量寿寺文書」）。同年九月十七日付で、雲興寺（同瀬戸市赤津）にも制札を掲げているので、義元の尾張侵入は知多郡のみにとどまらず、山田郡（瀬戸市）方面にも及んだのは確かである。しかし、義元の進撃は国境から一気に古渡城・那古野城・末森城などの信秀本拠地を攻めることはなく、国境周辺に留まり深入りをしなかった。

このたび山口左馬助が特に尽力したのは感謝する。されども織田備後守が特別頼み込むので、苅屋は許容する。このほか味方する者共は、山口左馬助の指図に従うように、両名からも助言すること。謹言。

十二月五日　義元（花押）

明眼寺

阿部与五左衛門殿

（『岡崎市史』中世史料編所収「明眼寺文書」）

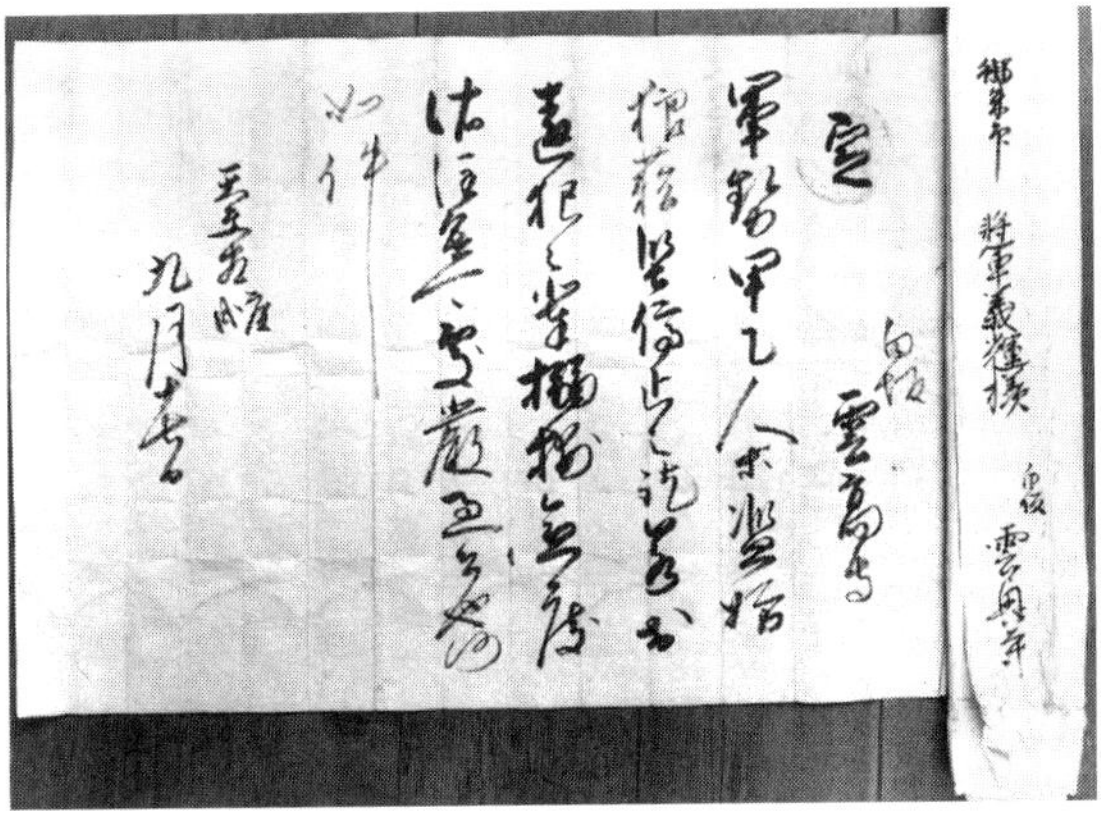

天文19年9月17日付け今川義元禁制　愛知県瀬戸市・雲興寺蔵

この書状によれば、尾張・三河国境地帯の刈谷城主水野藤九郎守忠は、今川軍の包囲にもかかわらず、信秀に味方して籠城していたらしい。これより先に、小河城主水野十郎左衛門信近は義元に味方の意思を表示しており（前掲文書）、信秀としては包囲が半年に及び疲労の色濃い刈谷城を見離すかどうかの決断に迫られていた。そこへ明眼寺（岡崎市）住職と阿部与五左衛門らの工作による山口左馬助の離反という段階を迎えたのである。山口左馬助は現名古屋市緑区鳴海町の鳴海城主であり、信秀による刈谷城の支援ルートは完全に遮断されることになった。ついに信秀は刈谷城を諦め、城主以下の赦免を条件に開城させたのである。

義元としても、今回の攻撃は三河国内から信秀の勢力を一掃することに目標があったらしく、前掲の『定光寺年代記』にある「雪月（十二月）帰陣」とも対比すると、刈谷城の投降でその目的は達せられたので、撤兵を決めたのだろう。

信秀の卒去年次をめぐって

信秀の命日は、『定光寺年代記』のみ三月九日とする以外、諸説とも三月三日で一致している。ところがその没年については、

天文十八年（一五四九）説　小瀬甫庵「信長記」、「織田軍記」、「総見記」、「織田系図」

天文二十年説　「張州府志」、「尾張志」

天文二十一年説　「万松寺過去帳」、「亀山志」　（『織田信長事典』新井喜久夫「出目」項による）

というように、四年間にわたって多説があり、いまだ明確でないといえる。ごく最近の研究としては、新井喜久夫氏が『織田信長事典』（一九八九年）のなかで、

このうち、十八年説は、信秀の判物《はんもつ》が十九年十一月朔日《ついたち》付で発給されていることからみて成立し

ない。一方信長は十九年十二月二十三日付で熱田社座主に対し、笠寺別当職を備後守の判形《はんぎょう》の旨に任せて安堵しており、十九年には信秀に替わって信長がその権限を行使している。おそらく信秀は再起不能の病に倒れ、翌二十年、あるいは二十一年の三月三日に没したのではあるまいか。ただ『武功夜話』には、十八年に没したがその後三年間喪を秘していたという伝えを載せており、当時からその死をめぐって種々の説が流布していたようである。

と述べておられる。新井氏も見ておられるように、たしかに天文十九年十一月朔日付で祖父江金法師《そぶえきんほっし》に判物を出して以後は、まったく信秀の発給した文書が見当たらない。

これに代わって、信長が同年十二月二十三日付で笠寺別当職について、次のような安堵判物を出していることも事実である（現代語訳）。

笠寺の別当職（住職）は、備後守の判形の書《しょ》の内容のとおり、御知行分《ごちぎょうぶん》の参銭《さんせん》（賽銭）や開帳を寺内で処理する定めだから、誰かれがこれを奪うことは禁止する。

天文拾九

十二月廿三　　信長（花押）

座主

床下

（愛知県春日井市・「密蔵院文書」）

このような判物を信長が出したことは、笠寺付近の領主が備後守信秀から信長へと交替したことを意味している。しかし、これをもって信秀が死去した根拠にはできないのである。義元の撤兵直後に、笠寺方面の権限を信秀が信長へ割譲したとも解釈されるからである。この点を解明する手がかりとして、次の史料を挙げることができる（現代語訳）。

笠覆寺《かさおおいでら》領の参銭などは、誰かが奪おうとしても、備後守と三郎の先判の書のとおりに禁止する。

天文廿　　　　勘十郎

九月廿日　　　信勝（花押）

熱田

座主御坊　　　　　　　　　　　　　（「密蔵院文書」）

この証文では、備後守と三郎の先判のとおり、違反のないようにと信勝（信長の弟）が言っており、先判をした者が死去してから次の安堵判物が出されると仮定すると、信秀のみならず三郎信長もすでに死去しているとの根拠にこの証文が使えるのであるが、この時点で信長の死去はあり得ないので、この仮定は成り立たない。つまり信秀の生死にかかわらず、笠寺方面の領主権のみが信秀→信長→信勝と替わったことを示すにすぎないのであり、右に掲げた史料が信秀死亡説の根拠とはなり得ないことはご理解願えると思う。

中村方三郷《かたさんごう》のこと、桃岩《とうがん》の証文のとおり与える。前からのとおり知行は末代までそのとおりとする。

天文廿壱　　　　　　　三郎

十月廿一日　　　　　信長（花押）

玄蕃允《げんばのじょう》殿

（尊経閣文庫所蔵文書〈『織田信長文書の研究』所収〉）

ところが、ここに掲げた織田玄蕃允宛て信長判物（現代語訳）になると、信秀のことを法名で「桃岩」と呼んでいる。信秀は生存中に出家入道したという記録・伝承はなく、菩提寺の万松寺住職大雲永瑞《だいうんえいずい》によって、死後に「桃巌道見《とうがんどうけん》」との法諱を授与されたので（「大雲和尚語録」）、この時点では信秀が故人であることは明白になる。

以上のように、今日伝来する古文書から見た限りでは、天文二十年九月以降、天文二十一年十月までの約一年の間に信秀が死去したと推定できる。その間の三月三日ということになれば、天文二十一年三月三日の死去に限定できる。それではなぜ、天文十九年十一月以降に信秀は文書を発せられなかったのであろうか。その手がかりは次の文書にある（現代語訳）。

美濃守（頼芸）殿のことは、思わぬことになったが、やむを得ないことと思う。貴殿の身の上は保証すると道三が言っている。詳しくは稲葉伊予守（一鉄《いってつ》）の指図に従ってほしい。備後守が病中なので、私のほうからこのようにお伝えする。恐惶謹言。

（天文二十年か）十一月五日　　　　織田与十郎

寛近（花押影）

土岐小次郎殿

（岐阜県山県市・「村山清臣文書」〈『岐阜県史』史料編所収〉）

この織田寛近の書状によって、備後守が重病の状況にあったことがわかるのである。おそらく手紙すら書くことができなくなっていたのであろう。寛近は信秀に代わって、守護土岐美濃守頼芸が不慮の仕合《しあわ》せ、つまり道三によって守護の座を追われ、国外へ追放されたが、これは止むを得ないことである、しかし、頼芸子息の小次郎の身上は保証されているので、すべて稲葉一鉄の指図に従ってほしいと申し送ったのである。おそらく、道三のクーデターに対して抗議できるとすれば、道三の娘を信長に迎えた信秀以外になく、小次郎は信秀に仲裁を頼んだのだろう。

道三は天文十八年に娘を信長に嫁し、信秀と同盟関係に入っている。ましてや信秀は重病の身であるから、主君の土岐頼芸を追放しても、まずは信秀に攻撃される恐れはないと判断し、ついにこれを実行して美濃一国を乗っ取ったのである。天文十九年十月十日付で幕府から奉書が出され、天文二十年正月二日の垸飯《おうばん》のための費用について、「土岐殿」に指示がなされているので（『後鑑《のちかがみ》』所収文書）、天文十九年のうちは、頼芸はかろうじて安泰であったと考えられる。先掲の織田寛近書状によって、頼芸の追放が十月から十一月初めの間とみると、天文十九年にはあたらず、天文二十年の可能性が強い。

信秀は、天文十九年ごろから天文二十一年三月までの足かけ三年間病床にあり、天文十九年十二月の義元との講和以降、まったく表舞台にその姿を見せず、それゆえにこの間に文書を出していない点も理解できることになる。

以上見てきたように、信秀の天文二十一年死去説が最も有力となる。『定光寺年代記』にも、天文二十一年の条に、「三月九日に織田備後殿死去、九月駿州義元、八事《やごと》まで出陣、」とある。前述したように三月三日と三月九日の相違はあるが、天文二十一年説を採っている。同年八月の義元の八事（名古屋市昭和区・天白区）出陣は、信長にとって最初の危機であったろうが、今のところ他の史料には見られない。

織田信秀の墓　画像提供：亀岳林万松寺

信秀の葬儀は、当然のことながら菩提寺である万松寺で挙行され、導師は同寺住職の大雲永瑞がつとめ、その本寺にあたる雲興寺住職 春岡東栄《しゅんこうとうえい》（大雲の弟子）が掛真《けしん》の役をつとめた（『大雲和尚語録』）。『大雲和尚語録』（雲興寺所蔵）のなかに信秀の下火《あこ》が収められているので紹介する（現代語訳）。

桃巌道見のための下火

（前略）返りみるに、亡くなった桃巌道見大禅定門は、功名が傑出し、志気は仁慈の情が溢れる。神徳を仰ぐに金玉や幣《へい》帛《はく》を献上し、先祖を慕って浄財や貨財を寄進した。諸僧に喜《き》捨《しゃ》しまた礼を尽くして高僧に教えを乞う。ただ孫呉《そんご》の兵術を学ぶのみでなく、張良《ちょうりょう》や陳平《ちんぺい》のような謀略を見破ることにも長じている。このため戦えば必ず勝ち、進めば敵を速やかに追う。領国は富裕になり、他国は信秀の権威に恐れをなした。しかし突然災疫《さいえき》にかかり、たちまちその雄姿を失った。四十一年前に生をうけ、四十一年後に死を迎えるに至る。正にこの時にあたり来世へ旅立つ。大雲和尚が火葬の薪に火を点じ、引導《いんどう》の語を唱えんとする。

この下火のなかで、大雲は信秀の死因について触れているが、それは「俄然として一朝災疫にかかった」つまり急な疫病にかかったとする。私は脳卒中でなかろうかと思っている。そして没年齢は数え年で四十一歳だとも述べていて、壮年にして逸材を失った無念さが文面に滲み出ている。その死は一人大雲永瑞のみならず、心ある尾張人の哀惜《あいせき》するところであることは間違いないのである。

信秀の戦略を回顧する

信秀が伊勢神宮の式年遷宮に費用を出し、また皇居の修理を行ったことは重ねて述べてきたところである。こうした業績は、一見したところ信秀が尾張の国主として行動したように見えるから、主人たる守護斯波氏や守護代の織田大和守家を無視しているように感じられる。しかし、仮にも信秀が実力を過信して自由勝手に振る舞っていたならば、たびたびの合戦で国内挙げての支援は得られない。実際には、たとえば天文十三年（一五四四）九月の稲葉山攻めにしても、信秀は守護斯波義統を動かして、その号令のもとで国中の兵を動員する方式を取っている。『信長公記』でいう「頼み勢」をかけるやり方である。

信秀は、国内においてはあくまでも斯波氏三奉行の一員としての家格を遵守して行動しなければならず、かつまた同僚の国人《こくじん》層の所領を奪って自領の拡張をするわけにはいかない。信秀にはそうした制約があるから、自領の拡張は斯波・織田の支配圏以外の敵対的な土豪の所領を奪取するか、あるいは他国へ進出する他にないと考えたのである。

その第一段階で実行したのが那古野城攻略であった。これならば、今川氏の反発はあっても、斯波・織田両氏を敵に回すことはないうえに、那古野城の支配域には熱田・守山・笠寺・鳴海など要衝の地が含まれていて、一気に勢力の伸展が図れる。残念ながら本書では、那古野城奪取の正確な年月日を特定できなかったが、おおむね天文四年という線は動かないだろうことは前述のとおりである。

那古野城落城の報に接した今川氏輝は、三河を統一した松平清康をとりあえず守山城へ急派した。これが、松平与一の守る守山城へ天文四年十二月に松平清康が進出してきた目的であろう。しかしながら、清康が守山城内で阿部弥七郎に斬殺されるという事件が起きた。この守山崩れによって、松平氏および今川氏の勢力は、一気に矢作川以東にまで押し込められるに至る。松平清康の殺害は、信秀の謀略であったという説もあり、天文十八年に松平広忠が信秀に暗殺された事件を思い合わせると、あるいは信秀輩下の者が阿部弥七郎をそそのかして清康を殺害させたというのも、あり得ることと思う。

翌五年三月十七日には、今川氏輝とその弟の彦五郎《ひこごろう》が同時に死去し、相続をめぐって抗争が始まった。氏輝の二人の弟のうち、玄広恵探《げんこうえたん》を推す者と、梅岳承芳《せんがくしょうほう》（今川義元）を推す者との争いは、同年六月十四日に恵探の自刃で決着したものの、相続したばかりの今川義元にとっては、領国の統一・安定が第一で、尾張へ攻め上るほどの余裕がなかった。信秀にとっては実に幸運な時間かせぎができたことになる。その一・二年の間に、新たに確保した愛知郡全域と山田郡、さらに三河西北部に対して行政機構も確立した。

このうち愛知郡には熱田がある。熱田神宮を中心とする門前町兼宿場町を支配することによって、東海道筋を往来する旅人から得られる情報は、今までよりも格段に増加した。今川氏らの正確な動向の分析と、飛躍的に豊かになった財源との裏付けによって、天文九年になると今度は東海道筋を東進して、安祥城へと迫った。この攻略によって、刈谷・小河の水野氏をはじめとして、知多半島も信秀の実効支配域に編入されていく。知多郡中南部では信秀支配の史料が残存していないようであるが、帰順した在地勢力を通じての間接支配であったのではなかろうか。

信秀の名声はこの頃とみに高まり、ちょうど安祥攻略が成った天文九年六月六日には、信秀は伊勢神宮式年遷宮の費用提供を受諾している。このような行為は当然、尾張国守護の斯波氏がすべきであるにもかかわらず、その被官（家臣）の一員にすぎない信秀が行うのであるから、さながら信秀が尾張を代表する人物であるかのような状況にたち至ったのである。その功績により、一年後の天文十年九月には信秀を「三河守」に任ずる旨の口宣案《くぜんあん》が朝廷から信秀にもたらされた（「外宮引付」天文）。しかし、信秀は生涯、三河守を用いた例が見られず、おそらくはこれを固辞したものとみられる。

信秀は天文四・五年頃に父祖の例にならって弾正忠に任ぜられ、備後守になったのは天文十七年後半〜天文十八年前半である。天文十七年十二月に大垣城を斎藤道三に奪われるまでは、西は美濃大垣城、東は三河安祥城を拠点として、三ヶ国にまたがる広大な領土を有する戦国大名格の実力を保有するようになった。そうした絶頂期に至った信秀は、ようやくにして備後守に進んだのである。それも、祖父にあたると推定される敏信（前述）が備後守となった前例によるものらしい。しかし、翌十八年十一月には安祥城を失い、十九年には西三河全域が今川氏の勢力下に入った。おそらく信秀は知多郡からも撤収したのだろう。折しも病床の身となった信秀は、動くに動けず失意のうちに世を去ることになった（天文二十一年）。

ふり返って信秀の基本政策を見ると、尾張国の現体制を維持しつつ、いかにして自己の領土を拡大するかという考え方であったといえる。そのことは、国内における信秀評として「信秀様はあれだけの名声と実力がありながら、無能な守護・守護代に臣下の礼を取っておられる。少しおかしいのでは」との声も強かったことは確かであろう。天文十七年に信秀が美濃へ攻め入っているとき、清須勢によって古渡城が攻められ、肝を冷やす思いをしながらも、信秀は清須の守護・守護代を追放しなかった例から見ても、「下克上《げこくじょう》」は信秀にとって禁句であったにちがいないのである。

信長は、そうした父信秀の考え方を見るにつけ、批判的になっていたことは否定できないだろう。信秀の葬儀のときに、信長が抹香《まっこう》をつかんで位牌に投げつけたのも、律儀な父がバカだ、おれが父に代わって尾張を統一してやるという考えのあらわれではなかったかと思う。信秀の考え方を忠実に守ろうとする老臣平手政秀と、これと反対の考えを抱く信長とでは、基本路線の一致するところがなく、ついに政秀の自殺という局面を迎えるが（天文二十二年閏正月）、すでに十九歳のこの頃から、信長には信秀の路線を継承する意志はまったくなく、独自の生き方を模索し始めていたと言うべきである。ただ、信長はいつも信秀の生き方の批判の上に立脚しているわけで、その意味では信長の心の中に信秀の生き方が大きく影響していると言わなければならない。

第六章　信秀の一族・家臣

信秀の妻妾

信秀の正室（妻）は土田《つちだ》下総守政久《まさひさ》の娘であるといわれている。土田政久の本貫地《ほんがんち》（根拠地）は現在の愛知県清須市清洲町土田で、土田から八キロほど西方に勝幡城があり、距離的には至近の場所といえる。しかし、信秀と清須の守護代織田氏との不和が続き、天文元年（一五三二）に和解したとされるので（『言継卿記』。『二水記《にすいき》』にも和解の記事があるとされるが、私には発見できない）、清須城の影響下にある土田家から妻を迎えるのは、少なくとも天文元年以降のことであったろう（信長の誕生は天文三年五月）。

『織田信長事典』の「兄弟姉妹」のところで、小島廣次氏はこの縁組を評して、「守護代家三奉行の一員としての信秀と釣合いのとれた結婚といえる」と述べておられるが、はたして釣り合いのとれた家格として土田家が存在していたのであろうか。織田氏三奉行家のいずれの家も、それぞれ史料にその根跡をとどめているにもかかわらず、土田家は天文期以前の史料にはまったくあらわれない。史料がたまたま残存していないということもあろうが、家格としては土田家は信秀の家と同等以上ではなかったような気がする。清須の守護代家と信秀との和解により、守護代家から土田政久の娘を指名されての婚儀ではなかったろうか。

土田政久の子の親重《ちかしげ》（道寿《どうじゅ》）は、現愛知県江南市小折の生駒豊政《いこまとよまさ》の養子となり、美濃国可児《かに》郡大井戸郷の領主になっている。そこに築いた城を土田城と呼んでいるが、築城時期等に諸説があり、確定的なことを言えないものの、生駒道寿は信長の従兄弟にあたるので、そのような縁によって永禄八年（一五六五）の美濃攻めの際、信長に取り立てられたものと私は見ている。

土田御前の墓　津市・四天王寺

山科言継が天文二年に勝幡城を訪れたとき、城内に三郎信秀・与次郎（信康）・虎千代（信光）がいたと『言継卿記』に書かれており、下って天文十三年十月頃に那古野城を訪れた連歌師宗牧は、城内で三郎（信長）・次郎（信勝）・菊千代に会っている。いずれのときも、城内にいたのは正妻の子であり、正妻の土田御前も子と共に那古野城に住んでいたらしい。庶子らはそれぞれ城外にいて、母親に養育されていたのであろう。

「万松寺の創建」の項で述べたように、清須市土田にあった宝幢院で万松寺開山の大雲永瑞が亡くなっており（永禄五年）、この宝幢院は土田家の菩提寺であったらしく、さらには万松寺末寺として存続したものらしい。大雲が隠居所としてしばらく住み、それ以後は舜芳《しゅんぽう》という弟子が法灯を守った（無縫塔銘文）。したがって、土田御前が岐阜県可児市土田の土田城で生まれたというような俗説はとうてい成り立たないことを知るべきである。

なお、土田氏は信長の生母として安土城におり、本能寺の変が起きるや蒲生氏郷《がもううじさと》に導かれて近江日野《ひの》城（滋賀県日野町）に逃れ、その後、信長の弟で実子の信包《のぶかね》（長野信兼《ながののぶかね》）を頼って伊勢安濃津《あのつ》城（津市）に入った。そこで文禄三年（一五九四）正月七日に亡くなり、城下の四天王寺《してんのうじ》（津市栄町）へ葬られた。信包が秀吉の機嫌をそこねて丹波国柏原《かいばら》（兵庫県丹波市）へ左遷されたのはその八ヶ月後のことである。

信秀の弟妹

【信康】信秀の弟。与次郎。犬山城主。天文十三年（一五四四）九月二十二日に稲葉山城下で戦死。本文参照。

【信光】『言継卿記』天文二年七月十八日の条に、三郎信秀の舎弟で十一歳になる虎千代の名が見える。与次郎は別に見えるので、孫三郎信光の幼名と考えられる。

清須城主織田彦五郎の滅亡で、信長が那古野城から清須城へ移ったあとを受けて、天文二十三年に那古野城主になったが、同年十一月二十六日に急死した。どうやら信光の勢力が増大するのを恐れた信長による暗殺らしい（横山一九六九）。

子息に市之介と四郎三郎の二人があった。市之介は津田姓を用い、孫十郎信実と共に天正二年

（一五七四）二月七日の長島攻めに参加した（『信長公記』）。

【信実】『信長公記』は、孫三郎信光の弟とする。孫十郎ともいい、守山城主の兄信光が那古野城へ移ったあと、弘治元年（一五五五）に守山城主となったが、翌二年に家臣が信長の弟の喜六郎を誤って弓矢で射殺する事件が起き、責任を感じて孫十郎は出奔、行方不明となった。二年後に信長に呼び返されて守山城主に復したが、天正二年七月の長島攻めで討ち死にした（『織田信長事典』）。

信実の子の孫十郎が守山城主を継いだらしく、「織田信雄分限帳」に、「九百貫文、モリ山・津田孫十郎」とある。

【信次】『信長公記』は四郎二郎の弟とする。右衛門尉。天正二年七月（八月ともいう）没。『言継卿記』天文二年七月二十二日条に、飛鳥井雅綱の蹴鞠の門弟になった織田右衛門尉達順が見える。おそらく信次は、この達順の養子となってその家を相続し、右衛門尉と称したものと思われる。

【女（松平清定室）】三河国上野城（愛知県豊田市上郷町）城主松平信定の子清定に嫁した。清定は信秀に属して同城を守ったが、天文十八年十一月二十三日に落城し、投降した。

【女（遠山内匠助室）】遠山内匠助という人物は、天文期の美濃国恵那郡遠山荘のうちには見当たらず、岩村城主遠山左衛門尉景前《かげさき》夫人のことではないかと推定される。この夫人は天文二年に十歳とすれば、弘治元年七月に景前が病没したときに三十二歳である。同年八月ごろに岩村城を占領入城した武田信玄の武将秋山《あきやま》善右衛門（のちの伯耆守晴近《はるちか》）は、岩村城代として単身赴任で天正三年十二月の落城まで在城した。夫人はその間、晴近の愛妾となっていたので、落城とともに岐阜へ連行されて、晴近は磔《はりつけ》、夫人は信長自身の手で斬られた。

信秀の息子

【信広】『信長公記』に、「上総介別腹の御舎兄《ごしゃけい》三郎五郎殿」とあり、信長とは母親を異にする。いわゆる庶兄である。

天文十七年（一五四八）三月十九日の小豆坂合戦では、先手を承って進み、「小田の三郎五郎殿は先手にて、小豆坂にあがらんとする処にて鼻合わせをして、互いに洞天《どうてん》（動転）しけり」（『三河物語』）といい、この戦で織田方が劣勢になったのは三郎五郎の弱気に原因するらしい。

翌年十一月二十三日の安祥城攻防戦では、三郎五郎が同城の守将であったが、今川軍に捕らえられて、信秀が人質にしていた徳川家康と引き換えに尾張へ返された。

『織田信長事典』によれば、弘治三年（一五五七）ごろ美濃の斎藤義龍と謀って信長に敵対し、清須城を奪取しようとしたが未遂に終わり、赦免された。天正元年（一五七三）四月七日には、信長の名代で二条《にじょう》城の足利義昭のもとへ和平の使者に立った。翌二年七月の伊勢長島攻めで敗死した。

信広に一女あり、丹羽《にわ》五郎左衛門長秀《ながひで》の妻になった。

【秀俊】『信長公記』に、「織田三郎五郎殿と申すは信長公の御腹がはり御舎兄なり、其の外に安房守

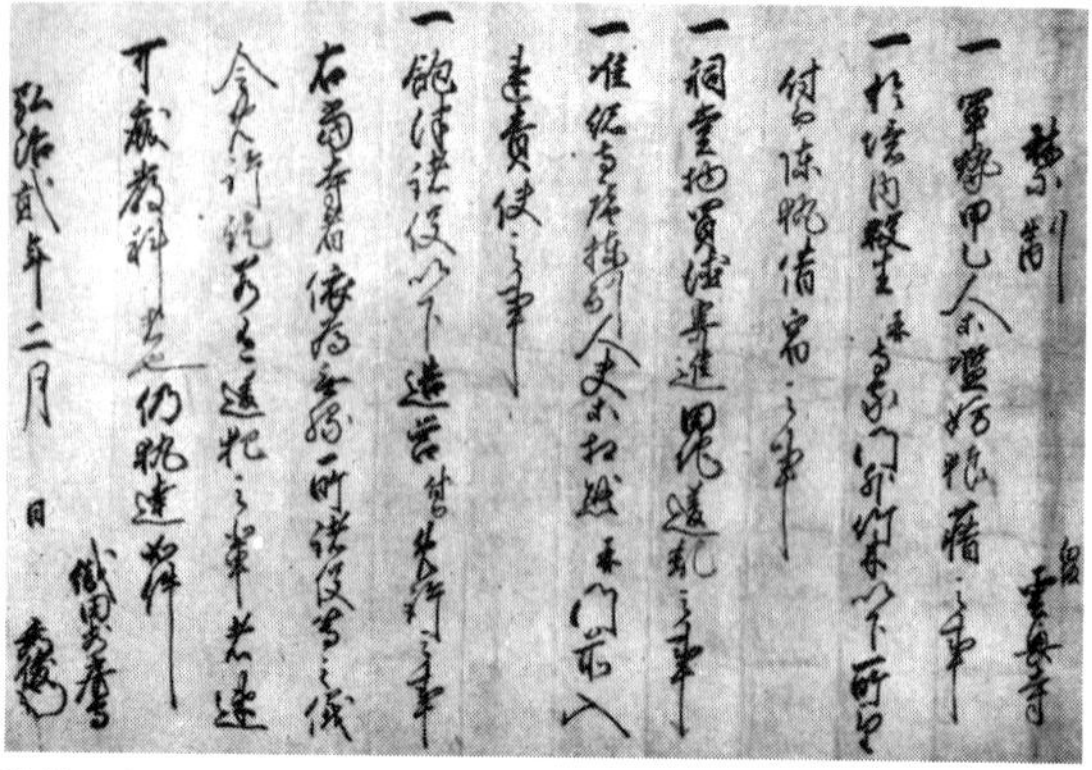

弘治２年２月付け織田秀俊禁制　愛知県瀬戸市・雲興寺蔵

殿と申し候て、利口《りこう》なる人あり」とある。弘治元年六月の守山城主織田孫十郎出奔のあとを受けて守山城主となった。弘治二年二月に、織田安房守秀俊の名で雲興寺（愛知県瀬戸市）に禁制を出しているので、守山以東の地域を広く支配したと推定される。

ところが、秀俊は坂井孫平次という者を若衆にとり立て、その代わりに角田新五を疎遠としたために、角田はこれをうらみ、守山城の塀柵の崩れた部分を修理するという名目で輩下の者を城内へ引き入れ、秀俊を切腹させる事件が起こった（『信長公記』）。これは弘治二年のことらしい。

なお一般の織田系図では、この秀俊を信秀の六男・安房守信時のこととし、信長・信行らよりも年下に位置づけている。しかし、次男の信行がこの頃ようやく武蔵守に進んだばかりで、それより年下の六男が安房守に任ぜられることが不自然であり、『信長公記』の記述を信用したい。

【信長】嫡子。三郎。天文二十二年に上総介となる。永禄四年（一五六三）には三介《さんすけ》に変え、永禄九年に尾張守に任官した。天文三年五月、勝幡城で出生。詳細は省略。

【信行】天文十三年の宗牧の『東国紀行』に「次郎」の名が見えて、すでに元服していることがわかる。ただし、信長より出生が遅いのだから天文四年以後の出生と考えたい。天文二十年九月（「密蔵院文書」）と同二十二年五月（末森白山社仏像台座銘）には勘十郎信勝の名で見え、同二十三年十一月の広済寺《こうさいじ》宛て判物では勘重郎達成と改めている（『尾張徇行記』）。弘治三年十一月になると、武蔵守信成の名で熱田の加藤図書助に判物を出している（『諸家文書集』）。達成という実名は、清須の守護代系の「達」に通じるので、天文二十三年ごろは兄の信長から離反していたことが

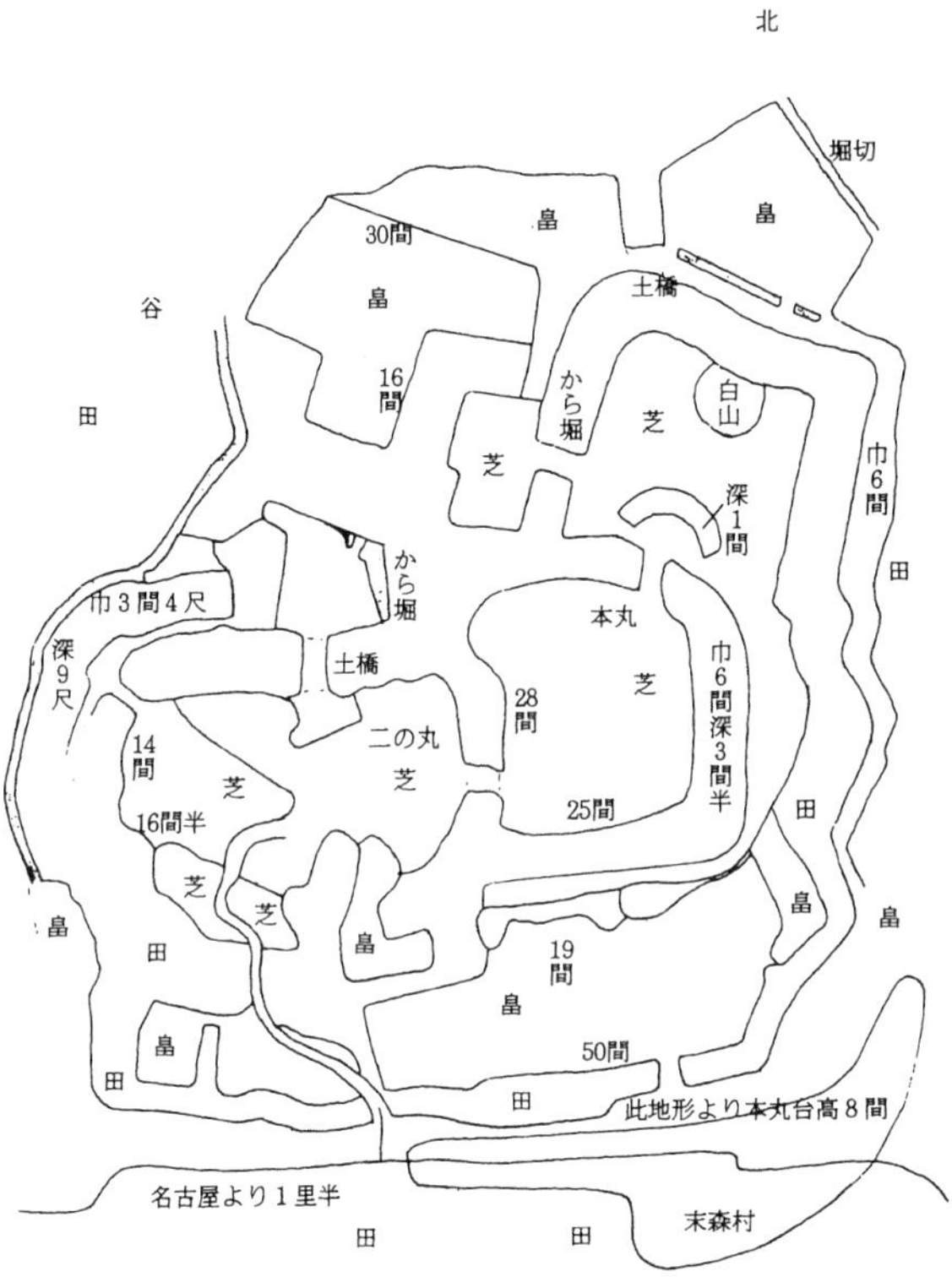

末森城図（蓬左文庫所蔵絵図をもとに作成）

わかる。

ただ、『織田信長事典』で新井喜久夫氏も指摘しているように、信勝や達成時代の花押と武蔵守信成の花押はまったく同一とはいえず、同一人の花押の変形といえるものである。この信行は母（土田御前）と共に末盛城にいて、弘治二年と三年の再度にわたる信長に対する謀反の結果、信長によって清須城で誘殺された。その時期は弘治三年、永禄元年（弘治四年）説がある。

【信包】天文十三年の『東国紀行』に見える三男菊千代にあたる。三十郎信良《のぶよし》ともいい、永禄十一年の信長による伊勢攻めで、名族長野氏の猶子《ゆうし》（養子）となった。永禄十二年の信長による北伊勢進攻のあと、上野城主となり、ついで元亀二年（一五七一）頃に津に築城して移り、翌三年に長野上野介信兼と改名した。天正二年七月の伊勢長島攻め、翌年の越前朝倉攻め、同五年の紀州攻めなどに加わった。

本能寺の変後は秀吉の幕下となり、十五万石に加増、天正十六年に従三位《じゅさんみ》・左中将《さちゅうじょう》に進んだ。天正十八年の小田原北条氏攻めで、北条氏の助命を斡旋して秀吉の機嫌を損じ、四年後の文禄三年（一五九四）九月に安濃津城を没収された。近江国で捨扶持《すてぶち》を与えられたが、九月十七日に剃髪《ていはつ》して老犬斎《ろうけんさい》と号した。京都慈雲寺《じうんじ》内に起居し、秀吉のお伽衆《とぎしゅう》に加えられていて、慶長三年（一五九八）になって改めて丹波国柏原で三万六千石を付与された。関ヶ原合戦では西軍に属し、豊臣秀頼《ひでより》に近侍したが、大坂冬の陣前の慶長十九年七月十七日、吐血して死んだ（『織田信長事典』、『東海の城』〈小学館、一九八九年〉）。

【信治】尾張国野夫《のぶ》（愛知県一宮市開明《かいめい》）の城主。九郎。元亀元年九月十九日に近江坂本《さかもと》（大津市）で浅井・朝倉連合軍の攻撃をうけ、森可成《もりよしなり》らと共に戦死した。『系図纂要《けいずさんよう》』は時に二十六歳といい、そうすると天文十四年生まれとなり、信包の次弟よりももっと後に位置づけられることになる。

【信時】安房守秀俊の項を参照。

【信興（信定）】彦七郎。長島の近く、現愛知県愛西市立田《たつた》の森川字大森の小木江《こきえ》城主となった。その前に京都で二条城築城に関与していた際の書状があり、実は信定という実名だったと判明する。

八条の遍照心院の石と七条六之升の石は、信長よりの命で運んではならない。もし取ろうとする者があれば死罪にする。恐々謹言。

織田彦七

（永禄十二）二月廿九日　　信定（花押）

遍照心院知事

参

（「山城大通寺文書」〈『織田信長文書の研究』所収〉）

元亀元年十一月、長島の本願寺門徒に小木江城を包囲され、二十一日、櫓に登って自殺した。

【秀孝】信長から数えて六男にあたる。喜六郎。弘治二年六月二十六日、守山城主織田孫十郎（信長の叔父）が川狩をしていて、輩下の洲賀才蔵《すがさいぞう》によって誤って喜六郎は射殺された。

【秀成】彦七郎、半左衛門。天正二年七月の長島攻めで、現愛知県弥富市佐屋町・弥富町にまたがる市江島《いちえじま》攻撃の際に戦死した。

【信照】愛知郡中根村《なかね》（名古屋市瑞穂区弥富町）の中根城主中根忠貞《たださだ》の養子となり、中根越中守と称した。天正十三年の「織田信雄分限帳」に、「弐千貫文　くつかけ　中根殿」とあり、信雄の家臣としてこの頃、沓掛《くつかけ》（愛知県豊明市）を領していたことがわかる。『張州府志』に「織田越中ハ天性魯鈍ノ人ナリ」とあり、切れ者でなかったことがかえって幸いして天寿を全うしたらしい。

【長益】源五、侍従。『大和芝村織田系図』に、「源吾。従四位下、侍従。長益入道は、備後守信秀の十一男。贈太政大臣信長の弟なり。天文十六年生まれる」とある。成人して平手政秀の娘（霊仙院蓬丘清寿大姉、元和九年〈一六二三〉十一月十三日没）を妻に迎えた。天正二年九月に知多郡大野の佐治信方《さじのぶかた》（信長の妹お犬《いぬ》の夫）が伊勢長島で戦死したあと、同地（愛知県知多市）の大草城主になったといわれる。天正十年以後は甥の織田信雄に付属し、大野衆を率いたが、小牧《こまき》・長久手《ながくて》戦を経て天正十三年七月に従四位に叙任、翌年に「有楽《うらく》」と号して茶人としての色彩を強めてゆき、秀吉のお伽衆もつとめた。関ヶ原合戦では家康に従い、大和国で三万石を領したが、淀君の叔父にあたるため大坂城で秀頼を補佐し、大坂冬の陣の和平工作に尽くした。夏の陣直前に大坂城を退去し、晩年は京都の建仁寺《けんにんじ》内の正伝院《しょうでんいん》（現在の正伝永源院）に隠棲した。元和七年十二月十三日没。七十五歳。法諱《ほうき》は正伝院殿如庵有楽大居士。元和八年の肖像画が残っている。また、正伝院書院と有楽の茶室「如庵《じょあん》」（国宝）が愛知県犬山市内に移築されている。

長益には長孝《ながたか》以下六男三女があり、四男長政《ながまさ》（大和戒重《かいじゅう》のち芝村《しばむら》藩）と五男尚長《なおなが》（大和柳本《やなぎもと》藩）の各一万石が明治まで存続した。長益の一代記として坂口筑母著『茶人織田有楽斎の生涯』（文献出版、一九八二年）がある。

【長利】又十郎。天正二年七月の伊勢長島攻めに参加、同九年の京都馬揃えに連枝《れんし》衆として参加したが、本能寺の変の際に二条城で戦死した。

信秀の娘

【長女】信秀の娘三人は信長の姉といわれている。長女は越中国守山（富山県高岡市）の城主神保《じんぼ》安芸守氏張《うじはる》の夫人となった。氏張の史料上の初見は天正五年（一五七七）とされるが、永禄十一年（一五六八）の畠山義綱《はたけやまよしつな》らの能登帰国作戦の頃にはすでに守山城主であった可能性がある（久保一九八三）。その後、信長の命により能登国勝山《かつやま》に要害を構えてこれを守ったとされ（『寛政重修諸家譜』惟宗流神保氏）、信秀の意志ではなくて、信長時代の天正五年以後、その姉妹を妻に迎えたことが明らかである。系図には伊予守主膳母とあり、一子をもうけたあと離婚し、美濃三人衆の一人稲葉一鉄の子貞通《さだみち》（天文十六年〈一五四七〉生）の継室になり三男二女を生んだ。こうした経過からみて、『織田信長事典』でも信長の妹ではないかとしている。

【二女（犬山殿）】犬山城主織田十郎左衛門信清夫人とされる。ただ本書の「織田信康の分家」の項で述べたように、信清は天文三年以後の出生であるから、これまた天文三年出生の信長の姉が嫁したとするには問題がある。信康没後の天文十九年に、犬山勢が柏井口へ出兵し、信秀・信光と対立したあとの収拾策としての結婚であろう。永禄二年の岩倉落城後、信清はしだいに信長と不仲になり、信清は稲葉山城の斎藤義龍・龍興《たつおき》父子と同盟して信長に対抗したが、永禄八年に犬山城を攻略されて逃れ、甲斐の武田信玄の食客になり、犬山鉄斎と号した。夫人は同行せず尾張に留まり、「犬山殿」と呼ばれ、甥の信雄から弥勒《みろく》郷（愛知県北名古屋市西春町）で百八十貫文の所領をもらった。

【三女】美濃国小島城主斎藤兵衛尉秀龍《ひでたつ》夫人になったとされる。これを『織田信長事典』などは斎藤道三に当てるが、道三は左近大夫から山城守になっている点と、小島城というような城にいたことはないので、むしろ信秀が道三と和睦する天文十七年以前に、土岐頼純を支援する中でその重臣たる斎藤某に娘を嫁したということではなかっただろうか。頼純は天文十六年十一月に逝去（道三に自殺させられた）し、信秀も天文十七年末に大垣城など美濃の所領を失ったので、この三女も離縁したか討ち死にしたかいずれかであろう。

【四女】美濃国恵那郡苗木《なえぎ》（岐阜県中津川市）の城主苗木勘太郎夫人という。「苗木遠山系図」によれば、遠山左近助直廉《なおかど》は勘太郎ともいい、元亀三年（一五七二）五月十八日に没している。苗木城主の遠山武景《たけかげ》は天文二十一年に亡くなり（「明叔語録」）、岩村遠山景前の三男直廉がこれを相続したが、弘治元年九月には武田信玄配下となった木曽義康《きそよしやす》の影響を受けるに至った。信長としては武田信玄に対抗するため、その直前に妹を直廉に嫁して遠山氏と信長との関係を強化し、斎藤道三と共に東濃を守ろうとしたらしい。この妹の生んだ娘を信長の養女として武田勝頼《かつより》に嫁がせている（永禄九年）。

【五女（お市）】お市の方。天文十六年生まれという。信長は永禄十年秋に稲葉山城の斎藤龍興を降して、稲葉山城へ移るが、これに前後して九月十五日に江北の浅井長政は美濃の市橋《いちはし》伝右衛門尉を仲介者として信長に同盟を求めてきたので、まもなく信長の妹のお市の方が長政に嫁すことになった。

天正元年（一五七三）八月二十日の小谷《おだに》落城までの六年間に、嫡男と三人の娘（豊臣秀吉側室淀君＝茶々《ちゃちゃ》、京極高次《きょうごくたかつぐ》室初《はつ》、徳川秀忠室江《ごう》）を生んだ。天正十年十月、三人の娘を連れて柴田勝家《しばたかついえ》と再婚したが、翌十一年四月に、勝家は秀吉に攻められて北ノ庄《きたのしょう》城（福井市）で自刃、お市の方も娘を秀吉に託して勝家に殉じた。

なお、岐阜市博物館の特別展図録『信長・岐阜城とその時代』（一九八八年）のなかで、お市の方は信長の従兄弟の娘であった可能性もあるとしている（一〇四頁）。また、祖田浩一氏は、『以貴小伝』には、渓心院という女房が消息文の中で、信長のいとこであると書いていることを挙げ、「いとこにておはせしを妹と披露して長政卿におくられしにや」と注記している。（中略）また、信長のいとこの子だという説もある。『続群書類従』に載せられている「織田系図」がそれを臭わせている。信秀の弟に信康があり、信康の子に与康《ともやす》があり、その娘のところに「浅井」

浅井長政室 織田氏画像　東京大学史料編纂所蔵模写

として、浅井家に嫁したことを示している。この女性がひょっとしてお市ではないか、という考証である。と述べている（祖田一九九二）。そこで信康の直系の子孫である織田《おた》豊子氏所蔵系図を見てみると（「与二郎信康の分家」の項参照）、信康の子久意に二人の娘が出てくる。女子二人に何らの注記もないが、久意は信長の庶兄安房守秀俊である可能性があり、その場合は信長の姪にあたることになる。

【六女（小田井）】 小田井（愛知県清須市西枇杷島町）の城主織田又八郎信直《のぶなお》夫人になったとされる。『織田信長事典』によれば、信直は天正二年九月二十九日に長島攻めで戦死。二十九歳。夫人は信氏《のぶうじ》・忠辰《ただとき》の二人を生み、天正元年に二十二歳で死去した。ただ、慶長二年（一五九七）正月七日に大坂城で死去との異説もあるという。

名古屋市北区の善光寺《ぜんこうじ》（小田井城近く）に天正三年九月下旬の織田又六画像が所蔵されている。賛文には法名だけあるが、寺伝と箱書きに「織田又六」のものとあるから信じてもよいだろう。県重文指定品である。「朴翁□淳大禅定門肖像」と題する画像の賛文は、熱田海国寺の住職仁峰永善《にんぽうえいぜん》（加藤順盛の子）の作。全文漢文のため内容は省略する。
この画像から読み取れることは、
①天正三年九月下旬に、朴翁□淳大禅定門の霊を慰めるために、この画像が描かれた。
②菩提寺は長興寺である（更領長興牡丹春）。
③信長（吾邦賢太守）の斡旋で婚姻が取り行われたらしいこと。武衛（斯波氏）一族らしいこと。
などである。

織田信有画像（伝　織田又六画像）　東京大学史料編纂所蔵模写

ところで、「与二郎信康の分家」の項で掲げた系図のように、明石織田系図では信康の娘の一人に「於田井」と書かれていて、信康の娘つまり信長の従姉妹が小田井織田氏に嫁していたとある。したがって、信秀六女ではなくて、信長時代に信長の妹という名目で又六に嫁した可能性がある。『織田信長事典』の六女の天正元年二十二歳死去説によると、天文二十一年生まれになり、信秀・信康没後だからいずれの子でもなくなる。

尾張藩士の系図集『士林《しりん》泝《そ》洄《かい》』では、小田井家の歴代を、久長・常寛・寛故・寛維とし、寛維が天文十一年に

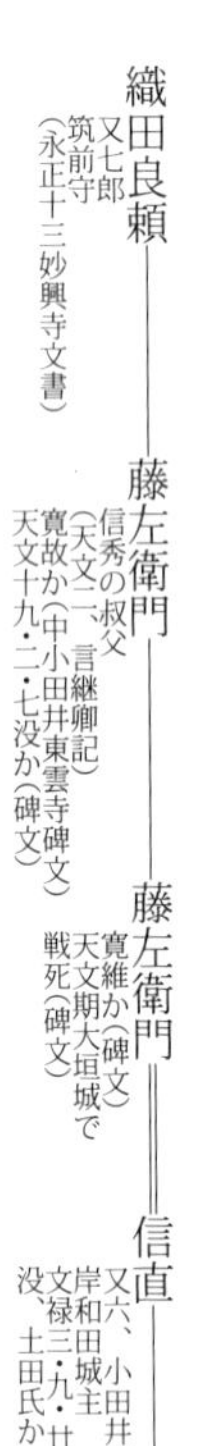

系図16　小田井家略系図

大垣で戦死（二十三歳）したあと、弟の又六信張《のぶはる》が相続したとする。信張の母は武衛玉堂《ぎょくどう》殿、大永七年（一五二七）生まれで、織田信康の女を娶るとする。岸和田《きしわだ》城主となり、本能寺の変後は秀吉と対立した織田信孝に近づいたことで恵まれず、浅野長政《あさのながまさ》に属した。文禄三年（一五九四）九月二十二日没。長興寺月虎宗乙居士。その子又八郎信直は天正二年九月二十九日に長島で戦死。二十九歳。妻は信長の妹。信氏・忠辰の二子有り、忠辰の子孫が尾張藩士となった。

しかし、この系図も全面的に信用するわけにはいかない。なぜならば、天正二年に戦死したとされる信直は、天正六年五月十七日付で鶴林寺《かくりんじ》（兵庫県加古川市）に禁制を掲げているからである（『兵庫県史』史料編中世二）。戦死した人は又八郎としても、実名は信直でないことがわかる。又六が大永七年生まれとすると、夫人は信康の娘では年代的に合わないという矛盾もある。

したがって、小田井家の真実の姿をとらえることは非常に難しいが、以上のことを考慮して総合的に組み立てた系図を次に掲げる（系図16）。

なお又六信直は、天正九年四月吉日に清須市土田の土田八幡宮に石造狛犬を寄進しており、「堺又六」と刻んでいる。土田八幡宮の東隣にはその神宮寺である宝幢院跡があり、信秀菩提寺の万松寺開山大雲永瑞の墓があり、信秀夫人土田御前の実家土田氏と密接に関わる寺であることは前述の通りである。すると又六も土田氏つまり信秀夫人の兄弟で、信長の時代に入った天文・永禄期に小田井家の名跡を継いだ可能性が大きいと思われる。狛犬に織田又六とも土田又六ともせず、堺又六としたことが何とも微妙な心境を表しているのではないか。

【七女】名古屋市守山区の小幡城主織田市之介信成夫人。信成は信秀の弟の孫三郎信光の子で、長島攻めに参加して天正二年九月二十九日に討ち死にした。天文二十四年五月八日付で「をはた殿」に宛てた信長の書状があり、守山城から異論を申し立てても、信長がこのたび付与する所領を領知するようにと言っており、小幡殿を被護する姿勢が信長に見られることから推定して、おそらく信光が前年十一月二十八日に那古野で殺害されたあと、信成を小幡城に据え、そのうえで信長の妹を与えて相続させたのであろう。

【八女（於犬）】信長の妹。知多郡大野（愛知県常滑市）宮山《みややま》城主佐治上野守が、嫡子八郎の妻として迎えた。八郎は元亀二年、信長の命により長島攻めにあたっており、同年五月九日に討ち死にし、没年は二十二歳であった（『大野町史』所収「東龍寺古過去帳」。滝田英二氏は『常滑史話索隠』で天正二年九月二十九日説もあるが誤りとしている）。とすれば、於犬の結婚は永禄四年頃ではないかと滝田氏は言う。討ち死にの時点で与九郎ほか二男一女があったが、於犬は実家たる織田家へ戻り、天正四年に細川晴元の子、右京大夫・讃岐守昭元に再嫁し、一男二女をもうけて天正十年九月八日に病没した。

細川昭元婦人画像　東京大学史料編纂所蔵模写

法名は霊光院契庵宗清といい、京都龍安寺に肖像画がある。その賛文は前後半のみ『常滑史話索隠』に載せている。漢文で書かれているので、主要部分のみ内容を紹介することにする。

　霊光院殿契庵宗清大禅定尼肖像賛

尾州織田家に生まれ、織田領外の副将の妻となり、京都の細川家に住む。そして天下の管領《かんれい》の母となる。（中略）この尊堂大夫人は、平清盛の遠孫にあたる。短命にして亡くなり、子息は哀しみ慕って肖像をつくり、私に賛を求めてきた。絵を見るに姿は生きるが如く、まさに京都の女性はその内に菩薩を秘めていると言われる通りである。

　時に天正十年十月吉日、前住妙心の月航、八十七歳ながらも書く。

【九女】津田出雲守夫人。出雲守については経歴不詳である。

【十女】飯尾《いのお》隠岐守信宗《のぶむね》夫人。信秀の叔父で飯尾家の養子となり、愛知県稲沢市奥田の奥田城主となった近江守定宗《さだむね》の子が信宗である。信宗は永禄十年に信長の母衣《ほろ》衆《しゅう》となり、天正二年七月の長島攻めなどに参加した。信長の死後は信雄に仕え、「織田信雄分限帳」では二千二百貫文の大身《たいしん》である。天正十五年に従四位下・侍従《じじゅう》に進み、同十九年二月二十二日に死去した（『織田信長事典』）。

【十一女】津田九郎二郎元秀《もとひで》夫人。元秀は本能寺の変で討ち死にした。

【十二女】現名古屋市中区矢場の小林城主牧《まき》与三右衛門長清《ながきよ》夫人。「小林殿」・「おとくノ方」とよばれ、城跡にある清浄寺《せいじょうじ》には夫妻の墓碑があり（現在は平和公園へ移転）、長清は元亀元年二月十五日、夫人は天正十五年八月十五日没となっている。「織田信雄分限帳」に「百参拾貫文・石はしの郷（稲沢市石橋町）小林殿」とあり、信雄に扶養されていたことがわかる（『織田信長事典』）。

織田信長画像　東京大学史料編纂所蔵模写

平手政秀の出自

天文二年（一五三三）七月に勝幡城を訪れた京都の山科言継は、三郎信秀の重臣「平手中務丞《なかつかさのじょう》」に面会しており、『言継卿記』にはさらに平手助次郎勝秀《かつひで》が見え、「中務丞息《そく》」との注記をしている。また、政秀の子息勝秀はこのときすでに元服していることがわかり、同記によって、勝秀は言継と同行の飛鳥井雅綱から蹴鞠の教授をうけているので、少なくとも十五歳から二十歳にはなっていただろう。そうすると、親の政秀は三十五歳から四十歳と推定できる。野口家所蔵の平手系図では天文二十二年に六十二歳で亡くなったとあるから、天文二年には四十二歳である。

『信長公記』の「備後守（信秀）病死の事」の項に、「平手中務丞が子息、一男五郎右衛門、次男監《けん》物《もつ》、三男甚左衛門とて兄弟三人なり、」とある。『言継卿記』に見える助次郎勝秀はおそらく長男であろうから、のちに五郎右衛門と改めた可能性が強い。

野口家所蔵の平手系図によれば、政秀の父を経秀《つねひで》（五郎左衛門尉、中務丞、大炊頭《おおいのかみ》）、祖父を英秀（五郎左衛門尉、甚左衛門尉、長門守、侍従）といい、いずれも春日井郡小木《こき》村・志賀村両城主とする。しかし、信秀の家の重臣という家柄を考えれば、志賀村が信秀領下になるのは天文四年以降のことであり、政秀やその父は勝幡城下に住んで弾正忠家の家宰をつとめてきたと見たほうがよいだろう。勝幡城のすぐ北の長福寺《ちょうふくじ》付近に居宅を構えていたと私は考えている。

ただし今日、平手姓は愛知県小牧市（旧東春日井郡）岩崎に多いので、政秀の二・三代前まではこの岩崎に居住していた可能性もある。政秀の妾が、天文二十二年の政秀死後に実家の現愛知県犬山市楽田本町へ退去したという伝承もあり、これも楽田や岩崎と平手家の縁を感じさせるものである。

政秀の活躍

天文二年（一五三三）に飛鳥井雅綱・山科言継が勝幡城を訪れたとき、若い信秀を補弼《ほひつ》して政秀が活躍していたことは、本書で紹介した『言継卿記』がよく書き留めている。前述の「平手系図」によれば、このとき政秀は四十二歳ほどであった。こうした家宰・宿老としての政秀の姿は、天文九年に伊勢神宮外宮造営をめぐっての宮司度会備彦との書簡の往来でも実証される（「外宮引付」）。

天文十二年、皇居修理のために信秀が四千貫文を拠出したときは、名代として政秀が上洛し、ついでに石山本願寺を訪れたが、本願寺主から饗応を受けた際に、政秀は「呑むべからざるの事に候といえども、祝着に存ぜしむべくためかくのごとし」と述べた（前述、『石山本願寺日記』）。元来酒はあまり飲めなかったかどうか、とにかく謹厳実直な性格らしいことをうかがわせる。

天文十八年には、政秀の献策で信長と斎藤道三の息女との婚儀が成った（前述、『信長公記』）。前年十一月に清須の守護代織田彦五郎が信秀の古渡新城を攻めて離反し、彦五郎は道三と手を組んでの挙兵であったことは明白なので、政秀はまず道三と講和して彦五郎を孤立させ、ついで天文十八年秋に彦五郎とも和睦することに成功する。信秀・政秀ともに何が何でも尾張国内の混乱を鎮め、美濃とも同盟関係に入り、強力な兵団を編成したうえで、失陥した西三河の奪還を図る必要性を痛感していたのである。それがこの天文十八年秋に至って実現し、いよいよ対今川戦の策をめぐらせるという段階に至るのであるが、この年十一月までには西三河はほぼ完全に今川義元に占領され、翌十九年八月には尾張の一角である知多郡へも進入してきた（「定光寺年代記」）。これに前後して天文十九年正月には一族の織田氏（宗伝）が反乱を起こして守山城を攻めようとする事件が起きるなど、信秀家存亡の危機は続くが、それまでと違って信秀が第一線に出て指揮した痕跡がなく、この頃信秀は病床の身となったらしい。そうなると、政秀が若き信長を助けて奔走することになるが、同年十二月に今川義元は兵を引き上げ、ようやくにして危機は去った。

天文二十一年三月三日に信秀が世を去ると、いよいよ信長がその遺領を継いで人臣を治めることになったが、信長は異様の風体で、非常識な立居振る舞いが多く、政秀には理解し難い行動ばかりであった。困り果てた政秀は、所領の志賀村（名古屋市北区）に退隠し、天文二十二年閏正月十三日の暁に至って、老臣山田久助を呼び、書を沢彦《たくげん》和尚に渡すように言い残して切腹して果てた。山田久助は家人を起こし、信長を呼ばせたので、信長は那古野城から裸馬に鞭打って駆けつけた。まだ政秀には意識があり、床を下りて信長に忠告したが、信長はこれを了解したという。信長は大いにその死を悼み、沢彦に命じて葬儀を執り行った。葬儀の席では沢彦が「忠肝義膽太稀奇《ちゅうかんぎせんたいきき》、横に鏌鎁《ばくや》を按《あん》じ所知を忘る、末後の牢関鉄**盧**《ろうかんてつろ》の歩《あゆみ》、一挙々倒五須彌」と引導の偈を唱えるや、信長は大声で泣いたという。柩は政秀の子五郎左衛門と監物の二人が担ぎ、信長もこれに手を添えて葬った。政秀寺殿功庵宗忠《せいしゅうじでん》との法諱を授け、葬地に政秀寺という一寺を建立して沢彦に法灯を守らせ、厚く菩提を弔った（以上『名古屋市史』人物編）。

政秀の子女

男子三人は、『信長公記』に五郎左衛門・監物・甚左衛門とある。嫡男五郎左衛門は信長に仕え、天正二年（一五七四）八月に長島で戦死した（「平手系図」）。甚左衛門はこれより前の元亀三年（一五七二）十二月に遠江三方ヶ原の戦で戦死した。三十歳（『名古屋市史』人物編）。

女子は一名のみ確実で、信長の弟の長益（侍従、如庵、有楽斎）の夫人となった。長益夫人の墓誌銘によれば、

霊仙院殿蓬丘清寿大姉塔銘

尾州太守の織田信長公の弟・如庵大居士は、壮年の日、平手氏の娘と婚約、結婚するに至った。（中略）ようやく如庵居士の三回忌にあと一日というとき、大姉は病床に臥して、十一月十六日に帰らぬ人となった。（中略）

時に寛永元年四月八日の良き日、前住南禅寺の古澗《こかん》がここに記す。

（坂口一九九一、原文は漢文）

とあり、その没年齢はわからないものの、長益（天文十六年〈一五四七〉生まれ）より年下とみれば、天文十八・九年の生まれであろうか。そうすると政秀晩年の子となるから、政秀は後妻を迎えていたかもしれない。あるいは政秀の孫、つまり五郎左衛門の子というのが実情かもしれない。

政秀寺について

政秀寺開山となった沢彦宗恩は、はじめ永泉寺（愛知県犬山市楽田）を開創した泰秀宗韓《たいしゅうそうかん》に師事した。泰秀宗韓は、天文元年（一五三二）十月に永泉寺開山として地元の野呂《のろ》長者に招かれ、翌年東光寺《とうこうじ》（同一宮市丹羽）へ移り、天文六年九月六日には美濃の万年山霊松寺《れいしょうじ》（岐阜県関市神野）へも入寺するなどしたが、拠点は永泉寺であり、ここで天文二十年十一月に六十七歳をもって示寂した（横山二〇〇九、『永泉余滴』）。

今日、名古屋市中区の政秀寺には、「泰秀宗韓筆道号頌写《じゅうつし》」「泰秀宗韓印可状《いんかじょう》」二点の計三点の沢彦に関わる史料がある（『愛知県史料叢刊』）ので、これを紹介する（現代語訳）。

①泰秀宗韓筆道号頌写

沢彦（本文の上方に横書き大書）

宗恩首座《そうおんしゅそ》が別称を求めたので、沢彦という字を授ける。これは恩沢《おんたく》の字に近いけれども、私の心はむしろ天沢の字に近い。（中略）よって一偈（詩）をつくって将来を祝福する。

八九雲夢書五車、胸中芥蒂眼中沙、一言以蔽虚堂叟、東海児孫春在花、

前住妙心寺の泰秀がこれを書く。

この一軸、兵火にかかって焼失。ゆえに四十四年後になって住職の槐山《かいさん》が改めてここに写書する。

②泰秀宗韓印可状

宗恩蔵司《ぞうす》が悟りの域に達した。徹底的に鍛えた者だ。十数年私のもとで修業、その人格もすぐれ、他日草庵を結んで大衆の教化をし、仏祖に報いることも大きいだろう。

天文九年庚子二月十三日

前妙心泰秀老衲《ろうのう》

③泰秀宗韓印可状

宗恩首座が悟りの域に達した。着実に修行し、いつでも人々を化導《けどう》する力を備えた。よって仏祖に報いることも大きいだろう。慶祝の限りである。

天文十一年壬寅孟夏仏誕生日、

前正法山主泰秀老衲五十八歳、永泉禅刹頑雲斎下にこれを書く、

これによって、天文九年を遡ること十数年前、つまり大永・享禄の頃（一五二五〜三〇）に泰秀宗韓のもとへ弟子入りした宗恩は、ようやく天文九年と十一年に一人前と認められて印可を付与され（二度も印可を与えられるのは他に例がなく、検討を要する）、それに前後して「沢彦」という道号も授けられたのである。これからは、一寺の主として独立することが師から認められたということである。したがって、『名古屋市史』寺社編・政秀寺の項に、

寺領は初め九百貫文、初め沢彦、信秀の為めに信長の名を撰《えら》びて、褒美として三百貫文を給わる。

平手政秀の墓　名古屋市中区・政秀寺

天文二十二年、政秀諫死の際、信長より茶湯料として三百貫文を給わり、又信長の為に岐阜の名を撰んで、百貫文を給わる。又朱印の文「布武天下」の四字を撰んで二百貫文を尾張海西郡の内に給わり、天正十年八月五日、信雄より先規に依るという状を給わるという。

とあるうちで、信秀に頼まれて嫡子のために「信長」という名を進言したのは、信長が元服したと推定される天文十二・三年頃（天文十三年十月五日に那古野城を訪れた宗牧は、三郎・次郎・菊千代に会っている〈『東国紀行』〉）で、沢彦はいまだ永泉寺の泰秀のもとで修行の総仕上げという段階にあり、信秀の菩提寺たる万松寺の大雲永瑞に意見を聞かず、このようないまだ無名に等しい沢彦を親しく招いて嫡子の名付け親としたとすれば、よほどの俗縁があったにちがいない。そうだとすれば、平手政秀の一族かもしれない。

天文二十二年閏正月十三日に政秀が切腹したあとすぐ、信長は政秀のために沢彦を開山に招いて政秀寺を建立するが、『名古屋市史』などほとんどの史書は、寺伝によってか、小牧山の南の小木村に寺を立てたとする。しかしこれは不自然だと思う。信長が小牧山に城を移したのは永禄六年（一五六三）

のことであり、それ以前には平手家にとっても信長にとっても、小木村に格別のゆかりがあったとは考えがたい（岩倉織田氏の領下である）。志賀村の政秀邸近くに政秀は葬られたので、その葬地に政秀寺が建立されたと見るのが正しいだろう。天文二十四年五月上旬に、信長の弟織田達成（信勝）が百舌鳥《もず》を愛玩していることについて、「政秀小比丘の半子《はんす》」が一文を書いており（「禅昌寺本明叔録」・『妙心寺派語録』二所収）、政秀の死没三年後にはすでに政秀寺が伽藍を整えて、半子すなわち沢彦が住持をつとめていることが判明する。

永禄六年以後に政秀寺は小牧山城下の小木村へ移され、天正十三年（一五八五）五月に清須城下へ移り、さらに慶長十五年（一六一〇）に名古屋の現在地へ移った。沢彦は妙心寺へ五住（五度住山）したといい、岐阜の瑞龍寺にも輪住し（弘治二年〈一五五六〉）、天正十五年十月二日に示寂した。貞享三年（一六八六）夏、「円通《えんつう》無礙《むがい》」という禅師号を朝廷から下賜されている。

なおまた、沢彦が信長のために「岐阜」の名を撰んだというのは、いろいろ異論が出ている。もともと金華山下一帯を岐陽・岐山・岐阜と呼んでいたことは明らかで、何も沢彦が創作したわけではない。しかし、城下の井ノ口を岐阜と改称したのが信長であるのも事実であり、永禄十一年頃の五月の鳴海助右衛門宛て崇福寺（岐阜市長良）の栢堂景森《はくどうけいしん》書状にも、「（信長が）井ノ口を改め岐阜となすもまた宜し」と書かれている。この改名の進言者は沢彦ではなく京都の策彦周良《さくげんしゅうりょう》であるとの説が、佐藤哲雄氏によって提唱されているが、今のところは栢堂に軍配が上がると思う。

その他の重臣

『信長公記』の巻首では、信秀が信長に那古野城を譲ったときに付与した重臣として、

①おとな林新五郎
②長《おさ》　平手中務丞
③青山与三右衛門
④内藤勝介

の四名を挙げている。この四名は天文前半期における信秀の重要なブレーンであったのは間違いないだろう。このうち平手中務丞は前述したので、判明する他の二名について略述する。

林新五郎（佐渡守）

『言継卿記』天文二年（一五三三）の条に、林新五郎秀貞の名があり、父は八郎左衛門だという。秀貞は、信秀から一字拝領（偏諱《へんき》）を受けて「秀」を付しているかもしれない。

「妙興寺文書」（『一宮市史』）を見ると、明応六年（一四九七）に林九郎定次《さだつぐ》の名があり、永正十三年（一五一六）にも定次の名で、「達勝判形《はんぎょう》の儀相い調えこれを渡す」と妙興寺へ書簡を出していて、守護代織田達勝の被官であることが判明する。その十年後の大永六年（一五二六）になると「妙興寺文書」に林九郎勝次《かつつぐ》が見える。定次が達勝から偏諱を受けて改名したものならば、通常「達」なので、

達次となるだろうから、そうではなくて、勝次は定次の子ではなかろうか。その後、天文七年十月九日に、織田達勝から林九郎左衛門尉や林丹後守らに宛てた書状（「性海寺文書」）があり、さらに「熱田浅井文書」にも、林九郎左衛門尉長次《ながつぐ》から浅井九郎左衛門尉に宛てた手紙もある。この長次は九郎家の三代目にあたる人物なのであろう。

このように、守護代家に仕える林九郎家があるので、新五郎の家はその一族につながることは間違いないだろう。新五郎秀貞は、天文十三年閏十一月に信秀の使者として小河城主水野十郎左衛門尉信近のもとに出向いたことが知られる（「徳川黎明会文書」）。その後、信秀亡きあと天文二十一年以降は信長に仕え、佐渡守を称した。一時、信長の弟の信行に属して信長と敵対したが許されたこともある。

元亀四年（一五七三）頃の清須の商人伊藤宗十郎宛て書状では、佐渡守秀貞の名になっているが（「寛延旧家集」）、通勝の名で一般には知られている。天正八年（一五八〇）八月十七日、かつての信長への敵対（信長を廃嫡しようとした）を問題にされて、信長から追放処分にされた。その後、京都に潜伏したがまもなく死去した（十月十五日没）。寺は清須の養林寺《ようりんじ》（慶長十五年〈一六一〇〉に名古屋へ移転）。子息の新二郎は、天正元年十月二十五日に伊勢長島攻めで戦死。その弟には美作守があった（『信長公記』）。子孫は尾張藩士。

青山与三左衛門

天文二年（一五三三）頃の「妙興寺文書」に、同寺宛て青山与三左衛門尉書状があり、「三郎（信秀）の指示により、妙興寺領の島《しま》一郷を私にもらう替わりに、他で所領を妙興寺へ引き渡すことで同意したが、実行に移れない」などと言っている。文中で「三郎」と呼び捨てにしていることからみると、同氏は信秀の被官であろう。

天文六年になると、信秀が八神《やがみ》（岐阜県羽島市八神町）の毛利小三郎に八朔《はっさく》の祝儀を贈った際の使者に立っており（文中に青山とある）、同時に出された添状には「秀勝《ひでかつ》」とのみ書かれている。これにより、青山は実名を秀勝といったことがわかる。天文十三年九月二十二日の美濃攻め稲葉山城下で戦死してその生涯を終えた。なお、『信長公記』に与三右衛門とあるけれども、「妙興寺文書」によって与三左衛門と訂正を要する。

附録　岩倉織田氏の終焉と新史料

はじめに

室町初期応永六年（一三九九）に、斯波義重が尾張守護職となってのち、応永十年前後から守護代の織田伊勢守入道常松《じょうしょう》や又代の織田出雲守入道常竹《じょうちく》が、『一宮市史』の「妙興寺文書」によく登場するようになる。はじめ守護代の常松は斯波氏と共に京都に居て、尾張へ下国してきたのは又代の常竹であった。尾張における斯波氏の守護館《しゅごやかた》は稲沢市下津《おりづ》に置かれ、守護代は宝徳三年（一四五一）の少し前には又二郎郷広であった。長禄（一四六〇）に入るとその子与次郎敏広が守護代に就任している。文正（一四六六）に入ると、斯波義敏と義廉は守護職をめぐって対立抗争を続け、義廉は西軍に、義敏は東軍に属して応仁の乱へと入ってゆく。義廉・敏広と西軍の土岐成頼《しげより》・斎藤妙椿《みょうちん》が結びついて、文明八年冬には義廉が尾張へ下国した。敏広がこれに従ったのは言うまでもなく、拠点を岩倉に置くことになったと推定される（文明十一年築城説あり）。義敏とこれに従う織田大和守敏定は清洲城に入って、双方の対立は続く（『清洲町史』）。

こうして、岩倉城が尾張北半の守護代・敏広の居城として整備されていったとみられる。本稿は、それから八十年ほど後の終末期の岩倉城の状況を追ったものである。

一、鶴夜叉とはいかなる人か

『愛知県史』資料編・織豊一の年次未詳史料に、「松雲公採集遺編類纂」一五一によるとして、次のような信長書状写が収められている。

　　猶以申入候義、□□□□

先度者乍聊爾懸御目、御物語申候キ、誠畏入存候、やかても令申入候処、却而如何存、令延〔遠〕慮候、

其就田原以御礼、心底通彼使者申含候条閣筆候、恐々謹言、

　　十月十七日　　　　　信長（織田）（花押影）

　　　鶴夜叉殿人々御中

このような文面である。これに、「この文書は研究の余地がある。」との注を付している。それはともかく、大意は、

　この前は、続けてお目にかかり、色々お話をしました。誠に恐縮しています。間もなくまた申し入れるべきところ、かえってどうかと思い遅れましたが、田原について御礼するため、心から彼《か》の使者に伝語しておきましたので省略します。

　なお申し入れのことはご迷惑かと思っています。

というようなところだろう。私も昭和四十五年に愛知県立図書館でこの影印本を筆写したことがある。その時はこの文書の解析が出来なかった覚えがある。また、「土佐国蠹簡集残篇」にも収められてい

る（後述）。

改めて文書を見てみると、この花押は必ずしも正確に影写されているとは言えないものの、四方に点を配したような信長独特の花押であり、信長が弘治二年（一五五六）頃から使い始め、永禄七年頃までの八年間ほど用いた形とわかる（1）。文書の文面にこの時代ではない言いまわしや、形式上の不自然さは全く見られない。あえて言えば、「令申入候処」を可申入と判読したのは可としても、「令延慮候共」とすべきを「令延慮候、其就……」と読んだため、文章が不自然になった点ではないか。または、鶴夜叉なる人が他の史料に全く見えない人なので「研究の余地あり」と考えたのかもしれない。

文中の「田原」とは、この辺では三河国渥美郡の田原を指すと考える人もあろうが、犬山市栗栖と木曽川を挟んで対岸にある猿啄《さるばみ》城主の田原《たわら》左衛門尉を指していると見た方が良いのではないか。田原氏は、弘治二年（一五五六）四月に美濃国主となった斎藤義龍に従わずに、鶴夜叉と連絡を取り合っていたのかもしれない。この頃田原氏は多治見修理によって城を奪われたといわれている（2）。この手紙によれば、信長が続けて岩倉城を訪れたあと、田原左衛門尉が猿啄城を逐われ、岩倉に身を寄せたかもしれない。そのことを信長に知らせ、信長が御礼を言ったということである。

この手紙解明の最大の難関は、やはり鶴夜叉なる人がいかなる人物かということである。一般的に戦国期の文書で、宛先に苗字を付さないのは、一族・同名衆に限られる。鶴夜叉は織田氏一族である可能性がきわめて高い。では織田氏の誰に当たるというのであろうか。鶴夜叉というからには、この人は元服前の幼名であることも間違いない。似たような幼名を追ってゆくと、『続史料大成』の『親元日記』文明十三年（一四八一）十月八日条に、

　公方様へ御太刀糸御馬三千疋 織田千代夜叉丸広敏広ノ子

とあり、その前の同記の同年七月二十三日条にも

　織田千代夜叉丸敏広息

とある（『愛知県史』資料編中世三に収録）。その一四年後の明応四年（一四九五）四月二十一日に、彼は京都の公卿甘露寺親長《かんろじちかなが》の孫娘と結婚した（『親長卿記』）。同年四月十六日には、同じく孫娘で十四歳になる一女（長孫）が美濃の斎藤利国のもとへ嫁している（年齢的に見ると、利国の子の利親（妙親《みょうしん》）に嫁したのであろう）。この時千代夜叉丸はすでに元服して織田兵庫助（寛広《とおひろ》）と名乗っていた。

世では鶴は千年、亀は万年生きるとされて、長寿の代表格的存在である。従って、寛広が千代夜叉だから、その子は幼名を亀夜叉、孫は鶴夜叉などと名付けていたとしてもおかしくはない。鶴夜叉は寛広のヒ孫に位置づけられると私は推定する。寛広の子が明応九年（一五〇〇）頃の出生なら、孫は大永（一五二一～二八）の頃の生まれで、鶴夜叉はその子（天文二十年頃生まれ）であろうし、弱冠五・六歳ながら岩倉城主となったのであろう。

二、「岩倉市史」による岩倉城主像

昭和六十年の『岩倉市史』では、関係織田系図の諸本を六点挙げている。そして、敏広のあと寛広が城主となったとするのは通説になってきたという。敏信については、岩倉城主であったとしても極めて短期間であっただろうとした（三九八頁）。寛広は少なくとも永正元年（一五〇四）までは実在していた。

次に城主とされるのは信安と信賢であるが、その生涯について確実な史料に乏しい人物である。信安は、次男信家に家督を譲ろうとして、逆に弘治三年か永禄元年頃美濃へ追放され、信賢の代になったが、永禄二年春に信長に攻められて落城したという説を紹介している。その他もろもろの記述はあるが、史料不足で確たることを述べることが出来ないような状況にあると思われる。

三、鶴夜叉についての分析

先掲の鶴夜叉あて信長書状が偽文書ということであれば論外になるが、正文写であることを前提に論を進めてゆく。鶴夜叉なる人が世に知られていないというだけで、「研究の余地がある」とされたものならば、大いにこの文書を活用し、これから得られる一次的、二次的要素を取り出すことは出来なくなる。

『岩倉市史』から見ても、鶴夜叉は信賢の子に当たると推定される。鶴夜叉あてに信長が手紙を出したのは、恐らく弘治年間（一五五五～五八）ごろ、あえて言えば弘治二年かと思う。弘治二年八月頃に信長は弟の信勝と対立しており、また今川氏や斎藤道三の子義龍の動向も油断できない時であった。そうした中で田原氏と多治見修理の去就を知ることは、斎藤義龍の動きを予測することにつながり、美濃の対応に大いに役立つのである。

鶴夜叉はまだ幼少であるものの、年寄衆の補佐がうまく行っていたのであろう。そうでなければ、このような幼な子が城主になれるわけがないだろう。家臣たちが暗愚な当主（信賢）を追い出したということであろうか。そうであれば俗説と合致することになる。

この手紙は、宛て先に苗字が書かれていないから一族（同名衆）であることは前述のとおりで、信長にも他に例がある。それを次に掲げておく（『愛知県史』資料編中世三）。

一八五〇　織田信長判物（折紙）　尊経閣古文書纂 編年文書

中村（愛智郡）方三郷事、任桃岩（織田信秀）判形之旨、令扶助候、如先乱（規）知行、於末代不可有相違者也、仍状如件、

三郎
信長（織田）（花押）

天文廿壱
十月廿一日

玄蕃允殿（織田秀敏）

この織田玄蕃允は、次のような系図のとおり、信秀と従兄弟の関係にあるので、信長は苗字を省略したのであろう。そうであれば俗説と合致することになる。

四、広高（いわゆる信安）の動向

『一宮市史』の妙興寺文書では、五〇五号・斯波義統《よしむね》書下《かきくだし》、五〇六号・広高書状、五〇七号・吉田高吉判物の三点が目にとまる。五〇五号は、天文六年（一五三七）四月七日に、妙興寺あてに斯波義統が書下を出し、妙興寺の寺領と臨時課役のことについては先規に任せる旨を伝えたものである。五〇六号は、四月十二日に、広高なる人が、名古屋市守山区の大永寺へ手紙を出し、「妙興寺夫丸（妙興寺修築のための労役）は、色々の意見があり、五人のうち二人を免除する。これらのことを妙興寺へ伝えること。なお年寄り共かた（近世の家老や老臣であろう）から申し入れるのでよろしく」というような意向を伝えたものである。五〇七号は、吉田小四郎高吉が妙興寺へ指図をしたもので、妙興寺夫丸の三人分については、「来薫軒がお使いとして迷惑だと言ってきたので伝えたところである。さればこの代わりとして、月成りの十五貫文分を納めたいとのことである。後日のため広高が直札で申したとおりであり、今後はそのとおりとする」と言っている。

今一つ意味が汲み取れない箇所もあるが、『清洲町史』の言うとおり、大意は「大永寺に課された労役を、五人分のところ三人にする。それも金納にする」ということであろう。このやりとりの中で、何よりも、広高が「年寄り共」と言った吉田高吉は、「広高が直書」で言ったと述べており、

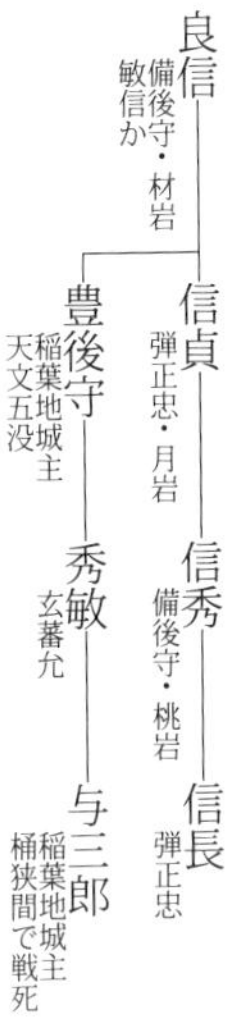

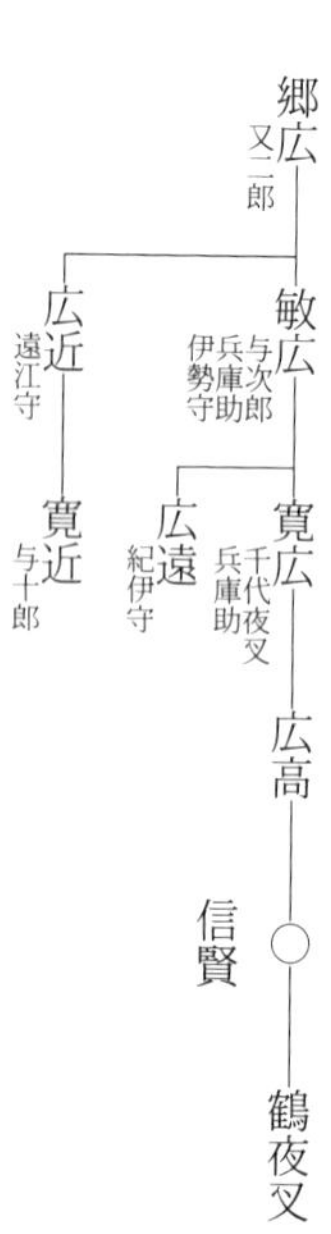

広高は大永寺の在る旧山田郡（春日井郡）の支配者であると思われることが重要である。すると吉田高吉は広高から「高」の字を譲られていた可能性は高い（『犬山市史』中世、三四三頁にも記す）。このように見てくると、『岩倉市史』に載せられた織田系図のうちで、『別冊歴史読本』の松原信三氏「織田信長その激越なる生涯」から転載されているものに、岩倉家について、寛広の下に破線を入れ広高をのせて、諸説ある中で唯一「広高」が見えている。これは『清洲町史』の新井喜久夫説（五一八頁）をうけたもので、年代的に見て、この広高が寛広の次の代に当たることはほぼ間違いなかろう。広高は天文年間頃にその生涯を終え、守護代職は鶴夜叉の父（通説に言う信賢）へと引き継がれたと思う。

なお、信長の家（弾正忠家）が「信」を系字（通字）に用いることが多いのに対して、この伊勢守系は「広」を系字に用いる場合が多い。郷広・敏広・寛広・広高など皆その通りである。その意味でも、岩倉城主の実名は、信安・信賢と称していたとは考えにくい。

また『犬山市史』通史編中世では、加藤益幹氏が広高を楽田織田氏当主と考えている。それと共に吉田高吉については、犬山市の大県神社文書中に天文九年三月八日の吉田高吉ら連署状があり、連署した六人は織田広高を支える年寄りであるとしている。前述のように私も吉田高吉は広高の年寄り衆であると見ており、その点は異存は無いが、広高を楽田織田氏当主と考えるのには賛同できない。尾張上郡《かみごおり》の守護代である岩倉織田氏をさしおいて楽田織田氏が大永寺にまで指示できるとは思えないからである。広高輩下の年寄りたち六人も、楽田衆ではなく岩倉方の人であると思われる。

もう一点述べておかなければならないことがある。『愛知県史』資料編中世三に、名古屋市守山区の法輪寺文書として、天文二十三年十一月の薩摩守殿禁制写が見えている。文面は次のとおりである。

禁制

一寺領并祠堂、買取田畠・野山木、縦売主雖為闕所、前後共〔不脱カ〕相違之事

一於寺内入遣〔譴〕責使、或者竹木所望事

一門前家来〔別〕・棟別・門并其外諸役之事

右条々堅令停止訖、若違犯之輩者、速可処厳科者也、仍如件、

天文廿三年十一月

○寺の記録には「薩摩守殿禁制」とある。正法寺はのちの法輪寺。

この禁制は信長の出したものとの説や、守山城主で信長の叔父・孫十郎信光のものとの説(3)もあるが、この頃守山区地域に禁制を出し得る人としては、天文六年の大永寺の例からして、守護代としての管轄区域に在る岩倉織田氏を置いて外に無いのではないか。しかも当主でなければならないとすると、織田広高その人と思われるが、これを傍証するものが無く、広高が伊勢守を名乗っていて、天文二十年

代に薩摩守に名乗りを変えたとか、あるいは広高の子（鶴夜叉の父・信賢）と推定する以外に手はなさそうである。

五、岩倉落城時期の是正

鶴夜叉は弘治年間（元年～四年）の末には元服をしたのであろう。ただ未だ十歳程度の若者であり、取巻きの年寄り衆の意のままであったと思う。冒頭に掲げた書状のように、信長と親密であった鶴夜叉に、美濃の斎藤義龍から誘いが来たのではないか。信長の弟の信勝は、老臣の柴田権六と共に弘治二年八月には信長と対立した。信勝が守山区の龍泉寺に砦を築いたのは永禄元年（弘治四年、一五五八）三月十八日のことである（『定光寺年代記』）。

犬山城主織田信清は、妻が信長の姉であるから、永禄元年の時点では信長に従っていたと思う。義龍は岩倉織田氏・末盛の信勝を経て今川義元と手を結ぼうとしていたのは確実だろう。龍泉寺砦の築塁は、場所が旧山田郡内に在って、元来は岩倉織田氏の管轄域と考えられるので、信勝が岩倉織田氏の了解と連携をもっての行為であったと思われる。『信長公記』にも、

……、

上総介信長公の御舎弟勘十郎殿、龍泉寺を城に被成御拵処、上郡岩倉の織田伊勢守と被仰合、

とある。また、「信長太良《おおら》より御帰陣の事」（山城道三討死の記事）のところに、

然るところ、尾張半国の主織田伊勢守、濃州の義龍と申し合せ、御敵の色を立て、信長の館清洲の近所、下の郷と云ふ村放火の由、追々注進これあり、御無念におぼしめし、直ちに岩倉口へ御手遣はし候て、岩倉近辺の知行所焼き払ひ、其の日、御人数御引取り、此《かく》の如く候間、下郡半国(上)も過半御敵になるなり、

と書かれている。

信長が龍泉寺砦の出現に驚いたというよりは、永禄元年三月十八日には、岩倉織田氏と信勝が手を結び、斎藤義龍・今川義元が背後に見え隠れすることがはっきりしてきたことに問題があると信長は見たのであろう。

実の弟の信勝はさておいて、まず対岩倉戦を信長は準備した。そこで起こったのが浮野合戦である。『信長公記』では、これを七月十二日のこととする。岩倉の北方へまわり、浮野（一宮市浮野町）から切りかかり、浅野村（一宮市浅野）でも合戦をした。翌日の清洲での頸実検では侍の頸が一二五〇余あったという。浮野は岩倉の北西五キロの所にあり、浅野は浮野の西南二キロ、岩倉の西北西四キロの所にある。位置的に見れば、犬山の織田信清は信長に味方したか静観したかのどちらかであろう。ついで『信長公記』によれば、信長は町に放火し、四方しし垣を結い廻し、二・三ヶ月近陣をつづけたので、城主は城を明け渡して退散したという。これは永禄二年（二月）というのが『岩倉市史』をはじめ『武功夜話』など諸書に書かれていて、常識になっているものの、永禄元年九〜十月頃のこと

であったと思う。戦後の功賞を示すものとしては次の二点がのこっている（『愛知県史』資料編中世三）。

織田信長判物写　生駒家宝簡集

為扶助、北方（葉栗郡）之内興雲寺領拾貫文、堀之内公文名弐拾貫文、都合三千疋申付候上、不可有相違者也、

永禄元

九月十五日　信長（織田）（花押影）

恒川中とのへ

織田信長判物写　大森洪太氏保管文書

為扶助、野々村大膳分之内登立・竹藤両所弐拾貫文、高田中務丞分五日市（丹羽郡）庭弐拾貫文、都合四拾貫文申付上、不可有相違者也、仍状如件、

「永禄元」

九月十七日　信長（織田）（花押）

前野（長康）勝右衛門尉殿

また、戦後の鎮定工作の一環として出されたものと思われる禁制が二ヶ所に残っているので、これも次に掲げる（『愛知県史』資料編中世三）。

織田信長禁制　雲興寺文書

禁制　白坂（山田郡）雲興寺

一軍勢甲乙人等、濫妨狼籍〔藉〕之事

一於境内殺生并寺家門外竹木伐採、令借宿事

一祠堂物、買徳・寄進田地、雖為本人子孫違乱事

一准総寺庵引得之地、門前棟別・人夫諸役等相懸、入鐺〔譴〕責使事

一於国中渡・諸役所之事

右当寺依為無縁所、諸役等令免許畢、若於違犯之輩者、速可処厳科者也、仍制旨如件、

永禄元年十二月　日　信長（織田）（花押）

織田信長禁制写　寺社制札留

禁制　正眼寺（中嶋郡）　此本文ハ正眼寺十二代明叟之時炎焼、

一軍勢甲乙人等、濫妨狼藉之事

一於境内殺生并寺家門外、竹木伐採之事

一祠堂物、買得・寄進田地、雖為出〔本〕人子孫、不可致違乱之事

一門前棟別・人夫諸役等相懸、入鐺〔譴〕責使之事

一於国中渡・諸役之事

右条々、令免許畢、若於違犯之輩〔者脱カ〕、速可処厳科者也、仍制旨如件、
永禄元年十二月　日　（織田）信長公　御判

六、信長の岩倉攻めに関すると思われる新史料

岩倉が永禄元年九～十月に落城したとして、岩倉付近で戦争が起こったという史料はあるのだろうか。色々探索しても、『信長公記』を越えるものは登場してこなかった。そうした中で、次の二点の書状は、東大印哲の「異本葛藤集」上に見られるもので、快川紹喜《かいせんじょうき》の書状写と、南溟紹化《なんめいしょうか》の返報写である。まずこれを掲げることにする。

①謹言上、祖庭秋晩、少林冬来、伏惟、尊体万安億福、抑《そもそも》夏末楊茂所造之牡丹花香合恩恵、拝而愛之、吁、一合相以須洛陽十分春、寔千金之賜也、感荷々々、坐呈謝状、非分之義也、故企一筇《いっきょう》可遂拝謝処、貴国凶党（不脱）故遂之間、従中路却回多罪、来春必詣猊下、可展炊巾所希者、為人天衆、聖胎長養多幸、此旨奏達、恐惶敬白、
小春十五日　紹喜　判
進上竜珠庵　侍衣閣下

②謹答、岐陽九月雪、慈待鼎来郇公《しゅんこう》五朶雲、遥寄書信、仍審道体佳勝、欣慰無量、頃者、聞街談巷説、被枉象駕、犢廬《とくろ》捴為烏有、蓋来儀已及途中之処、就濃（尾）美絶信而船路不安故、自半路回駕矣、

寔是風塵魔障也、即日命佐蔵、賜一封輒《ふうちょう》、三薫一覧、知来意之緒余耳、矧《いわんや》夫来春光臨、問鴑《ど》蹇《けん》、豈有恁麼吏也耶、惟辰梅意初寒

為法珎重、

小春下浣　　紹化 判

上復 崇福寺　侍衣閣下

この手紙を書いた南溟紹化は尾張熱田の龍珠庵《りょうしゅあんじゅ》主で、永禄五年（一五六二）五月十二日に九十歳で亡くなった。一方の快川紹喜が恵林寺から長良の崇福寺へ帰寺したのは弘治三年（一五五七）正月のことであった（拙著『快川国師の生涯』）。その間に織田信長の居る尾張で戦争があったのは永禄元年七月〜十月もしくは通説による永禄二年春の岩倉攻めのみである。従ってこの手紙二通は永禄元年十月のものと決定し得ると思う。①で快川は、南溟をたずねて「訪問しようとしたが、尾張の凶党のために途中で引き返した」といい、②で「濃尾間の船や路に不安があり、道半ばで引き返されたのは残念で、即日佐蔵《さぞう》（快川の第七番目の弟子・普天玄佐か）に命じて手紙を届けてくれた」と述べている。

二通の文書によって、尾張北部の戦乱は、少なくとも十月十五日の直前ごろまで続いていたことも知る。そうすると、第五節で掲げた信長の知行状（判物）が永禄元年九月十五日と十七日になっており、戦と功賞とが前後することになる。しかし、この二点は同年七月十二日の浮野合戦に対する論功行賞と見たらどうであろうか。その後二ヶ月ほど岩倉城にシシ垣を結い廻して出入りを厳重に見張った結

果開城したというので、十月中旬もまだ濃尾間の通行制限は続いていたということであろう。

信長は、この時満二十四歳になっていた。永禄元年十月ごろに岩倉城征圧のあと、同年十二月二日には、実弟の信勝を清洲城で誘殺した。犬山城は信長の姉婿であり、反逆することは考えられないということで、信長は永禄元年末までには大略尾張統一を果たしたと思ったのであろう。永禄二年二月二日に伴の衆を引き連れて上京し、[4]将軍義輝に謁見し、「御礼を言った」というのは、[5]尾張統一を果たしたことを将軍に報ずるためであったのではなかろうか。

おわりに

以上のように、岩倉落城は、従来の永禄二年二月頃というのが定説になっているが、これを四ヶ月ほど早めて、永禄元年十月頃とするのが本稿である。たかが四ヶ月ではあるが、もしも永禄二年二月の岩倉落城の混乱の中を信長が五百名もの兵たちを連れて上洛したとすると、岩倉城の鎮定に当たる者と上洛の者と二手に部下を分けねばならず、いかに信長とても、そのような両刀作戦をすることは無いと思う。岩倉を落とし、さらに永禄元年十一月二日に弟の信勝を謀殺し、尾張が安定したのを見据えた上で、信長は上洛を果たしたと私は見る。

なお、本稿を書き終えてから、最初に掲げた鶴夜叉あて信長書状の写が、国立公文書館の「土佐国蠹簡集残篇」六の野見園右衛門所蔵文書に見えることを、私の信長編年史料綴りの年未詳の所を見ていて気付いた。加賀藩の松雲公は、これを転写したか、あるいは野見家で実物を見て筆写したのであろう。

註

（1）信長文書の花押もしくは花押影では、弘治二年に確定するものは残っていない。弘治元年十二月二十八日付の坂井文助あて信長判物では、奥野高広氏が⑥に分類している形式で、点を配しているものの全体的には卵型に押しつぶしたような形状をしており、弘治三年四月九日付の飯田弥兵衛あて信長判物では奥野氏⑦の花押型（四方に点を散らしたような形）に変わっている。鶴夜叉あて信長書状もこの⑦と考えられ、弘治二年から使用のものと思う。弘治二年四月二十日に妻濃姫の父道三が殺されたことが、信長の心境に大きい影響を与え、それが花押を変える動機となったのではないかと思う。

（2）岐阜県加茂郡坂祝町勝山《かつやま》の林源市家には、永禄元年の林甚左衛門あて「修理」の知行状があるが、様式的には中世のものではない。しかし、恐らくはこの頃に、田原左衛門尉は多治見修理に猿啄城を奪われたとの伝承があってこのような文書が作られたものと思われる。伝説では、母の法要と言うことで、田原氏が城の対岸にある大泉寺に赴いているうちに、多治見修理が城を奪ったといわれている。修理は永禄八年に信長に攻められて落城した。知行状を参考に掲げる。

五百石

其方依直勤、為知行永々与置もの也、

修理（花押）

永禄元戊午歳

林甚左衛門

（3）天文二十三年十一月の禁制は、平成二十三年三月の『愛知県史研究』一五の村岡幹生「今川氏の尾張進出と弘治年間前後の織田信長・織田信勝」では、守山城主織田孫十郎が薩摩守であるとする。

（4）『言継卿記』の信長上洛記事を次に掲げる。

（永禄二年二月）

二日、甲辰、天晴、天一天上

一、自尾州織田上総介上洛云々、五百計云々、異形者多云々、

七日、己酉、雨降、天一下艮、二月中、

一、尾州之織田上総介、昼立帰国云々

（5）信長の上洛について、『信長公記』首巻の桶狭間の戦のあとに、

上総介信長公御上洛之義、俄ニ被仰出、御伴衆八十人之御書立ニて、被御上京、城都・奈良・堺御見物候而、公方光源院殿へ御礼被仰、御在京候キ、爰《ここ》を晴成《はれなり》と拵《こしらえ》大のし付ニ車を懸けて、皆のし付也、

とあり、次に美濃から義龍の追手がやってきていたことを詳述している（天理本）。ところが、福井県立図書館の松平本では、「さる程に、上総介殿御上洛、京都南都御見物、公方様光源院義輝へ御礼仰され、清洲に御下着なり」、と簡潔に記している。

【主要参考文献一覧】

愛知県郷土資料刊行会『尾張の遺跡と遺物』上巻（愛知県郷土資料刊行会、一九八一年）
新井喜久夫「織田系譜に関する覚書」（『清洲町史』、一九六九年）
石田泰弘「織田信長出生考」（『郷土文化』一六四号、一九九二年）
上杉喜寿『白山』（ビジョン北陸、一九八六年）
大塚勲編「戦国大名今川氏上層家臣名簿（試表）」（今川氏研究会編『駿河の今川氏』第二集、一九七七年）
岡本良一編『織田信長事典』（新人物往来社、一九八九年）
奥野高広『増訂 織田信長文書の研究』（吉川弘文館、一九八八年）
久保尚文『越中中世史の研究』（桂書房、一九八三年）
栗田元次『織田信秀公四百年記念・織田信秀の功業』（織田信秀公四百年記念会、一九五一年）
坂口筑母『茶人織田有楽斎の生涯』（文献出版、一九九一年）
下村信博「戦国・織豊期尾張熱田加藤氏研究序説」（『名古屋市博物館研究紀要』一四、一九九一年）
新行紀一「重原荘と水野氏の一考察」（『郷土誌研究 かりや』第九号、一九八八年）
関口宏行「今川彦五郎を追って（今川彦四郎を正す）」（今川氏研究会編『駿河の今川氏』第二集、一九七七年）
祖田浩一「お市」（『歴史読本』平成四年三月号、新人物往来社、一九九二年）
高橋純生「鵜殿氏について一・二」（蒲郡郷土史研究会『西の郡』、一九七三年）
滝田英二『常滑史話索隠』（私家版、一九六五年）

戸田純蔵『東浦雑記』（愛知県郷土資料刊行会、一九八一年）
見崎闋雄「善得寺城について」（『駿河の今川氏』一〇、一九八九年）
横山住雄「織田大和守・伊勢守家について」（『郷土文化』八九号、一九六七年）
横山住雄「那古野城の興亡」（『城』四六号、一九六九年）
横山住雄『犬山の歴史散歩』（私家版、一九八五年）
横山住雄「濃姫の死去の時と場所をめぐって」（『郷土文化』二〇七号、二〇〇七年）
横山住雄「濃姫の死去の時と場所をめぐって（続）」（『郷土文化』二〇九号、二〇〇八年）
横山住雄「希庵玄密の生涯（再稿）」（『郷土研究岐阜』一〇九号、二〇〇八年）
横山住雄『瑞泉寺史』（思文閣出版、二〇〇九年）
『地方別日本の名族6 東海編』（新人物往来社、一九八九年）

あとがき

織田信秀の時代は、美濃でいえば斎藤道三の時代とほとんど時を同じくする。信長の時代については、多数の書物が刊行され、またドラマ化・映画化もされていて、一般によく知られているけれども、それから一世代前の信秀や道三の時代ともなると、美濃にしても尾張にしても、ほとんど理解されていないだろう。何よりもその時代に触れる書物が少ない。仮にあったとしても、東京の学者による東京での解析であって、地名の読み方からして正確でない本もある。まして地理的な描写ともなると、どうしても地元にいる研究者のほうが正確であることは論を待たない。

この時代に詳しく触れた書物が少ない原因として、第一に史料の少なさを挙げることができる。最近、愛知県江南市で発見・刊行された『武功夜話』が数万セット売れたというのも、数少ない信長時代の史料という希少価値による以外の何ものでもないだろう。この『武功夜話』は『信長公記』には書かれていない細かな中世尾張史に関する記述がある点で評価されているが、全面的に信頼するには問題点も多い。さらなる新史料の発掘と正確な分析が大切であるが、どうしても絶対的な史料の少なさという壁を越えることは難しい。

本書は、こうした制約の中で、古文書のほか、金石文・禅僧の語録などを駆使してまとめたので、地方発信の史書としてそれなりの存在価値を見出していただけるものと思う。

さらにまた本書は、大永年間から天文二十一年の没年までの信秀の一代記であるが、その中で数々の新しい説を打ち出しておいた。信長の勝幡誕生説をはじめとして、永正末年以来天文前期にかけての今川氏による愛知郡などの支配を解明した。また斯波氏については、義達《よしみち》のあと義統《よしむね》との間に義敦《よしあつ》が守護として存在したことも新説である。信秀の没年については、天文十八年・二十年・二十一年など諸説ある中で、本書は『定光寺年代記』ほかによって天文二十一年説をとった。これは天文二十二年閏正月の平手政秀の切腹事件とも整合するのであって、信秀が天文二十年以前に亡くなっておれば、政秀の死までに時間がありすぎて不自然であるし、その他の史料からも二十一年でなくてはならないことがわかってくるのである。

信秀は世にあまり知られておらず、これから評価がなされる人物であると私は考える。信長が成功したのも、父の失敗の反省に立脚してのことであった。家康・信長の幼少期にあたって、混沌とした世上の解明は、信長時代以上におもしろさがあると確信している。ただし全面的解明に至るには苦難の連続であろうが、考古学的発掘の成果や古文書等の新史料の出現によって、一歩ずつ前進させる必要がある時代である。

最後になったが、取材に御協力を賜り、また史料を提供下さった方々など多数の協力者に対して深甚なる謝意を表します。大方の御批評をお願い申し上げます。なお、本書は自費出版であり、発行部数が少ないために、頒価が割高になっている点をご容赦下さい。

平成五年春

著者識

＊

おかげをもちまして、約三年の間に第一刷分が品切れとなり、第二刷を刊行することができました。こうした地味な本は、品切れになることなど考えられないことであります。約三年の間に『斎藤道三』や『岐阜県の石仏石塔』などの単行本や、共同執筆の本も多く手がけました。そのための取材活動も続けておりますが、本書を改訂しなければならないような誤りには直面しなかったことは何よりも本書の光がまだ消えていないことを示すものといえます。今後の研究によっては訂正しなければならない箇所も出てくるかもしれません。また思わぬ誤り、新事実などがあればぜひ御教示願いたいと存じます。今後私は『濃尾キリシタン史』（昭和五十四年の『尾張と美濃のキリシタン』増補版）や『戦国禅僧伝』など種々の目標に向かってまいりますので、どうか変わらぬ御支援をお願い致します。また皆様の御多幸を御祈り致します。

平成八年九月

＊

再版から十二年の歳月が流れ、平成二十年を迎えましたが、その間に私は多くの本や論考を書いてきました。最近では平成十九年の『快川国師の生涯』があります。当地方の中世文書をあさり、金石文を網羅的に蒐集し、ついで臨済宗の中世の語録を探索できる限りに目を通してきました。快川の本はその成果の一つであり、現在進めている岐阜市長良の『崇福寺史』（臨済宗妙心寺派）や犬山市の『瑞泉寺史』（同）の刊行事業にも大いに役立つものと思っています。今後とも研究の成果をそのつど発表してゆきますので、御支援のほどよろしくお願いします。

本書はようやく品切れになりましたので、できるだけ第二刷に手を入れないように配慮しつつ、追加史料による増補も少し行ったものです。御教示やらご鞭撻のほどよろしくお願いします。

平成二十年十二月

著者識

解題『織田信秀』

柴 裕之

本書は、横山住雄氏（以下、著者）が一九九三年に刊行した『織田信長の系譜―信秀の生涯を追って』（濃尾歴史文化研究所。二〇〇八年に改訂版が刊行）に、附録として「岩倉織田氏の終焉と新史料」（『郷土文化』二二九号、二〇一四年）を加え、再刊したものである。なお、二〇一二年に戎光祥出版から刊行された『織田信長の尾張時代』（中世武士選書10）は、美濃稲葉山城（岐阜市）の攻略までの信長をあつかい、本書の続編ともいうべき書籍にあたる。また、本書原書の前年の一九九二年には、『美濃の土岐・斎藤氏』（一九九一年。その後、一九九七年に改訂版が刊行、そして二〇二三年に木下聡氏の解題を付して、戎光祥出版から中世武士選書の一冊として『斎藤妙椿・妙純――戦国下克上の黎明』と改題して再刊）が刊行されている。したがって本書は、著者の美濃土岐・斎藤氏研究の初刊行物となった同書に次いで発刊された尾張織田氏についての書籍である。

本書は、『織田信長の系譜』の原題の通り、記述は尾張守護代であった織田伊勢守家（戦国時代は岩倉城〔愛知県岩倉市〕の城主）と、その一族で応仁・文明の乱後に織田伊勢守家と尾張国の支配をめぐって対立し、戦国時代には尾張清須城（愛知県清須市）の城主として活動した織田大和守家の系譜から始まる。しかし、その内容の多くは、「信秀の生涯を追って」という原書副題の記載、また著者本人も「あとがき」で「大永年間から天文二十一年の没年までの信秀の一代記」と記すように、天文年間（一五三二〜五五）に織田大和守家の庶流であった弾正忠家の出身で尾張国内の主導者へと台頭を果たした織田信秀の生涯に記述があてられている。今回、『織田信秀』への改題によって、織田信秀の評伝としての本書の趣旨はより明確になり、研究史上における意義はこれまで以上に増すだろう。

さて、織田氏については信秀の後継信長をめぐる研究が主流である。これは、近代以降に信長が天下人としてあゆみ、天下統一のもとに時代を切り開いていった革命児として注目されていったことが、背景にあることはいうまでもない。そのなかで、尾張時代の織田氏の動向については、その前提としてしか扱われてこなかった。これは、尾張時代の織田氏を知るにあたって、信長の家臣であった太田《おお た》牛一《うしかつ》によって編纂された信長の伝記である『信長公記』の影響が大きかったこと、また現在に伝来する織田氏の系図類が信長を中心に作成されたものしかなかったという史料状況も大きく関係している。

現在は、『愛知県史』資料編（中世、織豊）の刊行で、尾張時代の織田氏を研究する上での史料環境が整ってきている。しかし、著者が本書を執筆した時期の尾張時代の織田氏研究は、史料の博捜が求められた研究状況にあったことを、本書を読むにあたっての前提として知っておいてほしい。著者の史料博捜は、古文書や古記録に止まらず、金石文、禅籍（語録など）におよんでいる。このうち禅籍の検討を通じて多くの事実を明らかにしたことは、本書に止まらない、著者の功績としてあげられよう。

著者による織田氏研究は、一九六七年に発表された「織田大和守・伊勢守家について」（『郷土文化』

八九号）から始まった。そこでは、史料の博捜による越前国織田《おた》（福井県越前町）にいた頃から信長によって織田大和守・伊勢守両家（著者はこの両家を「織田氏主流」とする）が没落するまでの動向が記され、その検討に基づいた織田大和守・伊勢守両家の系図が提示されている。また注目したいのは、この論文のなかで、すでに信長は「勝幡で生まれたのかも知れない」と勝幡《しょばた》城（愛知県稲沢市・愛西市）での誕生説が述べられていることである。これは、もっとも早い信長勝幡誕生説ではないだろうか。

その後、織田氏の系譜については、新井喜久夫氏の「織田系譜に関する覚書」（柴裕之編『論集戦国大名と国衆6　尾張織田氏』、岩田書院、二〇一一年再録。初出は一九六九年）、小島廣次氏の「信長以前の織田氏」（『歴史手帳』三巻一二号、一九七五年）などが発表され研究は進展をみせていたが、そのうえで著者が改めて織田氏の系譜、そして織田弾正忠家、特に信秀の生涯、その一族や家臣について言及されたのが、本書である。

現在は、その後に『新修名古屋市史』第二巻（名古屋市、一九九八年）、『愛知県史』通史編3　中世二・織豊（愛知県、二〇一八年）などの愛知県内の自治体史、谷口克広『尾張・織田一族』（新人物往来社、二〇〇八年）、同『天下人の父・織田信秀―信長は何を学び、受け継いだのか』（祥伝社新書、二〇一七年）などの当該時期の書籍が刊行され、また前掲の柴編著『論集戦国大名と国衆6　尾張織田氏』に当該時期の重要論文が再録されているなど研究環境は進展している。そのなかでも、本書が当該時期における織田氏の系譜、織田信秀についての先駆的な研究であることは間違いない。

それでは、本書の内容についてみていこう。まず序章では、改めて「織田氏主流系図」をあげたうえで、織田敏定から達定に至る織田大和守家の系譜を確認している。また織田氏の主家にあたる守護斯波家についても取り上げ、斯波義達《よしみち》の後継の当主として義淳の存在を「新説」（「あとがき」）として指摘する。ただ義淳《よしあつ》は、世代からみて義達の改名としてみたほうがよく、検討の余地が残されている。

そのうえで第一章では、織田弾正忠家の系譜を検討するとともに、信秀の父信貞の時代に牛頭天王信仰により尾張国内の経済的要地となった津島（愛知県津島市）を押さえたことをみる。ここでも著者の史料博捜と検討により、弾正忠家の系図が提示されている点が特筆される。しかし、同一人物としてみた織田弾正忠良信《すけのぶ》と織田備後守敏信《としのぶ》については、谷口克広氏が指摘するように（前掲『尾張・織田一族』）、斯波義寛《よしとお》（初名は義良《よしすけ》）から一度偏諱《へんき》（一字拝領）を得た良信が、再び敏信（「敏」は義寛の父義敏からの偏諱）を名乗ることは疑問があり、世代からも親子とみたほうがよいと判断される。

第二章からが信秀の生涯に関する記述で、第二章では当初の信秀の居城が勝幡城であったことを確認したうえで、その後に那古野《なごや》今川氏を逐《お》うことで（著者はこの時期を「天文四年頃」とみる）、熱田を含む愛知郡域の大部分を領有することになり、第三章では伊勢外宮の造営への費用提供や御所の修理などに尽力することで名を馳せていった信秀の姿を描く。ここでは、著者の「新説」（「あとがき」）として、信秀が勝幡城を居城としていた天文三年に信長が誕生したことから、改めて信長の出生は勝幡城であったことが確認されている。また玄圃霊三《げんぼれいさん》の語録『玄圃藁《げんぼこう》』の記載から、天文十六年に信秀が京都建仁寺禅居庵の摩利支天堂を再興した事実を明らかにしたことは、注目される。

第四章では、天文十三年から同十八年に至る信秀による美濃・三河方面での戦歴を述べているが、ここではそれぞれの戦歴を史料の博捜のうえに記している。美濃戦歴については、いまなお研究の最前線にあるといってよいであろう。一方、三河戦歴については、その後の松平（徳川）氏や今川義元の三河支配の研究の進展による成果をふまえると、検討を要する現況にある（現在のこの時期の三河情勢については、拙著『青年家康―松平元康の実像』〔KADOKAWA、二〇二二年〕などを参照いただきたい）。それでも、天文十七年三月十一日付の北条氏康書状写（『古証文』）に注目し、今川義元との合意のもとで天文十六年に「松平氏一族の内紛に乗じて、信秀は西三河を手中にしたこと」（一一九頁）や小豆坂合戦は天文十七年の一度だけであったことを指摘されたのは、いまなお貴重な見解である。このほか、史料から水野十郎左衛門信近を信元（徳川家康の母方伯父）と同一人物として指摘したことを含めて、国衆水野家の先行研究として重要である。

第五章は、信秀が今川義元との対立の中でついに天文十九年に尾張侵攻を受ける一方、重病にあり死去する過程を記す。ここでの成果は、著者自身が「おわりに」で述べているように、これまで諸説あった信秀の死去について、古文書から天文二十年九月以降天文二十一年十月までの間であることを明らかにしたうえ、『定光寺年代記』の記述で裏付けをとり、天文二十一年三月と画定させたことである。現在、天文二十一年三月死去説はほぼ通説化しているが、これもまた著者の業績である。

第六章は、数少ない信秀の一族・家臣の記述で、特に信秀の宿老であった平手政秀《ひらてまさひで》についての詳細な記述は、本書の特筆ともいえよう。

附録「岩倉織田氏の終焉と新史料」は、天文末年から永禄元年（一五五八）における尾張岩倉城主の織田伊勢守家（著者は「岩倉織田氏」とするので、以下それに従う）の動向を検討したものである。ここでは、寛広《とおひろ》（応仁・文明の乱後における尾張情勢のなかで岩倉織田氏として分立した敏広の子）の次代として広高、その孫に鶴夜叉の存在を指摘するなど、当該時期における岩倉織田氏の系譜を提示している。さらに注目されるのは、信長による岩倉城攻略の時期について、永禄二年二月頃が「定説」とされてきたのに対し、同城周辺における信長の発給文書、『異本葛藤集』所収の快川紹喜《かいせんじょうき》書状写と南溟紹化《なんめいしょうか》の返報写の検討から、永禄元年十月頃のこととして説かれたことである。この見解は、その後の信長による弟信成《のぶなり》（信勝）の殺害、翌永禄二年二月の上洛といった動向とその意義を考えるうえでも、非常に重要なものである。ところが、その見解は十分に認知されていない。今回本書に収録されたことで、広く知られ取り上げられていくことを期待したい。

このように本書は、尾張時代の織田氏を知るのに、いまだ欠かすことのできない書籍である。このたびの再刊を機として、多くの方に手に取っていただき、著者の記述を通じて織田氏はもちろんのこと、尾張国の戦国史について興味関心を持ってもらえるよう切に願う。

（東洋大学文学部・駒澤大学文学部非常勤講師）

【著者紹介】

横山住雄（よこやま・すみお）

昭和20年（1945）、岐阜県各務原鵜沼生まれ。犬山市役所退職後、犬山市にて行政書士事務所を開設。業務の傍ら、濃尾地方の中世地方史並びに禅宗史を研究し、周辺地域に残された多くの歴史・宗教史の基礎史料を丹念に猟集し執筆することで定評がある。令和3年（2021）逝去。

著書に『武田信玄と快川和尚』『織田信長の尾張時代』『斎藤道三と義龍・龍興』『斎藤妙椿・妙純』『美濃土岐氏』（いずれも戎光祥出版）、『中世美濃遠山氏とその一族』（岩田書院）など多数。

装丁：川本 要

中世武士選書 第52巻

織田《おだ》信秀《のぶひで》
——信長《のぶなが》飛躍《ひやく》の足《あし》がかりを築《きず》いた猛将《もうしょう》

二〇二四年九月一〇日 初版初刷発行

著 者 横山住雄

発行者 伊藤光祥

発行所 戎光祥出版株式会社
東京都千代田区麹町一―七
相互半蔵門ビル八階
電 話 〇三‐五二七五‐三三六一㈹
FAX 〇三‐五二七五‐三三六五

制作協力 株式会社イズシエ・コーポレーション

印刷・製本 モリモト印刷株式会社

https://www.ebisukosyo.co.jp
info@ebisukosyo.co.jp

ISBN978-4-86403-539-2

【著者紹介】

横山住雄（よこやま・すみお）

昭和 20 年（1945）、岐阜県各務原鵜沼生まれ。犬山市役所退職後、犬山市にて行政書士事務所を開設。業務の傍ら、濃尾地方の中世地方史並びに禅宗史を研究し、周辺地域に残された多くの歴史・宗教史の基礎史料を丹念に猟集し執筆することで定評がある。令和 3 年（2021）逝去。

著書に『武田信玄と快川和尚』『織田信長の尾張時代』『斎藤道三と義龍・龍興』『斎藤妙椿・妙純』『美濃土岐氏』（いずれも戎光祥出版）、『中世美濃遠山氏とその一族』（岩田書院）など多数。

装丁：川本 要

中世武士選書　第52巻

織田《おだ》信秀《のぶひで》

――信長《のぶなが》飛躍《ひやく》の足《あし》がかりを築《きず》いた猛将《もうしょう》

二〇二四年九月一〇日　初版初刷発行

著　者　横山住雄

発行者　伊藤光祥

発行所　戎光祥出版株式会社

東京都千代田区麹町一―七
相互半蔵門ビル八階
電　話　〇三・五二七五・三三六一㈹
FAX　〇三・五二七五・三三六五

制作協力　株式会社イズシエ・コーポレーション

印刷・製本　モリモト印刷株式会社

https://www.ebisukosyo.co.jp
info@ebisukosyo.co.jp

ISBN978-4-86403-539-2